KB026431

한권으로 끝내는

리크루팅 성공매뉴얼

한 권으로 끝내는

리크루팅 성공매뉴얼

문충태 지음

Recruiting

중앙경제평론사

| 들어가는 글 |

리크루팅, 이 한 권으로 완성되다

20년이 넘은 리크루팅 활동과 연구

리크루팅 현장에서 대형조직을 만들어 탁월한 영업성과를 만들었고, 그 현장 경험을 바탕으로 후배 지점장, 매니저들에게 성공적인 리크루팅 활동에 대한 교육과 컨설팅을 20년 넘게 해왔다.

그동안 활동하면서 가장 자랑스럽게 생각하고 또 보람 있었던 일은 '리크루팅 배양 시스템'을 개발해서 리크루팅에 새 바람, 새 문화를 만들었다는 것이다. 어떻게 하면 리크루팅에 좀더 체계적으로 접근할 수 있을까? 어떻게 하면 우량자원을 리크루팅할 수 있을까 하는 것이 나의 최대 관심사였다. 그래서 우리 실정에 맞는 한국형 리크루팅 콘텐츠를 만드는 데 연구와 노력을 집중했다. 현장에서 곧바로 활용할 수 있는 구체적인 방법과 도구를 소개하고자 나의 모든 에너지를 쏟아부었다. 오랜 연구 끝에 개발해서 세상에 내놓은 것이 '리크루팅 배양시스템'이었다. 리크루팅 대상자를 찾아서 풀(pool, 저

수지)을 만들고, 그 풀에 입력된 리크루팅 대상자를 다양한 방법으로 배양하는 활동을 벌여 우량자원을 도입하는 프로그램이었다.

이 시스템을 세상에 내놨을 때 리크루팅 시장에 일대 혁신 바람이 불었다. 보험회사를 비롯한 많은 회사에서 이 프로그램을 적극 도입하여 활용했다. 기존의 주먹구구식 리크루팅 방법에서 벗어나 더 체계적으로 리크루팅을 풀어가는 문화가 정착된 것이다.

리크루팅 관련 책 다섯 권을 펴내다

리크루팅 현장에서 악전고투하는 지점장과 매니저들에게 리크루팅에 대한 나의 경험과 노하우를 공유하고자 책을 쓰기 시작했다. 어떻게 하면 그들의 리크루팅 활동에 도움을 줄 수 있을까 고민하다 보니 지금까지 리크루팅 관련 책을 다섯 권 펴냈다.

리크루팅과 관련해 처음 펴낸 책이 《리크루팅 119》이다. 'Recruit or die'(리크루팅하라, 그렇지 않으면 죽는다)라는 부제가 달린 책이다. 지점장들이 지점을 경영하면서 리크루팅을 어떻게 풀어가야 하는지 안내하는 내용을 담았다. 리크루팅에 실패한 선배들의 방법을 따라 하는 시책 중심 접근방법에서 벗어나 리크루팅을 하나의 상품으로 접근하고 지점장의 리더십으로 풀어가는 방법을 소개했다.

두 번째 리크루팅 책이 《프로는 리크루팅을 하고 아마추어는 영업을 한다》이다. 지점장이나 매니저들이 리크루팅 활동을 하는 데 교과서적으로 활용하는 책이다. 이 책이 나왔을 때 한 보험회사에서는 지점장들이 매주 미팅할 때 이 책에서 한 꼭지를 읽고 어떻게 현장에 접목할지를 토의하는 바람이 일기도 했다. 리크루팅에 대한 제대로 된 현장 매뉴얼이 없었던 당시에는 가뭄에 내리는 단비처럼 반가운 리크루팅 안내서였고, 그래서 리크루팅 교과서처럼 활용되었다.

리크루팅에 관한 세 번째 책이 《리크루팅 명장을 찾아서》이다. 리크루팅을 잘하는 매니저들의 리크루팅 성공 사례를 소개한 책이다. 우리는 텔레비전에서 '맛집 멋집'을 소개하는 프로그램을 보게 된다. 이 프로그램을 보면 다른 것은 다 소개하는데 맨 마지막에 '이것만은 찍지 마세요'라고 하면서 공개하기를 거부하는 것이 있다. 자기만의 특별한 레시피라는 것이다. 리크루팅을 잘하고 영업을 잘하는 매니저들을 보면 그들만의 특별한 노하우가 있다. 그런데 그것을 공개하지 않는다. 그래서 전국에서 리크루팅 잘하는 매니저들을 한 명 한 명 찾아가 인터뷰한 후 그들만이 가지고 있는 성공 노하우의 핵심을 추려 책으로 만든 것이다.

리크루팅의 네 번째 책이 《리크루팅의 정석 3가지가 통했느냐?》이다. 리크루팅을 성공적으로 하기 위해서는 3가지가 통해야 한다. 인통, 심통, 소통이다. 먼저 인통, 즉 인맥이 통해야 한다. 리크루팅 대상자를 찾는 인적 네트워크를 만드는 방법이다. 그다음은 소통, 즉 마음이 통해야 한다. 리크루팅 대상자를 찾았으면 그들과 어떻게 친분 관계를 만들지 방법을 소개했다. 마지막이 소통, 즉 말이 통해야 한다. 리크루팅 대상자와 상담하는 방법, 상담 화법을 구체적으로 소개했다.

리크루팅에 관한 다섯 번째 책이 《공감하면 사람은 90%가 바뀐다》이다. 이 책에는 리크루팅 상담스킬을 정리했다. 앞서 발간된 네 권에서 소홀했던 부분이 리크루팅 화법에 대한 것이었다. 그래서 이 책에서는 리크루팅 중 상담스킬과 상담화법 부분을 집중적으로 파고들었다. 리크루팅 대상자와 어떻게 상담해야 하는지, 효과적인 리크루팅 화법에는 어떤 것들이 있는지 소개했다. 이 책의 핵심 내용은 리크루팅 대상자를 설득하지 말고 공감하게 하라는 것이다. 공감하면 사람은 90%가 바뀌기 때문이다.

책 한 권에 리크루팅을 통합하다

〈한 지붕 세 가족〉이라는 드라마가 있었다. 한 집에 각기 다른 세 가족이 살면서 일어나는 에피소드를 그린 드라마였다. 그동안 내가 내놓았던 책 다섯 권을 보면 〈한 지붕 다섯 가족〉이라는 생각이 들었다. 분명 리크루팅이라는 이슈는 하나인데, 책은 다섯 권으로 각각 세분해서 내놓은 것이다.

리크루팅이라는 한 부모 밑에서 다섯 아이가 태어났는데 큰애, 둘째, 셋째, 넷째, 막내가 각기 흩어져 사는 이산가족 같았다. 다섯 아이가 모두 한 집에 모여 살면 좋겠다는 바람이 있었다. 리크루팅 관련 책 다섯 권을 한 권으로 통합했으면 좋겠다는 요구가 여기저기에서 들어왔다. 특히 리크루팅 활동에 교과서처럼 활용되던 《프로는 리크루팅을 하고 아마추어는 영업을 한다》는 개정 요구가 여기저기서 강하게 밀려왔다.

그러나 '1년에 한 권씩 책 쓰기'라는 목표를 정해놓고 해마다 한 권씩 책을 쓰는 나에게는 다섯 권을 하나로 묶는 통합개정판을 만드는 시간을 내기가 쉽지 않았다. 매월 진행되는 빡빡한 강의 일정과 매년 한 권씩 책 쓰기 목표에 쫓기다 보니 리크루팅 통합개정판의 우선순위가 자꾸 뒤로 밀렸기 때문이다.

그런데 생각지도 못한 코로나19 팬데믹으로 사회적 거리두기와 집합금지 명령이 시행되면서 강의가 줄줄이 취소되었다. 기회는 이때다 싶었다. 그동안 미루어 놓았던 리크루팅 통합개정판에 도전할 시간 여유가 생긴 것이다. 노트북을 열고 모든 시간과 열정을 통합개정판을 내는 데 쏟아부었다. 드디어 한 권으로 통합된 원고를 마무리 지었고 오랫동안 나를 무겁게 짓누르던 짐을 드디어 벗을 수 있었다.

리크루팅 관련 모든 내용을 이 책에 다 담았다. 이 책 한 권으로 리크루팅에 대한 갈증을 해소할 수 있으리라 생각한다.

QR 코드로 동영상 강좌를 본다

이 책에서는 새롭게 동영상 강좌를 추가하였다. 지면 강좌에 그치지 않고 동영상을 통한 강좌를 해보면 어떨까 하는 생각을 했는데 마침 QR 코드를 활용하면 유튜브에 있는 동영상 강좌를 볼 수 있다는 것을 알게 되었다. 그래서 부랴부랴 유튜브에 〈문충태의 리크루팅 특강〉 채널을 만들고 이 책에 담긴 내용을 중심으로 동영상을 찍기 시작했다. 내 머릿속에 들어 있는 보이지 않는 것을 눈으로 볼 수 있게 글로 표현하는 책을 쓰는 것도 힘든 작업이었지만, 책 내용을 중심으로 동영상을 만드는 작업은 시간도 많이 들고 훨씬 힘든 작업이었다.

매일 많은 청중 앞에서 강의하는 것에 익숙한 나에게는 청중은 아무도 없고 오로지 카메라만 보면서 혼자 떠드는 작업은 익숙하지도 않을 뿐만 아니라 결코 녹록한 작업이 아니었다. 그래도 글로 읽는 것에 더해 저자가 직접 설명하는 영상 강의가 있었으면 좋겠다는 생각에 힘든 작업도 감내할 수 있었다.

부족한 점은 많지만, 오늘도 리크루팅 현장에서 한 명의 신인을 도입하기 위해 밤낮을 가리지 않고 열심히 뛰는 분들에게 조금이나마 도움이 되기를 바란다.

문충태

Contents

들어가는 글 5

1장

리크루팅 전략 : 지점장편

리크루팅 못하는 당신, 지점장 자격 없다 21

리크루팅, 못하는 것인가, 안 하는 것인가 25

지점장의 금기어, '안 된다'는 말을 없애라 30

리크루팅 못하는 지점장의 특징 1 쉬운 방법만 찾는다 35

리크루팅, 시책으로 접근하면 안 되는 이유 40

리크루팅 못하는 지점장의 특징 2 리크루팅하는 날이 따로 있다 45

리크루팅 못하는 지점장의 특징 3 앉아서 기다린다 50

리크루팅 못하는 지점장의 특징 4 조직이 모래알이다 55

리크루팅 못하는 지점장의 특징 5 과정관리가 없다 60

리크루팅 잘하는 지점장의 특징 1 리크루팅 주체가 분명하다 65

리크루팅 잘하는 지점장의 특징 2 프로세스가 단순하다 70

리크루팅 잘하는 지점장의 특징 3 전 사원이 참여한다 75

리크루팅 잘하는 지점장의 특징 4 전략과 전술이 있다 80

리크루팅 잘하는 지점장의 특징 5 체크리스트가 있다 85

선견지명하라, 리크루팅은 3개월 앞을 봐야 한다 90

리크루팅도 사원들에게 팔아야 할 상품이다 95

이슈 리크루팅, 백 마디 말보다 이슈 하나가 더 낫다 100

지점장의 리더십은 좌우지간 작전에서 나온다 105

이목구비 전략, 조직에 최면을 거는 방법이다 109

신인은 무조건 정착시켜라, 그래야 리크루팅 맥이 끊기지 않는다 114

2장

리크루팅 전술 : 매니저편

따로국밥 먹지 마라, 영업과 리크루팅은 방법이 똑같다 121

리크루팅에는 프로세스가 있다, 첫 단계가 가장 중요하다 126

선별 리크루팅을 해야 한다고? 그걸 어떻게? 131

선별 리크루팅, 죽느냐 사느냐의 문제다 135
리크루팅을 잘하는 비밀, 타깃 리크루팅에 있다 140
우량자원 도입, 컨설팅 리크루팅으로 풀어라 145
컨설팅 리크루팅, 헤드헌터를 벤치마킹하라 150
리크루팅 대상자 찾기, 1일 활동량의 50%를 집중하라 155
후보자가 아니라 대상자를 찾아라, 이것이 핵심 포인트다 160
리크루팅 대상자 찾는 방법, 인맥지도를 그려라 164
쉽게 오는 사람 재미없다, 안 오겠다는 사람이 더 좋은 자원이다 169
우량자원은 직장에 있다, 일하고 있는 사람을 집중적으로 찾아라 173
사회경험이 있는 사람을 찾아라, 경단녀는 준비되어 있다 178
명함수집가로 변신하라, 명함에 핵심 정보가 들어 있다 182
리크루팅 대상자 소개받는 법, 하루 10명 이상에게 소개를 부탁하라 186
왜 소개가 이루어지지 않는가? 족집게 소개 방법을 활용하라 191
리크루팅의 80%는 리크루팅 대상자 카드에서 나온다 195
1일 1장씩 대상자 카드 만들기, 날마다 숙제하듯이 하라 200
대상자 카드에 사진을 붙여라, 리크루팅 속도가 달라진다 205
하루 한 번씩 리크루팅 대상자 카드를 보라 209
매일 리스트업하라, 하루 일과는 리스트업으로 시작한다 213
리크루팅 카드 분류, 금요일은 리크루팅 카드 재분류 날이다 218

3장

리크루팅 배양활동 : 친분 쌓기편

리크루팅 배양활동, 배양활동 없는 리크루팅은 가짜다 225

배양활동의 기본원칙, 밀물과 썰물 상황을 구분하라 230

배양은 콩나물에 물 주기, 정기적으로 접촉하라 234

3개월 마인드가 있는가? 리크루팅은 속도가 아니라 방향이다 238

리크루팅 대상자 집중관리, 7·15·30 주기로 관리하라 243

절대로 포기하지 마라, 포기만 하지 않으면 반드시 성공한다 247

누구 중심으로 접근하는가? 접근 방법을 바꿔라 251

첫 만남, 첫 이미지, 당당하되 자랑은 겸손하게 하라 255

어떤 인사말을 사용하는가? 리크루팅 인사말은 따로 있다 260

리크루팅 명함 활용법, 두 종류 명함을 활용한다 265

마음의 문 열기, 마중물 메시지를 활용하라 270

문자 메시지, 카톡 활용, 스팸이 되지 않게 하라 275

새로운 소통채널, SNS 어떻게 활용할 것인가 280

땡큐 카드 활용, 땡큐 카드가 땡큐를 만들었다 284

스마트시대 선물 활용법, 선물에 마음을 담아라 288

애경사 관리, 애경사 다이어리가 있는가 292

주특기를 활용하라, 취미를 즐기면 하수, 취미를 활용하면 고수 297

와서 보게 하는 작전, 지렛대를 활용하라 301

리크루팅 이벤트 만들기, 정식으로 초대장을 보내라 305
집중 공략 대상자 100명 만들기, 10·30·60 법칙을 따르라 309

4장

리크루팅 상담스킬 : 상담화법편

리크루팅 상담 1계명, 칵테일파티 효과를 기억하라 315
리크루팅 상담 2계명, 설득하지 말고 공감하게 하라 319
리크루팅 상담 3계명, 머리가 아니라 가슴을 공략하라 324
리크루팅 상담 4계명, 카타르시스가 일어나게 하라 329
리크루팅 상담 5계명, 화법 다이어리를 만들어라 334
리크루팅 상담 6계명, 혼이 담긴 화법을 만들어라 338
리크루팅 상담 7계명, 가장 좋은 화법은 내 성공담이다 342
리크루팅 상담 8계명, News 기법을 활용하라 347
리크루팅 상담 9계명, 칭찬만 잘해도 50%는 성공이다 351
리크루팅 상담 10계명, 이익보다 손실을 부각하라 355
리크루팅 상담스킬 3·3·3 상담법을 활용하라 360
리크루팅 상담스킬 3초 전략 : 3초 안에 상대방 관심을 잡아라 364
리크루팅 상담스킬 3초 전략 : 공감하는 한마디를 만들어라 369

리크루팅 상담스킬 30초 전략 : 관심을 극대화하라 **373**

리크루팅 상담스킬 30분 전략 : 해결책을 제시하라 **377**

리크루팅 상담스킬 30분 전략 : 핵심 내용을 3가지로 압축하라 **381**

리크루팅 상담스킬 거절응대 : 관점을 180도 확 돌려라 **386**

거절응대 1 성격이 내성적이다? "D형 혈액형을 찾습니다" **391**

거절응대 2 뭔가 하긴 해야 하는데? "당신 시간은 11시 24분입니다" **395**

거절응대 3 지금은 안 된다? "딱 1년만 참고 기다리겠습니다" **399**

거절응대 4 나 도와줄 수 있어? "당신의 30대를 책임지겠습니다" **403**

거절응대 5 잘할 자신이 없다? "당신의 요정이 되어줄게요" **407**

거절응대 6 소득이 불안정하다? "1급 비밀인데 이것 한번 보실래요?" **412**

거절응대 7 영업은 싫다? "영업은 블루오션입니다" **416**

거절응대 8 직장인이 좋아요? "혹시 뽕을 맞고 있지 않으세요?" **421**

거절응대 9 변화가 필요하다? "허물을 벗지 않으면 죽습니다" **425**

거절응대 10 영업은 힘들다고 하던데? "다들 힘들다고 해서 도전했습니다" **429**

거절응대 11 40대 직장인? "마흔에 독립만세를 불렀습니다" **433**

5장

리크루팅 별책부록 : 활용자료편

월별 리크루팅 이슈 만들기 438

리크루팅 화법 자료 464

리크루팅 화법 50 484

1장

리크루팅 전략

지점장편

리크루팅 못하는 당신
지점장 자격 없다

장님 코끼리 만지기 우화

우리가 잘 알고 있는 이야기 중 '장님 코끼리 만지기'라는 우화가 있다. 옛날 인도의 어떤 왕이 진리에 대해 말하다가 한 대신에게 코끼리를 한 마리 몰고 오도록 했다. 그러고는 장님 여섯 명을 불러 손으로 코끼리를 만져보고 각자 자기가 알고 있는 코끼리에 대해 말해 보도록 했다.

제일 먼저 코끼리 코를 만진 장님이 말했다. "폐하, 코끼리는 길쭉한 무같이 생긴 동물입니다." 이번에는 코끼리 귀를 만진 장님이 말했다. "아닙니다. 폐하, 코끼리는 곡식을 까불 때 사용하는 키같이 생겼습니다." 그러자 코끼리 다리를 만진 장님이 큰 소리로 말했다. "둘 다 틀렸습니다. 제가 보기에 코끼리는 커다란 기둥같이 생겼습니다."

우리가 잘 알고 있고 또 많이 이용하는 우화이다. 일부분만 보고서 마치 전체를 아는 양 말하는 우를 범하지 말라는 교훈을 담고 있다.

리크루팅을 모르는 당신, 영업을 모른다

지점장들 가운데 '장님 코끼리 만지기'와 같은 우를 범하는 이들이 많다. 영업실적이 남들보다 조금 좋다고 우쭐대면서 자기가 영업의 고수인 양 말하는 사람들이 그렇다. 이들은 이렇게 큰소리를 친다. "내가 이 분야에서 경력이 몇 년인데. 그동안 산전수전 다 겪어 봤다고."

그러나 리크루팅을 모르는 그들은 영업의 고수가 아니다. 영업 전문가라고 할 수도 없다. 리크루팅은 신경 쓰지 않고 영업성과에만 치중하며, 영업을 절반밖에 알지 못하기 때문이다. 영업은 크게 두 부분으로 이루어진다. 하나는 영업실적 부분이고, 다른 하나는 리크루팅 부분이다.

오래된 논쟁 가운데 '닭이 먼저냐, 달걀이 먼저냐'는 것이 있다. 일반적인 관점에서 보면 이 논쟁에는 정답이 없다. 그래서 아직도 끊임없이 논쟁 중이다. 그러나 영업적인 관점에서는 '닭이 먼저냐, 달걀이 먼저냐'고 물으면 답은 분명하다. 닭이 먼저다. 닭이 있어야 달걀을 낳을 수 있으니까.

그런데 아직도 '리크루팅이 먼저냐, 영업이 먼저냐'를 놓고 논쟁하는 사람들이 있다. 영업실적에만 목매는 사람들이 그렇다. 왜 리크루팅에 전력 질주하지 않느냐고 물으면 그들은 '리크루팅이 먼저냐,

영업이 먼저냐'고 되묻는다. 당장 내놓을 수 있는 영업성과가 있어야 하지 않느냐는 것이다. 우선 급한 것이 영업성과요, 그다음이 리크루팅이라는 것이다. 영업성과가 좋아야 지점장 평가도 좋게 받을 수 있고, 그래야 이 불안한 생존경쟁에서 살아남을 수 있다고 주장한다. 이는 뭘 몰라도 한참 모르는 것이다. 당장 눈앞의 급한 문제만 보고 달리다 언제 구렁텅이에 빠질지 모르는 것이다.

영업에서는 닭이 먼저냐, 달걀이 먼저냐를 논할 필요가 없다. 리크루팅이 먼저냐, 영업이 먼저냐를 논할 필요가 없다. 다른 분야에서는 몰라도 영업 분야에서는 당연히 닭이 먼저다. 닭이 있어야 달걀을 낳을 수 있는 것 아닌가. 닭은 리크루팅이요, 달걀은 영업성과이다. 리크루팅을 해야 영업성과가 있을 수 있다는 말이다. 조직을 키워야 영업성과도 높일 수 있다는 말이다. 그런데 왜 당신은 리크루팅은 하지 않고 영업성과에만 매달리는가? 그러면서 영업을 안다고? 천만의 말씀이다. 리크루팅을 모르는 당신은 영업을 모르는 것이다.

리크루팅하라, 그렇지 않으면 죽는다!

리크루팅을 잘해서 영업실적이 항상 전국 상위 5위 안에 있는 지점장을 만났다. 그가 대뜸 이렇게 말했다. "리크루팅하라, 그렇지 않으면 죽는다(Recruit, or die)! 리크루팅은 선택의 문제가 아닙니다. 해도 되고 안 해도 되는 문제가 아니라는 말입니다. 리크루팅은 생존의 문제입니다. 리크루팅을 하는 사람은 살아남고 리크루팅을 하지 못하는 사람은 죽습니다."

또 다른 지점장을 만났다. 그는 전임 지점장이 영업실적에만 몰두하다 사원들을 탈락시켜 지점 폐쇄 직전까지 몰렸던 지점을 인수해 1년 만에 전국 상위권의 대형 지점으로 만든 리크루팅 명장이다. "지점장으로 성공하고 싶다면 오로지 리크루팅에만 매달려야 합니다. 리크루팅이 있고 영업성과가 있죠. 지점 경영에는 리크루팅이 먼저이고 영업성과는 나중입니다."

그리고 그는 이렇게 결론지었다. "영업성과에 매달리는 것은 한 달을 사는 방법입니다. 그러나 리크루팅에 매달리는 것은 영원히 사는 길입니다."

리크루팅을 못하는 당신, 영업을 논하지 마라. 리크루팅을 못하는 당신, 영업 전문가라는 말은 꺼내지도 마라. 진정한 영업 전문가는 리크루팅에서 완성된다. 리크루팅을 잘하는 사람은 영업성과도 뛰어나다. 그래서 영업 전문가는 영업성과에서 나오는 것이 아니라 리크루팅에서 나온다고 하는 것이다.

리크루팅 One Point Lesson

리크루팅하라, 그렇지 않으면 죽는다!
리크루팅하는 지점장은 살고, 리크루팅하지 못하는 지점장은 죽는다.
지점장으로 성공하는 길은 리크루팅밖에 없다.

리크루팅
못하는 것인가, 안 하는 것인가

오늘이 100번째군요!

억대 연봉을 받는 세일즈맨이 명동에서 한 고객을 공략한 사례다. 이 세일즈맨은 사람들이 북적대는 명동의 한 가게에 가서 사장에게 명함을 건넸다. 사장은 사람도 많고 바빠서 그랬는지 명함을 대충 바지 주머니에 쑤셔 넣고는 계속 장사를 했다. 그가 갈 때마다 명함을 주면 사장은 "예, 또 오세요"라는 말만 할 뿐 아무 대꾸도 하지 않았다.

그러자 그는 은근히 오기가 생겼다. 그래서 어느 날은 들어갈 때 한 장, 나올 때 한 장 해서 하루에 명함을 두 장 건넨 적도 있다. 누가 이기나 갈 데까지 가보자는 생각이 들었기 때문이다. 그렇게 1년 6개월쯤 되던 어느 날, 그 사장이 처음으로 미소를 보이며 이렇게 말했다.

"안녕하세요? 많이 기다리셨죠? 오늘 제가 받은 명함이 100번째 명함이군요. 컨설팅 잘해주셔야 합니다." 그러면서 사장이 그동안 받은 명함을 다 꺼내놓았는데 놀랍게도 명함 한 장 한 장에 작게 번호가 쓰여 있었다. 그리고 금방 건넨 명함에는 100이라는 숫자가 적혀 있었다. 사람들은 대부분 한두 번 찾아오고 포기하는데 주기적으로 계속 찾아오는 그를 보면서 사장은 그가 남다른 사람이라는 느낌을 받았다. 그래서 100번째 명함을 받은 날 의미 있는 계약을 한 것이다.

못하는 것인가, 안 하는 것인가

리크루팅이 안 된다고 말하는 지점장들이 많다. 그들에게 꼭 묻고 싶은 말이 있다. "당신은 리크루팅을 못하는 것인가 아니면 안 하는 것인가?" 그들은 못하는 것이 아니라 안 하는 것이다. 앞에서 예를 들었던 세일즈맨은 한 명의 고객을 만들기 위해 100번을 찾아갔다. 그라고 해서 중간에 포기하고 싶은 생각이 들지 않았겠는가? 포기하려는 자신과 싸워서 이겼기 때문에 마지막에 웃을 수 있었던 것이다.

그가 지금 당신에게 이렇게 외치는지도 모른다. "신인을 한 명 도입하기 위해 당신은 100번 찾아가 본 적이 있는가?" 당신은 이런 노력을 하지 않은 것이다. 100번이라도 찾아가 끝까지 물고 늘어지지 않은 것이다.

이봐, 해봤어?

우리나라 경제발전의 주역 중 가장 대표적인 사람을 들라면 누구나 고 정주영 현대그룹 회장을 꼽는다. 그를 측근에서 오랫동안 모신 사람이 그의 경영 일화를 정리한 책을 썼는데 그 책 제목이 《이봐, 해봤어?》이다. 1970년대 초 거의 무(無)에 가까웠지만 오늘날 세계에서도 알아주는 자동차·조선 강국으로 만들어낸 사람이 바로 정주영 회장이다. 그가 황무지였던 자동차·조선산업을 추진할 때의 일이다. 실무진이 "회장님, 안 됩니다. 우리나라에서는 무모한 일입니다"라고 반대할 때마다 그가 눈을 부릅뜨고 호통친 말이 "이봐, 해봤어?"였다. 그는 이 말을 입버릇처럼 달고 살았다.

오늘 우리가 "리크루팅이 안 됩니다. 리크루팅이 어렵습니다"라고 할 때마다 정주영 회장이 눈을 부릅뜨고 호통치는 소리가 들리지 않는가? "이봐, 해봤어?"

어느 날 내가 미쳐 있었다

"혹시 이런 경험 해본 적 있어요? 어느 날 갑자기 '내가 미쳐 있구나' 하는 생각이 들었던 경험 말이에요. 제가 그런 경험을 한 적이 있다는 것 아닙니까." 이 지점장이 들려준 경험담이다. 퇴근길에 버스정류장에서 버스를 기다리느라 줄을 서 있는데 앞에 줄 선 사람들 가운데 30대로 보이는 젊은 여성이 몇 명 있었다. 그런데 자기도 모르게 그들에게 다가가 명함을 나누어주고 있었다. 그렇게 해야겠다고 의식한 것은 아니었다. 젊은 여성을 보자 자기도 모르게 그렇게 한 것이다. 명함을 나누어주고 나서야 자신도 깜짝 놀랐다. '아하, 이게 미치는 것인가 보다' 싶었다.

비슷한 경험은 또 있다. 언젠가 리크루팅 대상자를 만나고 나서 지하철을 타고 사무실로 들어갈 때였다. 지하철 안에서 이런저런 생각을 하다가 조금 전 만난 리크루팅 대상자에게로 생각이 옮겨갔다. '이 사람을 어떻게 설득하지? 남편이 문제야. 그럼 남편을 어떻게 만나야 할까?' 이런 생각을 하다가 지하철이 서는 걸 깨닫고 깜짝 놀라 후다닥 내렸다. 그런데 자신이 내려야 할 곳을 벌써 몇 정거장이나 지난 뒤였다. 마치 타임머신을 탄 것같이 정신이 멍했는데, 이는 어떤 일에 몰입하거나 무언가에 골몰할 때 일어나는 일이다.

지점장은 결과로 말해야 한다

많은 지점장이 입버릇처럼 하는 말이 있다. "요새는 리크루팅이 안 돼요." "리크루팅요? 별의별 방법 다 써봤죠. 그런데 뾰족한 방법이 없더라고요." "눈을 씻고 다 뒤져봐도 리크루팅할 사람이 없어요." "제가 산전수전 다 겪어봤거든요. 그런데 리크루팅은 정말 힘들어요." 이들은 대부분 한숨만 푹푹 쉬면서 리크루팅이 어렵다고 말한다.

그럴 때마다 목까지 치밀어 오르지만 꾹 참는 말이 있다. "이봐, 제대로 한번 해봤어?" 리크루팅이 안 된다고 말하는 사람치고 리크루팅을 행동으로 하는 사람은 없다. 리크루팅이 어렵다고 하는 사람치고 리크루팅을 미쳐서 하는 사람은 없다. 그저 생각만 하고 마음으로만 바랄 뿐이다.

판사는 판결문으로 말하고 세일즈맨은 실적으로 말한다고 한다. 판사는 말로 자기주장을 나타내는 것이 아니라 오직 판결문으로만 자기 의사를 나타내야 하고 세일즈맨은 말로 떠드는 것이 아니라 영업실적으로 자기 존재를 나타내야 한다는 것이다. 그러면 지점장은 어떤가? 지점장은 리크루팅 결과로 말해야 한다.

이제부터 '안 된다, 안 된다'는 말은 하지 말자. 제대로 한번 해보고 나서 그런 말을 하자. 죽기 살기로 덤벼보고 나서 그런 말을 하자.

리크루팅 One Point Lesson

'불광불급(不狂不及)'이라 했다.
미쳐야 성공할 수 있다는 말이다. 리크루팅은 미쳐야 한다.
미친 자에게만 문을 열어주는 것이 리크루팅이다.

지점장의 금기어
'안 된다'는 말을 없애라

리크루팅 금기어가 있다

한 횟집 식당에 '금기어'라고 적혀 있었다. 홀에서 음식을 나르는 사람을 부를 때 '아줌마, 아가씨, 저기요, 언니' 같은 말을 하면 안 된다는 것이었다. 그 대신 '○○ 씨'라고 반드시 이름을 불러달라고 했다.

"우리 지점에도 금기어가 있습니다. '안 된다, 힘들다, 어렵다'는 말입니다. 그 대신 '해보자'라는 말만 해야 하죠." 연도 챔피언상을 받은 지점장이 한 말이다.

필자가 그 지점장에게 이런 질문을 했다. "많은 사람이 리크루팅하기 힘들다고 하는데 지점장님은 힘들지 않으세요?" 그 지점장 입에서 "예, 요즘은 리크루팅이 안 되네요"라는 대답이 나오지 않을까 해서 던진 질문이었다. 그러나 그에게서 의외의 대답이 나왔다. 그 지점장은 정색을 하더니 이렇게 말했다.

"날마다 손님들이 길게 줄을 서서 기다리는 식당이 있습니다. 그 식당 주인이 한숨을 쉬면서 '요즘 장사가 너무 안 돼요'라고 합니다."

그의 말을 요약하면 이렇다. 유명한 식당이 있는데 점심때만 되면 사람들이 길게 줄을 서서 기다렸다. 오늘도 어김없이 사람들이 줄을 서서 기다리고 있는데 정작 식당 주인은 요즘 장사가 너무 안 된다고 했다.

"손님들이 이렇게 줄을 서서 기다리는데 장사가 안 된다니요?"라고 물었더니 그 식당 주인의 대답이 걸작이었다. "말도 마세요. 얼마 전까지는 기다리다가 돌아가는 사람이 100명이 넘었는데 지금은 겨우 50명밖에 안 돼요." 하루 매출은 그때나 지금이나 변함이 없는데 돌아가는 사람이 차이 난다고 장사가 안 된다는 것이다. 그 지점장은 이렇게 정리했다.

"느끼는 개념 차이일 뿐입니다. 우리는 습관적으로 힘들다고 말하지요. 사실 조그마한 차이가 있을 뿐인데 사람들은 대부분 이를 확대해석해서 안 된다고만 합니다. 제 사전에는 '힘들다, 안 된다'는 말은 없어요. 지워버렸습니다."

환경을 탓하지 마라

"제 가장 큰 장점이라고 하면 '절대 긍정'이라고 할 수 있어요. 모든 것을 긍정적으로 보는 것이죠." 그 지점장이 웃으면서 이야기를 계속했다. "지점장에는 두 종류가 있습니다. 하나는 오리형 지점장이고, 다른 하나는 독수리형 지점장입니다."

그 지점장 입에서 열변이 터져 나왔다. 그는 오리형 지점장과 독수리형 지점장의 차이점을 이렇게 설명했다. 지점장의 행동을 가만히 들여다보면 오리형 지점장은 하루 종일 꽥꽥거리며 시끄러운 소리만 낸다. 그의 입에서는 '안 된다, 힘들다, 어렵다'는 소리만 나온다. 불행하게도 그와 함께하는 지점의 사원들 입에서도 이런 소리만 나온다.

반면에 독수리형 지점장은 묵묵히 리크루팅을 해내면서 하늘 높이 날고 있다. 독수리는 바람의 흐름을 이용할 줄 안다. 수시로 변하는 바람의 흐름을 이용하면서 하늘 높이 나는 것이다.

"우리 주변 환경은 수시로 변합니다. 그런데 변하는 환경만 탓할 수는 없지 않습니까? 변하는 환경을 어떻게 이용할지를 고민해야죠, 안 그래요? 이런 생각에서 저는 '안 된다, 힘들다'는 말을 없애버렸어요." 그래서 그런지 그와 한 시간 넘게 인터뷰했는데 그의 입에서는 부정적인 표현이 전혀 나오지 않았다. '안 된다, 어렵다, 힘들다'는 말을 들은 기억이 없다.

누군가는 해내고 있다

"영업이 잘되고 리크루팅이 잘되게 하려면 긍정적인 분위기를 만들어야 합니다." 이 지점장이 한 말이다. 그가 지점을 긍정적으로 이끄는 모습을 벤치마킹해보라. 그의 지점이 성공한 비결은 한마디로

'기 살리기 작전'이라고 할 수 있다.

영업이 잘되는 조직을 보면 항상 시끌벅적하다. 무슨 좋은 일이 있는지 웃음소리가 끊이지 않고 사원들의 눈빛은 반짝반짝 빛난다. 한마디로 사원들의 기가 살아 있다. 그러나 영업이 안 되는 조직을 보면 깊은 산속의 절간처럼 조용하다. 숨만 조금 크게 쉬어도 옆 사람이 알아차릴 것처럼 적막감이 깔려 있다. 이런 조직은 사원들이 기가 죽어 어깨가 축 처져 있고 눈은 아래를 향해 있다.

리크루팅을 잘하려면 사원들 기를 살려주는 것이 필수 요건이다. 사원들 기가 살아야 리크루팅 대상자 소개가 원활하기 때문이다. "그 사람만의 장점을 집중 부각해라." 그의 지점이 영업도 잘하고 리크루팅도 잘하는 비결은 그가 사원들을 대할 때 장점을 집중적으로 부각하는 것이다.

그는 사원들이 잘하는 것을 찾아서 집중적으로 칭찬한다. 사원 한 사람 한 사람의 장점을 집중적으로 연구한다. 그래서 그 장점을 바탕으로 '당신이 최고다. 이 분야에서는 당신만 한 사람이 없다. 지난번에는 목표를 200% 달성했던 저력도 있지 않느냐'는 식으로 긍지와 자부심을 심어준다.

이렇게 했더니 사원들 기가 살아났고 더불어 영업 분위기도 살아나게 되었다. 그뿐만이 아니라 사원들이 리크루팅 대상자를 적극적으로 소개해주는 협력자로 바뀌었다.

많은 지점장이 '리크루팅이 안 된다. 힘들다'면서 한숨만 쉰다. 하지만 이 시각에도 리크루팅을 성공적으로 해내는 지점장이 있다는 사실을 잊지 말자. '승자는 몸을 바치고 패자는 혀를 바친다'고 한다. 연도 챔피언상을 받은 지점장이 늘 마음에 새기는 말이다. 기억하라. 승자는 행동으로 말을 증명하고 패자는 말로 행위를 변명한다.

리크루팅 One Point Lesson

지점장이 절대 꺼내지 말아야 할 금기어가 있다.
'리크루팅이 안 된다'는 말이다.
같은 환경에서도 리크루팅을 해내는 사람이 있다.

리크루팅 못하는 지점장의 특징 1

쉬운 방법만 찾는다

등산과 리크루팅

"등산과 리크루팅은 닮은 점이 많습니다. 등산과 리크루팅이 닮은 점 10가지를 적어주세요." 한 지점 게시판에 붙어 있는 글이다. 이 지점에서는 리크루팅 마인드를 조성하기 위해 등산과 리크루팅의 공통점 찾기 이벤트를 실시했는데 사원들에게서 다양한 의견이 나왔다. 산에 올라가는 길은 꼭 하나만 있는 것은 아니다. 이쪽에서 올라갈 수도 있고, 저쪽에서 올라갈 수도 있고, 사방팔방에서 올라갈 수도 있다. 사원들에게서 나온 생각을 10가지로 정리해보았다.

등산과 리크루팅의 닮은 점 10가지

1. 처음부터 겁먹는 사람이 많다.

2. 해보지도 않고 힘들다고 한다.

3. 올라가는 길이 여러 갈래다.

4. 처음에는 누구나 힘들어한다.

5. 중간에 포기하는 사람이 많다.

6. 포기하지만 않으면 누구나 정상에 오른다.

7. 정상에 오르면 모두 '야호' 하고 외친다.

8. 정상에 올랐을 때 성취감이 짜릿하다.

9. 해본 사람만이 그 기분을 안다.

10. 힘들 줄 알면서 또 도전한다.

아마추어는 쉬운 길만 찾는다

리크루팅도 등산과 마찬가지여서 꼭 한 가지 방법만 있는 것이 아니다. 이런 방법도 있고 저런 방법도 있고 방법은 다양하다. 산에 처음 오르는 초보자는 누구나 쉬운 길만 찾는다. 되도록 짧고 경사가 완만한 평탄한 길로 가기를 원한다. 또 그들이 산을 오르는 모습을 보면 처음에는 빠른 걸음으로 시작한다. 정상에 오르고자 하는 마음이 급하기 때문이다.

그러나 얼마 올라가지 못하고 숨을 헐떡이면서 '힘들다, 못 올라가겠다'는 등 엄살이 심하다. 어찌 보면 리크루팅을 못하는 아마추어 지점장과 그 모습이 똑같다. 리크루팅을 못하는 지점장들을 보면 대부분 쉬운 방법만 찾는다. 리크루팅을 힘들이지 않고 쉽게 할 방법만 찾는다. 그러면서도 한두 번 찔끔하고는 리크루팅이 힘들다고, 어렵다고 한다.

쉬운 방법만 찾는가? 그렇다면 당신은 아마추어 지점장이다. 빨리 할 수 있는 방법만 찾는가? 그럼 당신은 아직 멀었다는 말이다.

시책으로 접근하지 마라

리크루팅을 쉬운 방법으로 풀려는 지점장들이 가장 많이 사용하는 방법이 시책이다. '신인 한 명 리크루팅하면 얼마 보상'과 같은 시상으로 풀어가는 것이다. 하지만 이는 아마추어들이나 하는 발상이다. 여러분 선배들을 보라. 리크루팅을 하지 못해서 중간에 도태된 선배들이 공통적으로 접근했던 방법이 시책이었다. 시책 하나 달랑 붙여놓고 리크루팅되기를 기다리다 결과가 신통치 않아 결국 도태되고 말았다.

중간에 도태된 선배 지점장 한 명을 소개하겠다. 한 지점장이 얼굴이 벌게져서 씩씩댔다. 왜 그러냐고 물었더니 본부에서 리크루팅 시책이 없다는 것이다. 지점에서는 리크루팅하려고 이런 시책, 저런 시책 별의별 시책을 다 써봤는데 효과가 없어 본부에서 큰 것으로 한 방, '해외여행' 시책을 붙여달라고 했더니 콧방귀도 뀌지 않더라는 것이다. 그러면서 지점장들에게만 리크루팅하라고 압박한다며 불평했다.

예전에는 주로 동남아관광 같은 해외여행이 리크루팅 시책으로 많이 등장했다. '신인 2명 리크루팅하면 동남아여행' 하는 식이었다. 주변에서는 리크루팅이나 영업성과로 해외여행을 다녀온 사람들을 쉽게 볼 수 있었다.

리크루팅에 실패할 수밖에 없는 이유

하지만 가만히 생각해보자. 리크루팅을 시책으로 풀어가는 것이 정답일까? 결론부터 말한다면 '아니다'.

리크루팅은 시책으로 접근하면 백발백중 실패한다. 여기 통계자료가 하나 있다. 영업사원들을 대상으로 리크루팅에 참여하게 된 동기를 설문조사한 것이다.

왜 리크루팅을 하는가?

일에 보람을 느껴서	38.8%
지점 분위기 때문에	28.4%
지점장님의 열성 때문에	20.4%
해외 시상 때문에	7.6%
기타	4.8%

이 통계를 보면 시책 때문에 리크루팅을 하였다는 사람은 7.6%밖에 안 된다. 100명 중 8명만 시책 때문에 리크루팅을 하게 되었다는 것이고, 나머지 90명이 넘는 사원들은 리크루팅하게 된 이유가 시책과 무관하다는 것이다.

내가 하는 일에 보람을 느껴서, 지점 분위기 때문에, 지점장의 리크루팅에 대한 열정 때문에 리크루팅하게 되었다는 사람이 87%가 넘는데 '리크루팅' 하면 시책부터 생각하는 것은 어찌 된 일인가? 100명 중 87명은 제쳐두고 8명밖에 되지 않는 소수를 상대로 시책을 전개하기 때문에 리크루팅에 실패하는 것이다. 허공에 대고 총질하는 것이다. 그래서 리크루팅을 시책으로 풀어가려는 당신을 아마추어라고 한다.

시책으로 접근하면 100% 실패한다

핸드폰 카메라를 열어 QR코드에 대면 동영상 강의를 볼 수 있다.

리크루팅 One Point Lesson

쉬운 방법을 찾지 마라.
쉬운 방법으로 풀어가는 것이 시책이다.
리크루팅은 시책으로 풀어가면 백이면 백 실패한다.

리크루팅
시책으로 접근하면 안 되는 이유

시책이 만병통치약?

리크루팅을 하는 지점장들이 가장 많이 하는 고민이 바로 시책이다. 이들은 이달 리크루팅 시책을 어떻게 전개할지에 많은 시간을 할애한다. 이달에는 어떤 시책을 붙일까? 얼마로 어떤 상품을 제시해야 할까?

이들은 지난달에도 시책 때문에 고민했고 이달에도 시책 때문에 고민한다. 영업력을 향상하기 위해, 리크루팅을 성공적으로 하기 위해 꼭 필요한 것이 시책이라고 생각한다. 마치 시책이 만병통치약이나 되는 것처럼 말이다.

그러나 시책은 만병통치약이 아니라 마약이다. 마약은 사람을 살리는 약이다. 급할 때 사람 목숨을 살리기 위해 사용하는 것이 마약이다. 수술할 때 반드시 있어야 하는 약이 마약이다. 사람 목숨을 살려야 하는 절체절명의 순간에 쓰는 것이 마약이다. 그런데 이런 마약을 아무 때나 쓰면 어떻게 될까? 오히려 사람을 죽이는 독약이 된다. 사람을 폐인으로 만들고 마지막에는 고통 속에서 죽게 만든다.

리크루팅에서 시책은 마약과 같아서 처음에는 적은 금액에도 즉각 반응이 나타난다. 그러나 한 번 사용하고 두 번 사용하면 부작용이 나타난다. 매월 그 강도가 강해져야 하고 금액이 점점 커져야 한다. 적은 금액의 시상에서 국내 여행으로, 국내 여행에서 해외여행으로 점점 더 강도가 세져야 한다. 그러면서도 결과는 신통치 않다. 마치 처음에는 소량으로 효과를 볼 수 있었는데 한 번 주입하고, 두 번 주입하게 되면 내성이 생겨 점점 더 많은 양을 주입해야 하는 마약처럼 말이다.

시책이 조직을 황폐하게 한다

옛날에는 농사지을 때 수확량을 늘리기 위해 화학비료를 사용했다. 그러나 화학비료를 한 번 사용하고, 두 번 사용하다 보면 수확량이 점점 줄어든다. 수확체감의 법칙이 나타나 화학비료를 주면 줄수록 수확량이 떨어진다. 땅이 황폐해졌기 때문이다.

시책도 이와 같다. 시책은 단기간에 영업실적을, 리크루팅 결과를 만들어내려고 할 때 사용하는 촉진제다. 처음에는 작은 시책으로 영업실적이 따라오고, 리크루팅 결과가 나타나는 것처럼 보인다. 그러나 한 번 사용하고 두 번 사용하다 보면 점점 효과가 떨어진다. 사원들은 시책이 없으면 움직이려고 하지 않는다. 그래서 그들을 움직이게 하려고 약간의 시상금에서 국내 여행으로, 국내 여행에서 많은 금액이 들어가는 해외여행으로 시책의 약발을 올린다. 그러나 이런 시책을 쓰면 쓸수록 사원들은 더 큰 것을 요구한다. 화학비료가 땅을 황폐화한 것처럼 시책이 조직을 황폐화했기 때문에 나타난 현상이다.

시책이 없어도 리크루팅이 된다고?

리크루팅을 잘하는 비결을 인터뷰하려고 한 지점장을 만났다. "저는 절대 시책을 붙이지 않습니다. 지금까지 리크루팅에는 한 번도 시책을 붙인 적이 없어요. 그런데도 리크루팅이 되더라고요." 그가 인터뷰를 시작하자마자 꺼낸 말이다.

대부분 지점장이 리크루팅을 풀어가려고 시책으로 접근하는데 왜 시책을 붙이지 않느냐고 물었더니 "아시다시피 시책은 근본적인 해결방법이 아니잖아요"라고 했다. 리크루팅에서 시책은 일시적 방법일 뿐 근본적 해결 방법이 아니라는 얘기다. 그가 말하는 리크루팅 성공비결을 들어보자.

그는 지점을 경영하는 데 두 가지 방법을 사용했다. 하나는 약물치료요법, 다른 하나는 운동요법이다. 시책이 약물치료요법이다. 단시간에 특정 효과가 나타나게 하는 것이 약물치료요법이다. 그런데 약물치료요법에는 부작용이 있다. 너무 많이 사용하면 내성이 생겨서 점차 투여량을 늘려야 한다는 것이다. 그래서 그는 시책을 영업실적에만 최소화해서 붙이고 리크루팅에는 붙이지 않는다. 약물의 오남용으로 인한 부작용을 방지하기 위해서다. 그리고 남발하는 시책, 너무 과한 금액의 시책은 영업풍토만 망가뜨리게 된다.

그 대신 그가 집중적으로 하는 것이 운동요법이다. 지점 분위기를 긍정적으로 조성하고, 사원들과 매일 1 : 1 면담을 해서 리크루팅 대상자를 찾아내고, 사원들과 협력해서 리크루팅 대상자를 배양하는 방법 등이 그가 쓰는 운동요법이다.

그런데 리크루팅에는 시상을 붙이지 않는데 리크루팅을 한 사원에게는 시상금을 준다고 했다. 무슨 말이냐고 물었더니, 영업 부문에만 시상을 붙이고 리크루팅 부문에는 시상이 없지만 신인을 도입한 사원에게는 별도로 특별 상금을 준다는 것이다. 그는 이것을 시상이 아니라 보상이라고 했다. 신인을 도입하기 위해 애쓰고 노력한 사원들의 공과를 인정해주고 격려하는 보상금이라고 했다. 그랬더니 사원과 지점장의 관계가 더 두터워지고 상호신뢰하는 마음이 더 커지게 되었다고 했다.

"리크루팅은 돈이 아니라 리더십으로 풀어가야 합니다." 그가 결론적으로 한 말이다.

시책은 보조수단으로 사용하라

과유불급(過猶不及)이라고 했다. 이는 '지나침은 미치지 못함과 같다'는 뜻이다. 너무 많아도 안 되고 너무 적어도 안 되며 적당해야 한다는 말이다. 리크루팅에서 시책은 '필요악'이라고 할 수 있다. 없어서는 안 되겠지만 너무 지나치면 오히려 해가 된다는 말이다. 시책은 단기적으로 어느 정도 효과를 볼 수 있을지는 모르지만 장기적으로 볼 때 오히려 조직에 부작용만 줄 뿐이다.

"아직도 시책을 붙이십니까?" 지점장이 농담 삼아 웃으면서 한 말이다. 시책으로 리크루팅을 접근하는 사람들에게 하고픈 말이라고 했다. 구석기시대 방법인데 아직도 그 방법을 사용하느냐고 말이다. '리크루팅은 돈이 아니라 리더십으로 풀어가야 한다'는 지점장의 말이 귓가에 생생하다.

리크루팅 One Point Lesson

리크루팅은 돈으로 하는 것이 아니다.
시책은 보조적으로 사용해야 하는 일시적인 해결책일 뿐 주력으로 사용해야 하는 근본 해결책이 아니다.

리크루팅 못하는 지점장의 특징 2

리크루팅하는 날이 따로 있다

리크루팅하는 날이 따로 있다고?

많은 지점장이 리크루팅을 단발성 이벤트로 풀어간다. 대표적인 경우가 월초가 되면 '리크루팅하자, 리크루팅하자'고 야단법석을 떠는 것이다. 월초에는 '리크루팅하자'고 떠들다가 10일만 지나면, 아니 보름만 지나면 리크루팅에 '리'자도 꺼내지 않는다. 그리고 그때부터는 '영업하자, 영업하자'고 떠들어댄다. 리크루팅을 못하는 지점장들이 접근하는 방법이다. 옛날에도 이렇게 했고 지금도 이렇게 한다. 시대가 변했고 환경이 변했는데도 리크루팅에 임하는 이 방법만은 변하지 않는 것 같다.

기억해야 할 것은 이제는 이러한 이벤트성 방법으로 리크루팅을 접근하면 안 된다는 사실이다. 리크루팅을 잘하려면 가장 먼저 버려야 할 것이 바로 이러한 단발성 이벤트 방법이다. 이 방법은 옛날에도 통하지 않았고 지금도 통하지 않는다.

생각해보라. 리크루팅하는 날이 따로 정해져 있는가? 월초는 리크루팅하는 기간이요, 월 중반부터 월말까지는 영업하는 날이라고 정해져 있는가? 그런데 왜 리크루팅을 하라고 월초에만 야단법석을 떠는가?

리크루팅은 숨 쉬기와 같다

간단한 게임을 하나 해보자. 이름하여 '숨 멈추기' 게임으로, 숨을 멈추고 누가 가장 오래 견디나 겨루는 것이다. '준비, 시~작.' 사람은 숨을 멈추고는 3분도 견디지 못한다.

우리가 숨을 쉬는 것을 가만히 생각해보자. 우리는 한순간도 멈추지 않고 숨을 쉬고 있다. 우리가 숨을 쉴 때 '자~ 숨을 들이마셔야지' 하고 들이마시는 것도 아니고, '자~ 숨을 내뱉어야지' 하고 내뱉는 것도 아니다. 그저 무의식적으로 숨을 쉴 뿐이다. 살기 위해 생리적으로 하는 행동이다. 만약 3분 정도만 숨쉬기를 멈춘다면 우리는 이 세상 사람이 아니게 된다.

리크루팅도 마찬가지다. 리크루팅은 숨 쉬듯이 해야 한다. 살기 위해 무의식적으로, 생리적으로 숨을 쉬듯이 리크루팅도 1년 365일 일상 활동 중에서 일어나야 한다.

월초에는 '리크루팅하자'고 외치다가 월 중반 이후에는 '영업하자'고 외치는 것은 숨을 쉬다가 멈추는 행동과 같다. 월초에는 숨을 쉬다가 월 중반 이후에는 숨 쉬기를 멈추는 것과 무엇이 다른가. 그러니까 뇌에 산소가 부족해서 뇌성마비가 오고 식물인간이 되는 것이다.

리크루팅은 365일 매일 해야 한다

"리크루팅을 날짜 정해놓고 하는 것이라고 한다면 리크루팅 못할 사람 아무도 없습니다." 2년 만에 대형 지점으로 발전시킨 한 지점장이 한 말이다. 그가 리크루팅을 잘하는 이유, 지금의 대형 지점을 만든 비결을 분석해보았다.

첫째, 그에게는 월초 월말이 따로 없었다. 그는 월초에도, 월말에도 날마다 리크루팅을 외쳤다. 영업실적을 마감하는 월말에도 리크루팅을 외치는 그에게 하루는 후배 지점장이 걱정스럽게 물었다. "지점장님, 월말에 리크루팅하라고 하면 사원들이 마감하지 못한다고 반발하지 않나요?" 리크루팅을 못하는 지점장들이 흔히 하는 질문이었다. 월초에만 리크루팅하자고 외치는 지점장들의 생각이었다.

후배의 질문에 그는 이렇게 대답했다. "그게 바로 고정관념이야. 영업에 월초 월말이 없듯이 리크루팅에도 월초 월말이 없어. 우리 지점 식구들은 당연하게 받아들여. 영업과 리크루팅을 구분하면 안 된다고 생각하지."

둘째, 그에게는 아침, 저녁이 없었다. 그는 리크루팅 대상자를 만나는 것에 아침, 저녁을 가리지 않는다. 만나야 하는 리크루팅 대상자가 있으면 아침, 저녁 구분하지 않고 찾아간다. 대부분 낮시간에 리크루팅 대상자를 만나지만 상대방 여건이 낮에 만나기 어렵다고 한다면 여건에 맞춰 아침에 찾아가기도 하고, 저녁에 찾아가기도 한다.

셋째, 그가 리크루팅하는 데는 집과 사무실이 구분되어 있지 않았다. 사무실은 물론 집에서도 리크루팅 대상자에게 전화하거나 문자 메시지를 보냈다.

그의 리크루팅 활동을 보면서 초등학교 과학시간에 실험했던 일이 생각났다. 돋보기로 종이에 불을 붙이는 실험이었다. 돋보기로 햇볕을 모아 종이 한곳에 초점을 맞추고 얼마의 시간이 지나면 종이에서 연기가 나고 마침내 종이에 불이 붙었다.

그 지점장은 리크루팅 열정을 한곳에 집중했다. 돋보기로 햇볕을 한곳에 모으는 것처럼 말이다. 지점 식구들의 모든 관심을 리크루팅 하나에 집중하게 한 것이다. 그런데도 그의 지점이 영업이 잘되는 이유는 무엇일까? 리크루팅하는 날 따로 있고 영업하는 날 따로 있는 것이 아니라는 것을 증명하는 좋은 사례가 아닐까.

월초 월말 구분하지 마라

다시 강조하지만 리크루팅하는 날 따로 있고 영업하는 날 따로 있는 것이 아니다. 리크루팅은 일상 활동 중에 일어나야 한다. 월초든 월 중반이든 월말이든 가리지 말고 평상시 고객을 찾듯이 해야 한다.

중간에 도태된 지점장들이 걸어온 길을 가만히 되새김해보라. 리크루팅을 못하는 지점장들의 전형적인 패턴이 월초에만 리크루팅,

리크루팅 외치는 형태였다. 그러나 조직을 늘리고 성공적으로 지점장 생활을 하는 사람들을 보라. 그들은 월초에만 리크루팅하자고 요란을 떨지 않는다. 리크루팅을 평상시 일과 중 하나요, 날마다 일상적으로 하는 일의 하나로 접근한다.

리크루팅은 단발적 이벤트로 풀어서는 안 된다. 월초 월말 기간을 구분해 리크루팅에 접근하는 사람은 리크루팅을 못한다. 리크루팅은 월초에만 반짝 할 일이 아니다. 1년 365일이 리크루팅하는 날이어야 한다.

리크루팅 / One Point Lesson

일상생활 중에서 리크루팅을 풀어가라.
리크루팅하는 날 따로 있고 영업하는 날 따로 있는 것이 아니다.
1년 365일이 날마다 리크루팅하는 날이어야 한다.

리크루팅 못하는 지점장의 특징 3

앉아서 기다린다

당신도 혹시 낚시꾼 지점장?

리크루팅을 못하는 지점장의 특징 중 하나가 앉아서 기다리는 것이다. 리크루팅에 대한 시책 하나 걸어놓고 사원 중 누군가 그 시책에 반응해 신인을 데려오기를 기다린다. 마치 낚시꾼이 낚시하듯이 말이다.

낚시하는 사람을 보라. 낚싯바늘에 미끼 하나 끼워서 물속에 낚싯줄을 풍덩 던져놓고 하루 종일 기다린다. '물려라. 물려라. 뭐 하나만 물려라' 하는 바람으로 말이다. 그러다 입질이 없으면 '여기는 물이 안 좋은가봐' 하면서 다른 곳으로 옮겨 또 퐁당 낚싯줄을 던져놓고 하염없이 기다린다.

시책으로 리크루팅을 풀어가는 지점장이 그렇다. 낚싯바늘에 미끼를 끼워서 물속에 낚싯줄을 던져놓은 것이 시책이다. 이 시책 하나 붙여놓고 고기가 입질하기를 바라듯 사원 중 누군가 신인을 데려오기를 하염없이 기다린다. 이런 식으로 리크루팅에 임하는 사람을 낚시꾼 지점장이라고 한다.

낚시꾼 지점장이 날마다 외치는 말이 '돌격 앞으로'이다. 자기는 앉아서 가만히 기다리면서 사원들에게만 '돌격 앞으로'를 외친다. 그러나 사원들은 아무 반응이 없다. 아무도 움직이지 않는다. 그러자 시책까지 걸어줬는데 사원들이 움직이지 않는다며 불평불만을 늘어놓는다. 가장 멍청한 전투 지휘관이다.

내 장사라면 어떻게 하겠는가?

"만약 지금 하는 일이 내 장사라면 어떻게 하겠는가?" 한 지점장이 후배 지점장에게 던진 질문이다. 지금 하는 일이 내 장사라면 그렇게 소극적인 자세로 임하겠느냐는 말이다. 가만히 앉아서 누군가 오기만 기다리겠느냐는 것이다. 지금 내가 사용하는 사무실 공간만큼 되는 데서 내 장사를 한다면 그렇게 소극적으로 리크루팅하겠느냐는 것이다. 지금은 회사에서 공간을 마련해주고 집기비품을 제공해주고 사원들 급여도 회사에서 제공하는데, 만약 내가 이만한 공간을 임대해서 장사한다면 지금과 같이 안일하게 할 수 있을까.

대충 계산해보자. 지금의 공간만큼 사무실을 임대해서 장사한다고 하자. 먼저 임대료가 들어간다. 임대보증금은 차치하고 월 임대료만 적어도 1,000만 원 이상 들어간다. 여기에 사무실 운영비며 집기비품 구입비, 사무직원 급여를 지급해야 한다. 어림잡아 계산하더라도 이만한 사무실을 운영하려면 한 달에 적어도 2,000만 원 이상 들어간다. 다시 말하면 지금 공간에서 내 장사를 한다면 내 임금은 계산에 넣지 않더라도 한 달에 적어도 2,000만 원 이상 이익을 내야 한다. 만약 그만큼 이익금을 내지 못하면 망한다. 이 지점장이 덧붙였다.

"내 장사라면 과연 지금처럼 가만히 앉아서 기다리겠는가?"

내 사업이다

지금 내가 담당하는 지점이 내 사업이라면 어떻게 해야 할까? 죽기 살기로 덤빌 것이다. 가만히 앉아서 기다릴 것이 아니라 사람을 구하러 밖으로 뛰쳐나갈 것이다.

성공하는 지점장이 되려면 반드시 가져야 할 마인드가 있다. '내 사업'이라는 마인드다. 그러나 리크루팅을 못하는 대부분 지점장에게는 이 마인드가 없다. '사장'이라는 마인드보다는 '직장인'이라는 마인드가 강하다. 회사에서 사무실 공간을 마련해주고 집기비품을 제공해주고 내근사원들 인건비까지 제공해주니 리크루팅이 죽느냐 사느냐로 연결되는 급박함을 느끼지 못한다.

지점장이 '내 사업'이라는 마인드로 임한다면 제일 먼저 무엇을 해야 할까? 당연히 리크루팅이다. 우리 일에서 가장 중요한 것이 리크루팅이기 때문이다. 영업사원이 있어야 매출을 올릴 수 있고, 매출이 있어야 이익을 낼 수 있다. 다시 말하면 영업보다 중요한 것이 리크루팅이다.

“전 신인 한 명을 리크루팅하면 월 500만 원을 번다고 생각해요.”

한 지점장이 한 말이다. 신인 한 명이 들어와 영업실적을 올리는 것만큼 내 이익금이 올라간다는 말이다. 그래서 그는 죽기 살기로 리크루팅에 매달린다. 직장인 마인드를 가지고 있는 지점장에게는 이런 마인드가 없다. 내가 리크루팅하는 이유는 내 장사이기 때문이다. 내가 살아남기 위해서 하는 것이다.

조직은 지점장을 닮는다

게으른 엄마는 아이를 두 가지 모습으로 키운다고 한다.

‘게으른 아이, 배고픈 아이.’

게으른 지점장은 사원을 두 모습으로 키운다.

‘게으른 사원, 배고픈 사원.’

아이는 엄마가 살아가는 모습을 보며 닮아가고, 사원은 지점장의 활동 모습을 보며 닮아간다는 말이다.

해바라기를 유심히 본 적이 있는가? 아침에 해바라기를 보라. 해바라기는 동쪽을 향해 있다. 정오에 해바라기는 정남향을 향해 있다. 그리고 해가 서산에 걸려 있는 해 질 녘에 보면 해바라기는 어김없이 서쪽을 향해 있다. 해바라기는 하루 종일 해만 따라가는 것이다. 그래서 이름도 ‘해바라기’다.

지점을 보면 어찌 그렇게 해바라기와 똑같은지 모르겠다. 사원들이 오로지 지점장만 보고 그대로 따라 하기 때문이다. 지점장이 긍정적이고 적극적이면 사원들도 긍정적이고 적극적이다. 그런데 지점장이 소극적이고 부정적이면 사원들도 소극적이고 부정적이다. 지점장이 리크루팅을 소극적으로 앉아서 기다리면 사원들도 리크루팅을 소극적으로 하게 된다.

리크루팅 One Point Lesson

'돌격 앞으로'라고 외치지 마라.
사원들이 듣고 싶어 하는 말은 '나를 따르라'라는 말이다.
앉아서 기다리지 말고 현장으로 뛰쳐나가라.

리크루팅 못하는 지점장의 특징 4

조직이 모래알이다

세 사람에게 문제가 있다

'콩가루 집안'이라고 한다. 가족 구성원들 간에 분란이 일어나거나 모두 제멋대로 행동하는 엉망진창인 집을 가리킨다. '모래알 조직'이라는 말도 있다. 조직 구성원들이 하나로 뭉치지 못하고 모래알처럼 따로 노는 조직이라는 말이다. 영업을 못하고 리크루팅을 못하는 지점을 보면 대부분 콩가루 집안이나 모래알 지점이다. 리크루팅을 못하는 지점을 보면 세 사람에게 문제가 있다.

첫 번째는 지점장의 리더십에 문제가 있다. 지점장이 가만히 앉아서 기다린다. 지점장이 리크루팅을 하려고 밖으로 뛰쳐나가는 행동을 하지 않는다. 지점장은 가만히 앉아 있으면서 사원들에게 '리크루팅해라, 리크루팅해라' 하면서 말로만 떠든다. 감나무 밑에서 입만 벌리고 누워 감이 홍시가 되어 떨어지길 기다리는 유형이다. 이는 아날로그 시대의 리더십이다. 지시하고 명령하고 통제하는 리더십이다. 그러니까 리크루팅을 못한다.

두 번째는 중간 역할자에게 문제가 있다. 리크루팅을 못하는 조직에는 중간 역할자가 없다. 직분상으로 팀장이라고 하는 사람이 있기는 있다. 그러나 팀장이 제 역할을 하지 못한다. 팀장이나 사원이나 하는 행동이 똑같다. 리크루팅에 임하는 태도가 팀장이나 사원이 거의 구분되지 않는다. 그러니까 리크루팅이 안 된다.

마지막으로 사원에게 문제가 있다. 사원들이 자기밖에 모르고 조직은 전혀 생각하지 않는다. 그저 자기 소득에만 관심이 있을 뿐 조직이 어떻게 되든 말든 관심도 없다. 이들은 조직이 잘돼야 자기도 잘된다는 사실조차 모른다. 그러니까 리크루팅이 안 된다.

세 사람이 변해야 한다

리크루팅을 잘되게 하려면 세 사람이 변해야 한다. 먼저 지점장이 변해야 한다. 리크루팅에 임하는 자세가 지금과 같아서는 안 된다. 가만히 앉아서 기다리는 행동 패턴이어서는 안 된다는 말이다. 리크루팅을 위해서는 행동하는 지점장으로 변해야 한다. 대상자를 사원들과 함께 찾고 대상자를 만나러 사원들과 함께 밖으로 뛰쳐나가는 행동 패턴으로 변해야 한다. 이게 스마트 리더십이다. 가르치고 알려주고 챙겨주는 리더십으로 바뀌야 한다. 그래야 사원들도 리더를 따라 같이 움직인다.

둘째는 중간 역할자를 강하게 키워야 한다. 중간 역할자가 하는 행동이 사원들과 똑같아서는 안 된다. 중간 역할자가 강해져야 조직이 강해진다. 중간 역할자가 지점장과 사원 사이에서 제 역할을 해야 사원들도 유기적으로 돌아가고 리크루팅이 잘된다.

마지막으로 사원들이 변해야 한다. 사원들이 자기 이익만 챙기는 모래알 같은 조직이어서는 안 된다. 죽어도 지점과 같이 죽고 살아도 지점과 같이 산다는 마음 자세를 갖도록 훈련하고 또 훈련해야 한다. 사실 지점이 없으면 사원도 설 자리가 없다.

혼자 밥 먹지 마라

"혼자 밥 먹어 본 적 있나요? 전 혼자 밥 먹는 것을 제일 싫어해요." 한 지점장이 리크루팅은 혼자 풀려고 하지 말고 사원들과 같이 풀어가야 한다면서 들려준 말이다. 혼자 밥 먹을 때를 생각해보라. 쓸쓸하다. 외롭다. 처량하다. 비참한 생각까지 든다. 맛있는 음식일지라도 맛이 별로다. 식사는 같이하는 것이 좋다. 이 얘기 저 얘기 하면서 같이 먹으면 똑같은 음식이라도 훨씬 맛있고 즐거운 시간이 된다.

리크루팅을 혼자서 풀어가는 지점장들이 있다. 지점장은 어떻게든 한 명이라도 도입하겠다고 사방팔방으로 뛰어다니는데 사원들은 아무도 신경 쓰지 않는다. 도움의 손길을 주는 사람이 없다. 그저 자기 일에만 몰두할 뿐이다. 그런 지점장들은 힘들다, 어렵다, 한숨이 절로 나온다, 금방 지치고 만다.

"혼자 밥 먹지 마세요. 마찬가지로 리크루팅도 혼자 풀려고 하지 마세요. 밥은 같이 먹어야 맛있고 리크루팅은 같이 풀어가야 쉽습니다." 한 지점장이 리크루팅은 사원들과 함께 팀워크를 이뤄서 해야 한다면서 한 말이다.

Co-Work 문화로 풀어라

"저희 지점의 장점은 트라이앵글입니다."

한 지점장이 Co-Work 영업문화를 만드는 방법을 설명하면서 한 말이다. 영업을 잘하고 리크루팅을 잘하는 비결이 지점장, 중간 역할자, 사원들이 유기적으로 움직이는 삼각형을 이루기 때문이라고 했다. 지점장은 지시하고 명령하는 것이 아니라 사원들과 함께 리크루팅 현장으로 뛰어나가고, 중간 역할자는 지점장과 사원 사이에서 헌신적으로 봉사하며 긍정적인 분위기를 만들고, 사원들은 너나없이 리크루팅 대상자를 소개해준다고 했다.

리크루팅은 지점장, 중간 역할자, 사원 이 세 사람이 서로 유기적으로 움직여야 풀어갈 수 있다. 이 중 어느 한 사람이라도 삐끗하고 궤도를 벗어나면 그 조직은 리크루팅이 안 된다. 지점장은 행동하는 사람으로 변하고, 중간 역할자는 지점장과 사원들 사이에서 제 역할을 하고, 사원들은 조직을 위해서 헌신적으로 나서는 식으로 변해야 한다. 리크루팅은 이 셋이 시스템으로 움직여야 풀어갈 수 있다.

조직이 시스템으로 움직이게 만들어야 한다. 이것은 전적으로 지점장의 리더십에 달렸다. 모래알 같은 사원들을 하나로 모으고, 콩가루 집안 같은 지점을 응집력 있는 지점으로 만드는 것은 지점장의 리더십에 달렸다.

리크루팅 One Point Lesson

Co-Work 문화를 만들어라.
혼자 가는 것이 아니라 함께 가는 문화를 만들어야 한다.
이런 문화는 지점장의 리더십에 달렸다.

리크루팅 못하는 지점장의 특징 5

과정관리가 없다

'리크루팅 과정관리 시스템'이 있었다

리크루팅의 핵심 과제는 우량자원을 도입하는 것이다. 그럼 어떻게 우량자원을 도입할 것인가? 리크루팅을 주먹구구식으로 하지 말아야 한다. 우량자원을 찾아서 배양활동을 통한 리크루팅을 해야 한다. 그래야 정착률도 좋아지고, 영업실적도 좋아진다. 이런 취지에서 도입된 것이 '리크루팅 과정관리 시스템'이었다.

이 시스템을 간단하게 설명하면 이렇다. 먼저 사원들이 리크루팅 대상자를 회사 리크루팅 시스템에 입력한다. 그리고 친숙 활동과 면담 활동 내용을 입력한다. 이런 과정을 거친 사람들 중에서 지점장이 1차 면접을 하고 본부장이 최종면접을 하는 과정을 거쳐 신인을 리크루팅하는 시스템이었다.

이 시스템이 도입되기 전까지는 깜깜이 리크루팅이었다. 리크루팅 대상자가 얼마나 있는지, 리크루팅 대상자를 어떤 과정을 거쳐 배양하는지 등의 과정도 없이 마구잡이로 데려오는 식이었다. 자원이 우량자원인지 불량자원인지 상관이 없었다. 그냥 아무나 데려와서 시험 보고 활동하게 하는 식이었다. 그 결과는 어떻게 되었을까? 생산성이 떨어지고 소득이 없으니 조기 탈락자가 부지기수였다.

신인 정착을 위해 막대한 비용을 들였는데 정착률이 형편없었다. 막대한 사업비가 줄줄 샜다. 이러한 문제점을 개선하고 우량한 신인을 체계적으로 배양해서 리크루팅하자는 것이 '리크루팅 과정관리 시스템'이었다. 그 당시에는 획기적인 시스템이어서 회사들이 많은 비용을 들여 이 시스템을 적극적으로 도입하였다.

과정관리 시스템은 왜 실패했나?

그런데 이 시스템은 지금 사용하지 않는다. 아니 대부분 회사가 중간에 모두 포기하고 다시 옛날 방식으로 돌아가고 말았다. 왜 리크루팅 과정관리 시스템이 실패했을까?

먼저 본부장에게 문제가 있었다. 본부장은 지점별로 리크루팅을 몇 명 했느냐에만 관심이 있었다. 과정관리가 아니라 결과관리에만 집중한 것이다. "너, 나 죽은 다음에 리크루팅할래?" 지점장 회의에서 한 본부장이 리크루팅을 못한 지점장을 야단치면서 가장 많이 했던 말이다. 지점장 전략회의에서 왜 리크루팅 대상자 입력 숫자가 이렇게 적느냐, 입력한 리크루팅 대상자들이 이렇게 많은데 왜 리크루팅 결과는 없느냐는 식으로 질책하고 호통치기 일쑤였다.

둘째는 지점장에게 문제가 있었다. 사원들에게 '왜 리크루팅 대상자를 입력하지 않느냐'고 강요만 했다. 사원들이 리크루팅 대상자를 입력하면 그것으로 끝이었다. 그 사람들을 배양하고 관리하는 지점장의 액션이 없었다. 그것은 사원들이 해야 하는 일이라고 생각했다. 사원들이 리크루팅 배양관리 시스템에 리크루팅 대상자를 입력하면 그다음부터는 지점장이 사원들과 매일 1 : 1 면담을 하면서 그 자원과 어떤 관계인지, 어떻게 접근해야 하는지 등에 대한 리크루팅 활동을 코칭하는 방법으로 과정관리를 해야 하는데 이에 대한 액션이 전혀 없었다.

'돼지 목에 진주목걸이'라는 속담이 있다. 가치를 모르는 사람에게는 보물도 아무 소용이 없다는 뜻이다. '리크루팅 과정관리 시스템'이 돼지 목에 진주목걸이였다. 우량자원을 리크루팅하기 위한 최고의 시스템, 획기적인 시스템이었다. 그러나 아무리 좋은 시스템이면 뭐 하는가? 활용하는 사람에게 문제가 있는데 말이다.

무엇이 먼저인가?

왜 이런 현상이 일어났을까? 그것은 리크루팅의 우선순위가 잘못되었기 때문이다. 급한 일보다 중요한 일을 먼저 해야 하는데 중요한 일은 나중이고 급한 일이 우선이었기 때문이다.

지점장에게는 결과가 급했다. 영업실적 한 건이 급하고 신인 한 명 데려오는 것이 급했다. 그래서 대부분 지점장은 눈앞에 나타나는 결

급한 일	중요한 일
영업성과 결과관리 오늘	리크루팅 과정관리 내일

과에만 치중한다. 과정관리를 통한 신인 도입은 시간이 없어서 못한다. 오늘 당장 어떤 결과를 만들어내야 하기 때문이다. "내가 죽은 다음에 리크루팅할래?"라는 본부장의 호통은 오늘 당장 어떤 결과를 가져오라는 말이다. 그래서 지점장들이 내일을 볼 수 없다. 오늘 당장 결과가 급하기 때문이다. 과정관리를 통한 리크루팅에는 최소한 3개월의 배양활동이 필요한데 그런 배양활동을 할 마음의 여유가 없었다. 그래서 지금 당장 허기진 배를 채울 수 있는 열매를 찾는데 급급했던 것이다.

과정관리가 없으면 100% 실패한다

'과정관리가 없는 리크루팅은 100% 실패한다.' '리크루팅 과정관리 시스템'의 실패 원인을 한마디로 표현한 말이다. 과정이 없으면 결과도 없다. 결과는 과정을 통해 만들어진다는 것은 모두가 다 알고 있다. 그러나 지점장들이 리크루팅을 풀어가는 방법에서 이 말은 허공에 울려 퍼지는 하나의 구호에 지나지 않는다. 과정이 없으면 결과도 없다는 것을 머리로는 아는데 행동은 정반대로 갔으니 말이다.

하루살이는 내일을 살아보지 못했기 때문에 내일을 모른다. 하루만 살기에 내일을 생각하지 못한다. 메뚜기는 한 철밖에 살아보지 못했기 때문에 내년을 모른다. 한 철만 살기에 내년을 생각하지 못한다.

리크루팅에 과정관리가 없으면 하루살이 지점장이 된다. 오늘은 어떻게 버틸 수 있을지 모르지만 내일은 찾아오지 않는다. 리크루팅을 과정관리를 통해 풀어가지 않으면 메뚜기 지점장이 되고 만다. 한 철은 어떻게 넘길지 몰라도 내년은 찾아오지 않을 테니 말이다. "리크루팅은 과정관리를 통해 풀어가야 한다." 리크루팅 명장들이 입을 모아 하는 말이다.

과정관리가 없으면 100% 실패한다

핸드폰 카메라를 열어 QR코드에 대면 동영상 강의를 볼 수 있다.

리크루팅 One Point Lesson

과정관리가 없으면 리크루팅은 100% 실패한다.
급한 것에 매달리지 말고 중요한 것에 활동력을 집중하라.
결과는 급한 것, 과정관리는 중요한 것이다.

리크루팅 잘하는 지점장의 특징 1

리크루팅 주체가 분명하다

리크루팅의 최종 목표는?

리크루팅의 최종 목표는 우량자원을 도입하는 것이다. 금방 왔다 금방 떠나는 떠돌이나 사업비만 축내고 조기 탈락하는 불량자원이 아니라 긍정적·적극적이고 고능률의 성과를 올리는 우량자원을 도입하는 것이 리크루팅의 궁극적 목표다.

그럼 우량자원을 어떻게 도입할까? 이는 리크루팅 주체가 누구냐에 달렸다. 리크루팅 주체가 사원이냐, 지점장이냐에 따라 불량자원이 도입되느냐, 우량자원이 도입되느냐가 달라진다.

먼저 리크루팅 주체가 사원인 경우를 보자. 사원들이 스스로 리크루팅 대상자를 찾고, 그들을 설득해서 데려오는 방법이다. 지점장은 리크루팅 시책 하나 붙여놓고 '리크루팅하자, 리크루팅하자' 외치기만 하면서 지점에 가만히 앉아 기다린다. 기존의 방법이 이랬다. 옛날 리크루팅 방법이 이랬다. 리크루팅에 실패한 지점장들이 이런 방법을 사용했다. 리크루팅 주체가 사원인 경우 불량자원이 도입될 확률이 높다. 주먹구구식으로 리크루팅하고 자원을 선별하는 작업이 없기 때문이다.

둘째는 리크루팅 주체가 지점장인 경우를 보자. 리크루팅 대상자를 찾고, 그 대상자를 만나 우량자원인지 불량자원인지 판단하고, 우량자원을 배양하는 일련의 과정을 지점장이 주도적으로 한다. 리크루팅 자원을 사원에게서 소개받은 뒤 그 자원이 우량자원인지 불량자원인지 선별하는 과정을 지점장이 주도적으로 하는 방법이다. 이는 리크루팅에 성공하는 지점장들이 사용하는 방법이다.

대상자 선별은 지점장 영역이다

자신이 주체가 되어 리크루팅을 성공적으로 풀어가고 있는 한 지점장을 만났다. 그는 지점에 부임할 당시 17명이었던 사원을 2년 만에 45명으로 만들었다. "저는 1%의 가능성만 있어도 무조건 뛰쳐나갑니다."

그의 리크루팅 성공비결은 무조건 뛰쳐나가는 것이라고 했다. 사원으로부터 리크루팅 대상자를 소개받으면 1% 가능성만 있어도 무조건 뛰쳐나가서 만난다고 했다. 소개받은 자원이 우량자원인지 불량자원인지 자신이 직접 만나서 확인하겠다는 것이다. 그리고 리크루팅 대상자를 만나본 결과 그의 경력이 한 회사에 오래 다니지 못하고 이 회사 저 회사 자주 옮겼다든지, 생각이 부정적이고 세상에 비판적인 태도를 보이는 사람은 리크루팅 대상에서 배제한다. 반면 긍정적이고 도전적이며 진취적인 성향을 가진 사람은 우량자원으로 분리해서 적극적으로 추진한다.

"리크루팅을 사원들에게 다 맡기는 지점장은 직무유기를 하는 겁니다." 지점장이 리크루팅 주체가 되어야 하는데 리크루팅을 사원들에게 미뤄놓고 '리크루팅하자, 리크루팅하자'고 외치는 지점장들에게 던진 말이다. 리크루팅 대상자 선별은 지점장 영역인데 이를 사원들에게 떠넘기는 지점장은 직무유기를 한다는 것이다.

리크루팅 성패는 지점장에게 달렸다

이 지점장과 인터뷰하면서 느낀 게 하나 있다. 그가 리크루팅을 성공할 수밖에 없는 이유 말이다. 인터뷰 중간에 지점장이 자신이 사용하는 다이어리를 보여주었다. 다이어리 앞장을 펼쳤는데 거기에 크게 이렇게 쓰여 있었다.

"Act, Behave, Contact." 지점장 책상 유리 깔판 밑에도 이 세 단어가 있었다. 그는 매일 한 번씩 이 문구를 보면서 리크루팅에 대한 마음을 새롭게 한다.

첫째, Act(뛰쳐나가라). 말로만 떠들지 마라. 리크루팅은 말로 할게 아니라 행동으로 보여주어야 한다. 리크루팅은 행동의 산물이다. 행동이 없으면 리크루팅도 없다. 그래서 그는 매일 사원과 함께 리크루팅 대상자를 만나기 위해 밖으로 뛰쳐나간다.

둘째, Behave(행동으로 보여줘라). '돌격 앞으로'가 아니라 '나를 따르라'고 외치는 지점장이 되어야 한다. 지점장이 앉아서 기다리면 사원들도 앉아서 기다린다. 지점장이 매일 리크루팅 대상자를 만나러 밖으로 뛰쳐나가는 모습을 보여주면 리크루팅에 소극적이었던 사원들이 적극적으로 리크루팅 대상자를 소개한다.

셋째, Contact(만나고 또 만나라). 영업도 그렇고 리크루팅도 그렇고 사람을 만나야 성과를 만들어낼 수 있다. 그런데 한두 번 만남으로 결과가 만들어지는 것이 아니다. 꾸준히 지속적으로 만나야 한다. 리크루팅을 하려면 먼저 연결고리인 사원이 리크루팅 대상자와 관계를 친밀하게 만들어야 하고, 그다음에는 팀장이, 그다음에는 지점장이 리크루팅 대상자를 만나 친숙한 관계를 만들어야 한다. 이 세 사람의 연결고리가 잘 만들어져야 리크루팅을 성공적으로 할 수 있다. 그는 이 연결고리를 만들기 위해 매일 한 명씩 만난다.

"Act, Behave, Contact 세 단어를 보시면 공통점이 있죠. 바로 '행동하라'는 의미를 담고 있습니다." 그는 자신이 리크루팅에 성공할 수 있었던 비밀은 첫째도 행동, 둘째도 행동, 셋째도 행동이라고 했다.

리크루팅의 핵심 과제는 우량자원을 도입하는 것이다. 그럼 리크루팅 대상자를 어떻게 찾아야 할까? 리크루팅 대상자 중 우량자원을 어떻게 선별할까? 이것이 리크루팅의 핵심 활동 포인트다. 우량자원을 도입하느냐 아니냐에 따라 리크루팅의 성패가 결정된다. 이 중요한 업무를 누가 해야 할까? 바로 지점장이 해야 한다. 지점장이 리크루팅 대상자를 찾고, 대상자 중에서 우량자원인지 불량자원인지 선별하는 작업을 주도적으로 이끌어가야 한다.

리크루팅 주체가 누구냐?

핸드폰 카메라를 열어 QR코드에 대면 동영상 강의를 볼 수 있다.

리크루팅 One Point Lesson

리크루팅 주체가 누구인가?
아직도 사원들에게 모든 것을 맡기는가?
당신은 지금 직무유기를 하고 있다.

리크루팅 잘하는 지점장의 특징 2

프로세스가 단순하다

리크루팅 대상자는 사원에게서 나온다

리크루팅은 첫 단추를 잘 채워야 한다. 옷을 입을 때 첫 단추를 잘못 채우면 그다음은 엉망이 되듯이 리크루팅도 첫 단추를 잘못 채우면 그다음은 엉망이 된다. 리크루팅의 첫 단추가 무엇인가? 리크루팅 대상자를 찾는 일이다. 리크루팅 대상자가 있느냐 없느냐에 따라 다음 단계의 활동이 결정된다.

그러면 리크루팅 대상자는 어디에서 나올까? 리크루팅 대상자 80%는 사원에게서 나온다. 리크루팅 대상자는 사원들의 지인이나 사원들이 관리하는 고객에게서 나오는데 문제는 리크루팅 대상자를 사원에게서 어떻게 소개받느냐는 것이다. 사원들이 리크루팅 대상자를 소개해주지 않는데 그 이유는 자신들이 먼저 리크루팅 대상자를 다 솎아내기 때문이다. 이 사람은 이래서 안 되고, 저 사람은 저래서 안 되고…… 하면서 사원들이 리크루팅 대상자를 다 솎아버린다.

그러면서 리크루팅할 사람이 없다고 한다.

리크루팅이 성공하려면 사원들이 리크루팅 대상자를 솎아내는 일부터 못하게 해야 한다. 어떻게 그렇게 할 수 있을까? "대상자만 소개해주세요. 그럼 더는 괴롭히지 않겠습니다." 서울지역에서 조직부문 챔피언상을 받은 한 지점장이 사용하는 방법이다. 그는 사원들에게 리크루팅을 강요하지 않을 뿐 아니라 사원들로 하여금 리크루팅 대상자를 설득해서 데려오게 하지도 않는다. 단지 사원들을 통해 리크루팅 대상자 이름 석 자만 받는다. 그런데도 그는 리크루팅을 성공적으로 하고 있다.

이름 석 자만 알려주세요

"리크루팅 방법이요? 전 특별한 것이 없어요. 사원들에게 리크루팅 부담을 주지 않는 것입니다."

그는 사원들이 리크루팅 자원을 지점장에게 쉽게 소개하게 하려고 리크루팅 프로세스를 두 단계로 확 줄였다. 리크루팅 대상자 소개는 사원들이, 소개받은 대상자를 배양하는 활동은 지점장이 하는 것이다. 그는 상식을 뒤집어 다른 지점장들이 하는 것과 전혀 다른 방법으로 접근했다.

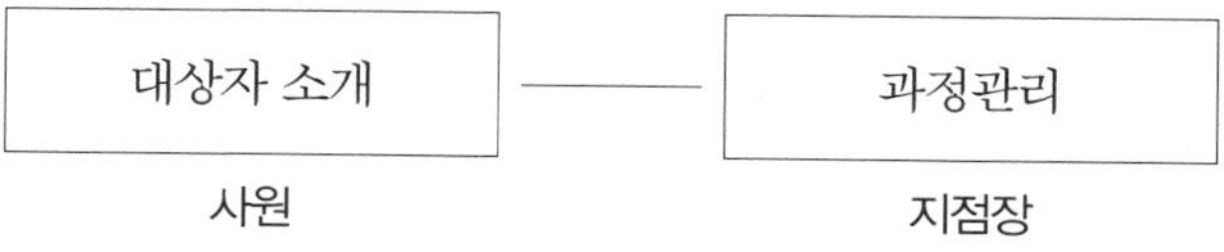

"리크루팅 대상자 이름만 알려주세요. 그다음은 제가 책임지겠습니다." 그가 매일 사원들에게 외치는 말이다. 그는 사원들에게 리크루팅 대상자를 설득해서 데려오려고 하지 말고 대상자 이름 석 자만 알려달라고 한다. 활동할 사람인지 아닌지 따지지 말고 주변에서 30대인 사람의 이름 석 자만 알려주면 그를 리크루팅하느냐 못하느냐는 지점장 자신이 책임진다.

"솔직히 말해서 사원들이 리크루팅해야 할 이유가 없어요." 그가 왜 사원들에게 리크루팅 대상자 이름만 소개받는 방법을 생각하게 되었는지 설명하면서 한 말이다.

사원들은 리크루팅에 임하는 자세가 지점장만큼 절박하지 않다. 그러니 사원들이 죽기 살기로 리크루팅에 임하겠는가? 이런 사원들에게 리크루팅 대상자를 소개해주고, 설득해서 데려오라고 한다면 그들이 적극적으로 나서겠는가? 그런데 지금까지 많은 지점장이 이런 식으로 사원들이 설득해서 데려오기만 기다렸다.

그가 리크루팅 자원을 사원을 통해 어떻게 효과적으로 소개받을지 고민하다 찾아낸 방법이 리크루팅 대상자 이름 석 자만 소개받는 것이었다. 리크루팅 방법에 변화가 필요했고 사원들이 쉽게 리크루팅 대상자를 소개할 수 있는 방법으로 바꾸는 것이 필요했다.

'Best 정신'이 성공비결이었다

그가 사원들에게서 리크루팅 자원을 적극적으로 소개받을 수 있는 데는 그만의 비결이 있다. "저는 사원들에게 영업은 베스트(Best) 정신으로 해야 한다고 강조합니다." 'Best 정신'은 그의 지점 경영철학이다. '최선'은 영어로 'Best'다. 리크루팅 활동에서 베스트하라는 말은 지점장과 사원의 관계를 베스트 관계로 만들라는 뜻이다. 그럼 어떤 관계가 베스트 관계일까?

Believe(서로 믿고)
Enjoy(같이 즐길 수 있고)
Smile(바라만 봐도 웃을 수 있고)
Thanks(서로에게 감사한다)

"리크루팅은 믿음을 얻는 것이 첫째입니다. 그래야 함께 즐거움을 나눌 수 있고 만날 때마다 기쁜 마음으로 웃을 수 있죠. 이렇게 되면 서로 감사하는 마음을 갖게 됩니다. 이것이 베스트 관계입니다." 이렇게 말하면서 그가 매일 실천하는 베스트 방법을 소개했다.

첫 번째가 **Basic**(기본)이다.

리크루팅 대상자를 찾는 것이 기본 중 기본이다. 리크루팅 대상자를 찾기 위해 매일 사원들과 1 : 1 면담을 한다. 영업에 대한 코치를 하기도 하지만 리크루팅 대상자를 찾으려는 것이 주목적이다. 실제 이 과정에서 리크루팅 대상자를 찾는다.

두 번째가 **Easy**(쉽게)이다. 리크루팅을 하려면 사원들에게 부담감을 주면 안 된다. 리크루팅에 대한 부담감을 덜어줘야 한다. 그 방법이 리크루팅 대상자만 소개받는 것이다.

세 번째가 **Simple**(단순하게)이다. 리크루팅 프로세스를 2단계로 줄여라. 사원들에게는 대상자만 소개받고 그 이후 배양활동은 지점장이 한다.

네 번째가 **Trust**(믿음)이다. 사원들이 지점장을 믿어야 한다. 리크루팅 대상자 이름 석 자만 소개하면 그다음은 지점장이 책임지고 추진한다는 믿음을 주는 것이 중요하다.

이를 정리하면 이렇다. 그가 리크루팅에서 최선(Best)을 다하는 데에 리크루팅 대상자를 찾는 일이 기본이다. 하지만 리크루팅 대상자를 찾으려고 사원들에게 리크루팅을 강요하지는 않는다. 리크루팅을 쉽게 생각하도록 이름 석 자만 소개받는다. 그리고 지점장이 직접 찾아가는 행동을 보여주는 것이 중요하다. 사원들이 지점장에 대한 믿음이 있어야 적극적으로 리크루팅 대상자를 소개해준다.

리크루팅 프로세스 – 상식을 깼더니 성공했어요

핸드폰 카메라를 열어 QR코드에 대면 동영상 강의를 볼 수 있다.

리크루팅 One Point Lesson

리크루팅 단계를 단순화하라.
사원들은 이름 석 자만 알려주게 하라.
그다음은 지점장이 어떻게 하느냐에 달렸다.

리크루팅 잘하는 지점장의 특징 3

전 사원이 참여한다

80 : 20 법칙

자주 듣는 용어 중 '80 : 20 법칙'이 있다. 원래 이 말은 이탈리아 경제학자 파레토(Pareto)가 1906년 이탈리아 토지의 80%를 이탈리아 인구의 20%가 소유하고 있다는 사실을 알아낸 데서 유래했는데 지금은 여러 분야에서 다양한 의미로 응용되고 있다.

예를 들면 회사 매출의 80%는 20%의 영업사원에게서 나온다. 영업 이익의 80%는 20%의 고객에게서 나온다. 고객 불만의 80%는 20%의 불량 서비스에서 나온다 등이다.

리크루팅에도 80 : 20 법칙이 적용된다. 리크루팅 대상자 소개 80%는 사원 20%에게서 나온다. 이는 사원 20%만이 리크루팅에 적극적으로 참여하고 나머지 80%는 구경꾼이라는 말이다.

구경꾼이 없어야 한다

리크루팅에 성공하려면 구경꾼을 없애야 한다. 구경꾼은 자기중심으로 행동하는 사람이다. 자기에게 이익이 되면 관심을 두고 이익이 되지 않는다 싶으면 아예 눈길조차 주지 않는다. 사원들 중 이 부류가 가장 많은 비중을 차지한다. 영업이 잘되게 하려면 구경꾼부터 없애야 한다. 리크루팅이 잘되려면 구경꾼부터 없애야 한다.

리크루팅을 위해서 반드시 필요한 사원은 자신을 양보하고 희생할 줄 아는 사람이다. 리크루팅은 어느 정도 양보와 희생이 필요하기 때문이다. 리크루팅 대상자를 소개해주는 일을 보더라도 그렇다. 자기 양보 없이는 자발적으로 리크루팅 대상자를 소개해주지 않는다. 구경꾼들에게는 양보와 희생이 없다. 그런 사람들에게서는 리크루팅 대상자를 소개받을 수 없다.

리크루팅 대상자를 배양하는 문제도 마찬가지다. 리크루팅 대상자를 배양하기 위해 적극적으로 정보를 수집하고, 동행하고, 친분관계를 쌓는 데 사원들의 협력이 있어야 한다. 이런 협력을 위해서는 별도로 시간을 만들어야 하는 희생이 따른다.

'프라이드 운동'이 필요하다

한 지점장이 전 사원으로 하여금 리크루팅에 참여하게 하는 방법을 벤치마킹해보자. 이 지점의 사원들은 기가 살아 있다. 모두 신이 나서 매일 아침 왁자지껄, 마치 시장바닥처럼 떠들썩하다. 모두가 지점장이 그동안 지속적으로 실시해온 '프라이드(Pride)' 운동 때문이다.

"리크루팅을 풀어가려면 무엇보다 지점 분위기를 띄우는 일이 급선무라고 생각했어요." 지점장이 프라이드 운동을 생각해낸 이유를 설명하면서 한 말이다. 그는 지속적으로 '우리 지점은 다른 지점과 다르다'는 프라이드 의식을 의도적으로 전개해왔다. 이 지점에는 '우리 지점이 최고다'라는 포스터가 붙어 있다. 지점장은 사원이 자랑스럽고 사원은 지점장이 자랑스럽다는 내용이다.

다시 말하면 지점장이나 사원이나 '다른 지점이 아니고 바로 우리 지점에서 함께 활동하는 것이 복이다'라는 것이다. 이렇듯 우리 지점이 최고라는 프라이드를 심어주었더니 사원들이 변하기 시작했고, 리크루팅에 적극적으로 참여하기 시작했다.

누구나 '잘한다, 잘한다' 하면 잘하게 되어 있다. '우리 지점이 최고다, 최고다' 하면 정말 최고 지점이 된다. 리크루팅이 잘되게 하려면 먼저 사원들 기부터 살려줘라. 돈이 문제가 아니다. 돈보다는 기가 살아야 리크루팅이 산다. 기가 살면 행동이 따라온다.

리크루팅은 지점장 혼자서 하는 일이 아니라 지점 식구들이 모두 나서서 힘을 합쳐야 하는 일이다. 그러려면 지점의 식구 모두가 '으쌰으쌰' 하면서 함께 참여하는 영업문화를 만들어야 한다. 우리 지점만의 독특한 영업문화를 만드는 일이 필요하다. 지점의 진정한 주인은 사원이라는 것을 서로 느끼게 만들어주어야 한다.

'공동운명체론'으로 풀었다

"저희 지점은 매주 월요일 아침에 리크루팅 미팅을 합니다. 이 미팅에서 중점적으로 하는 일은 사원들이 리크루팅 대상자를 한 명씩 적어내는 일입니다." 그가 전 사원이 리크루팅에 참여하는 방법을 소개하면서 꺼낸 말이다.

매주 월요일 아침 미팅 때 사원들은 주변 사람이나 친구 중에서 또는 고객 중에서 아무 이름이라도 의무적으로 한 명씩 적어낸다. 지점장은 항상 '지금 적어내는 사람이 리크루팅을 할 수 있느냐 없느냐는 두 번째 문제다'라고 강조한다. 30~40대라면 누구나 적어내면 된다. 그 사람이 현재 일을 하고 있든, 경쟁업체에서 근무하든 상관없다. 이것이 그가 사원들과 함께 리크루팅을 풀어가는 방법이다.

"저는 사원들에게서 협력을 얻어내기 위해 많이 노력했습니다. 사원들은 자기 일밖에 모르잖아요. 사원에게는 영업이 우선이지 리크루팅이 우선이 아니잖아요?" 그가 웃으면서 말했다. 그래서 그는 자기 일밖에 모르는 사원들을 어떻게 리크루팅에 협조하게 만들지 고민해야 했다. 그러면서 그가 쓴 방법이 '공동운명체론'이다. 우리가 이렇게 한 지점에서 활동하게 된 것은 우연이 아니라 운명이라는 것이다.

《어쩌다 한국인》이라는 책이 있다. 어쩌다 보니 한국에서 태어났고, 어쩌다 보니 한국인이 되었다는 것이다. 그러나 우리 운명은 그렇지 않다. 우리 지점에 들어오게 된 것도 운명이고, 우리 지점에서 함께 활동하게 된 것도 운명이다. 이것이 그가 매일 사원들에게 강조하는 공동운명체론이다. 죽어도 함께 죽고 살아도 함께 살자고 호소한 것이 오늘의 조직을 만들어주었다.

리크루팅 One Point Lesson

구경꾼을 없애야 한다.
어떻게 구경꾼을 없앨지 고민하라.
리크루팅은 전 사원이 참여해야 성공한다.

리크루팅 잘하는 지점장의 특징 4

전략과 전술이 있다

전략 대 전술

"정말 안타까운 것은 대부분 지점장이 리크루팅에 대한 전략도 없고 전술도 없다는 것입니다." 한 지점장이 한 말이다. 지점장들이 리크루팅을 풀어가는 모습을 보면 이번 달 몇 명을 리크루팅할지에만 관심이 있을 뿐 앞으로 3개월 후, 6개월 후 어떤 조직으로 만들겠다는 중장기적인 계획이 없고 그 계획에 어떤 방법으로 접근하겠다는 단기적인 행동 방법론도 없다.

마케팅에서 전략(戰略)과 전술(戰術)이라는 말은 빠지지 않고 등장하는 단어다. 마케팅에서 가장 기본적인 개념이라는 것이다. 그렇다면 두 단어 중 어느 것이 더 상위개념일까? 물론 전략이 상위개념이다. 전략은 뭔가 큰 것, 조직이 나아가야 할 큰 그림을 말한다. 전술은 전략을 달성하기 위한 구체적인 행동 방법, 즉 전략의 보조적 수단을 말한다.

그러므로 전략이 전술에 비해 더 중요시되고 먼저 수립되어야 한다는 것은 너무도 당연한 사실이다. 그런데 대부분 지점장은 전략에는 관심이 없다. 전략 자체에 대한 개념이 없다. 이는 마치 망망대해에서 목표도 없이 항해하는 것과 같다. 어디로 가는지 방향도 모르면서 무작정 가는 것이다. 그러니까 리크루팅이 답답해지는 것이다.

리크루팅 전략이 있는가?

우리 속담에 '봉사 문고리 잡기'라는 말이 있다. 이 말은 시각장애인이 어찌어찌하다가 요행으로 문고리를 잡았다는 말이다. '소가 뒷걸음질 치다 쥐 잡기'라는 속담도 있다. 소가 뒷걸음질을 치다가 우연히 쥐를 잡았다는 말이다. 두 속담 모두 어떻게 하다 보니 운 좋게 일을 이루게 되었다는 말이다.

당신도 혹시 이런 식으로 리크루팅하는 것은 아닌가? 봉사 문고리 잡는 식으로 또는 소가 뒷걸음질 치다 쥐 잡는 식으로 리크루팅하지 않느냐는 말이다. 여기에 어디 리크루팅 전략이 있고 리크루팅 전술이 있는가? 많은 지점장이 이렇게 전략도 전술도 없이 무작정 리크루팅하겠다고 덤빈다.

리크루팅을 성공하고 싶다면 먼저 리크루팅 전략부터 세워라. 리크루팅 전략은 지점 경영의 중장기적 계획이다. 3개월 앞을 내다보고 6개월 앞을 생각하고 1년 후를 보면서 조직의 규모를 어떻게 만들어가겠다는 계획을 세우는 일이 리크루팅 전략이다.

■ 우리 지점 리크루팅 전략

구분	현재 활동 인원	목표 인원	증감	전국순위
이번 달	명	명	명	
3개월 후	명	명	명	
6개월 후	명	명	명	
1년 후	명	명	명	

한 지점장의 지점 경영전략을 들여다보자. 지점을 어떻게 경영하겠다는 전략이다. 3개월 후, 6개월 후, 1년 후 우리 지점을 어떻게 어느 정도 수준으로 만들겠다는 마스터 플랜이다.

전략은 지점 경영의 내비게이션이다. 목적지까지 길을 안내하는 내비게이션이 지점 경영 전략이다. 뱃길을 안내하는 등대다. 망망대해에서 배는 등대의 불빛을 보고 목적지를 찾아간다. 지점은 영업 전략의 숫자를 보며 목적지를 찾아간다.

그는 매월 초 지점 경영전략을 사원들과 공유한다. 지점의 비전을 사원들과 공유한다. 그가 리크루팅을 잘하는 비결 중 하나가 사원들과 전략을 공유하는 것이다.

리크루팅 전술은 무엇인가?

전술은 지점의 목표를 이루기 위해 매월 어떻게 리크루팅에 접근할까 하는 구체적인 행동 방법을 말한다. 먼저 큰 그림을 그리고 그 다음 단계로 작은 그림을 그리는 식으로 접근하는 것이 전술이다.

리크루팅은 먼저 전략을 세워놓고, 그 전략을 어떻게 수행할지 행동 방법을 구체적으로 실행해야 성공적으로 풀어갈 수 있다.

막연하게 이번 달에 몇 명 리크루팅하겠다는 것은 전술이 아니다. 전술에는 구체적 행동 방법이 있어야 한다. 리크루팅 대상자를 누구에게서 어떻게 찾을지, 사원들에게서 리크루팅 대상자를 소개받으려면 어떻게 해야 할지, 지점 분위기는 어떻게 조성하고 리크루팅 대상자를 배양하려면 어떤 아이디어로 접근할지 구체적인 행동 방법을 찾는 것이 전술이다.

구분		주요 내용	구체적인 방법
이달 이슈명(Title)			
활동 방법	지점 분위기 조성 방법		
	사원 참여 방법		
	협력자 활용 방법		
	리크루팅 대상자 발굴 방법		

한 지점장은 매월 활동 이슈를 제시한다. 리크루팅 활동에 막연하게 접근하지 않고 하나의 상품으로 접근하는 것이다. 그 방법이 활동 이슈를 만드는 것이다. 이슈를 만들어 이름을 붙이고 의미를 부여하면 사원들의 마인드와 추진력이 강해진다.

활동 이슈를 만들었으면 그다음 이 이슈를 성공적으로 실행하기 위해 지점장은 무엇을 해야 하고 지점 분위기를 어떻게 만들어야 할지, 사원들을 어떻게 참여시킬지, 협력자 활용은 어떻게 할지, 그리고 리크루팅 대상자는 누구에게서 어떻게 발굴할지 구체적인 접근 방법을 찾아야 한다. 이것이 리크루팅 전술이다.

리크루팅 One Point Lesson

리크루팅은 리더십으로 풀어라.
그 방법이 전략과 전술을 세우는 것이다.
당신의 지점 경영 전략과 전술은 무엇인가?

리크루팅 잘하는 지점장의 특징 5

체크리스트가 있다

날마다 취해 있어야 한다

'취하라고? 무엇에 취해? 술에? 술이라면 난 항상 취해 있어.' 취하라고 하면 누구나 술부터 떠올린다. 술 말고 취할 게 또 뭐가 있나 할 것이다. 그러나 지점장이 항상 취해 있어야 하는 것은 바로 '리크루팅'이다. 지점장은 날마다 리크루팅에 취해 있어야 한다.

누군가 지금은 맨정신으로 살기 힘든 세상이라고 했다. 그러니 무언가에 취해 있어야 하는데 지점장은 리크루팅에 취해 있어야 한다. 리크루팅을 하는 지점장은 맨정신인 사람이 없다. 늘 리크루팅에 취해 있다. 취한 사람들의 행동은 이해하지 못할 면이 많다. 특히 리크루팅에 취한 사람의 행동은 취하지 않은 사람들 눈에는 이해하지 못하는 부분이 많다. 때로는 우스꽝스러워 보이기도 하고, 때로는 무모해 보이기도 한다.

한 지점장이 8월 무더위에 땀을 뻘뻘 흘리며 밖으로만 뛰쳐나가는 것이 그렇다. "이 더위에 제정신이 아니야." 리크루팅에 취하지 않은 사람들 입에서 나오는 말이다. 그러나 리크루팅에 취한 사람에게는 이것이 정상적인 행동이다. 그렇게 하기에 리크루팅이 되는 것이다.

5가지 점검 리스트를 만들었다

조직 부문 연도대상을 받은 지점장이 있다. 그는 날마다 리크루팅에 취해 있다. 아침에도 취해 있고, 낮에도 취해 있고, 저녁에도 취해 있다. "제 리크루팅 성공 비밀은 'Plan-Do-See 전략'이라 할 수 있습니다." 그가 자신의 리크루팅 노하우를 이렇게 소개했다.

아침에는 Plan(계획)을 세워라. 오늘 리크루팅을 위해 무엇을 할지 계획을 세우는 것이다. 낮에는 Do(실행)하라. 사원들을 통해 리크루팅 대상자를 소개받고, 소개받은 대상자가 우량자원인지 불량자원인지 직접 찾아가 확인한다. 저녁에는 See(점검)하라. 오늘 활동 결과를 점검하는 것이다. 오늘 리크루팅을 위해 어떻게 행동했는지 점검하는 것이다.

아침에는 활동 계획을 세우고, 낮에는 그 계획에 따라 활동하고, 저녁에는 활동 결과를 체크한 것이 그의 리크루팅 성공비결이다.

"이게 제가 퇴근하기 전에 오늘 활동 결과를 점검하는 체크리스트입니다."

그는 'Plan-Do-See 전략'에 따라 매일 자신이 활용하는 리크루팅 체크리스트를 보여주었다. 이 체크리스트를 활용했더니 매일 리크루팅에 취하게 되더라는 것이다. 그가 활용하는 체크리스트를 살펴 보자.

> ■ **리크루팅 활동 체크리스트**
>
> 1. 리크루팅 대상자를 소개받기 위해 사원들과 1 : 1 면담을 하셨습니까?
> 2. 새로운 접근 방법, 아이디어가 있었습니까?
> 3. 리크루팅 협력자는 확보하였습니까?
> 4. 오늘 만난 사람들에게 리크루팅 얘기를 10번 이상 하셨습니까?
> 5. 오늘 리크루팅 대상자를 1명 이상 직접 만났습니까?

"저는 이 체크리스트를 퇴근하기 전에 반드시 작성합니다." 그가 체크리스트 활용 방법을 설명하면서 한 말이다. 체크리스트 각 항목에 활동 결과를 구체적으로 적는 것이다. 리크루팅을 하루라도 잊지 않기 위해 이 체크리스트를 작성하는데 아무 활동이 없을 때는 각 질문에 뭐라고 쓸 말이 없었다. 그럴 때는 체크리스트를 던져버리고 싶었다. 체크리스트를 작성하고 싶지 않았다. 그러나 그럴 때일수록 더 악착같이 체크리스트를 작성했다. 그러다 보니 지금은 체크리스트를 작성하면서 리크루팅에 대한 각종 아이디어를 얻게 되었다.

분위기를 띄우는 아이디어를 찾아라

그가 체크리스트를 활용하면서 얻게 된 리크루팅 아이디어를 하나 소개한다. 오늘의 지점을 만든 것은 바로 리크루팅 아이디어 덕분이었다.

'하루에 10명 이상에게 리크루팅 대상자 소개 전화하기.' 어느 날 퇴근하기 전 리크루팅 체크리스트를 작성하는데 이 아이디어가 머리에 팍 떠올랐다. 그래서 다음 날부터 이 아이디어를 이렇게 활용했다.

아침 교육 후 사원들이 활동 준비에 바쁠 때 지점장이 큰 목소리로 여기저기에 리크루팅 부탁 전화를 했다. 전화 목소리가 얼마나 큰지 지점 사원들이 모두 다 들을 정도였다.

이렇게 지점장이 날마다 리크루팅 대상자 소개에 매달리는 것을 보고 팀장들도 덩달아 주변 사람들에게 전화하기 시작했다. 여기저기에서 팀장들이 핸드폰으로 전화를 하는데 혹시나 지점장이 들을까 봐 눈치를 보면서 작은 목소리로 주변 사람들에게 리크루팅 대상자를 소개해달라고 부탁했다. 지점장이 강요한 것도 아니었다. 지점장이 매일 리크루팅 대상자를 소개해달라고 전화하는 것을 보고 팀장들 스스로 움직인 것이다. 지금은 팀장을 따라 사원들도 하루에 리크루팅 전화 1통씩을 의무적으로 하는 것이 지점의 분위기가 되었다.

"전 쇼를 한 겁니다. 사원들에게 리크루팅에 목말라 있는 지점장의 심정을 보여준 겁니다." 지점장이 리크루팅을 하기 위해 동분서주한다는 것을 보여주었을 뿐인데 그 효과는 기대 이상이었다.

무슨 일이든 지점장이 극성을 떨면 사원들이 지점장의 행동을 따라오게 되어 있다. 리크루팅은 극성스러운 지점장이 잘한다. 극성스렵다고 해서 사원들을 쫓아다니면서 못살게 달달 볶으라는 말이 아니다. 사원들에게 리크루팅하라고 강요하라는 말도 아니다. 지점장이 리크루팅하려고 발버둥치는 모습을 사원들에게 몸소 보여주라는 것이다. 지점장이 리크루팅을 위해 이리저리 뛰어다니는 모습을 보면 사원들도 하나둘 지점장의 행동을 따라온다.

리크루팅 체크리스트가 있는가?

핸드폰 카메라를 열어 QR코드에 대면 동영상 강의를 볼 수 있다.

리크루팅 One Point Lesson

리크루팅 체크리스를 활용해보라.
리크루팅을 막연하게 접근해서는 안 된다.
체크리스트를 활용하면 구체적인 활동 아이디어를 찾게 된다.

선견지명하라
리크루팅은 3개월 앞을 봐야 한다

만리장성의 교훈

중국의 만리장성은 지금 관광지로 유명하지만 역사적 배경에서는 치열한 삶의 현장을 볼 수 있다. 만리장성은 북쪽 유목민의 약탈을 막기 위해 농경생활을 하는 남쪽의 한족이 쌓은 성이다.

북쪽의 유목민은 가난하고 거칠었다. 남쪽의 한족처럼 씨를 뿌리거나 추수를 기다리는 생활이 아니라 풀이 있는 초원을 찾아 이리저리 떠돌아다녔다. 반면 남쪽의 한족은 부유하게 생활했다. 씨 뿌리고 김매고 거름 주는 농경문화로 풍요로운 생활을 할 뿐 아니라 주거지도 일정한 안정된 삶을 살았다. 그래서 북쪽의 가난한 유목민이 가을 추수 때만 되면 부유한 남쪽으로 쳐들어왔고, 그들의 노략질을 막으려고 남쪽 한족이 쌓은 성이 바로 만리장성이다.

만리장성은 가난함과 부유함의 경계선이었다. 농사를 짓는 사람들은 부유했고, 초원을 떠도는 사람들은 가난했다. 부유함과 가난함이 바로 농사를 짓느냐, 짓지 않느냐로 판가름 난 것이다.

만리장성에서 리크루팅에 대한 메시지를 하나 얻는다. 리크루팅도 농사짓는 것과 같이해야 한다는 것이다. 북쪽의 유목민은 농사를 짓는 것이 아니라 자연발생적으로 자라는 초지를 찾아 오늘은 여기, 내일은 저기 정처 없이 떠돌아다녔다. 그들에게는 안정된 거처가 없었다. 그들의 생활 형편은 항상 배고픔의 연속이었다. 그러나 한족은 달랐다. 봄이 되면 땅을 고르고 거름을 주고 씨를 뿌렸으며, 여름이 되면 풀을 뽑아주고 가을이 되면 추수해 삶이 항상 풍족했다.

3개월 앞을 보라

"영업을 못하는 사람에게는 한 가지 특징이 있습니다. 유목민처럼 영업활동을 한다는 겁니다." 한 지점장이 리크루팅을 못하는 사람과 영업을 못하는 사람에게는 공통점이 있다면서 꺼낸 말이다.

사람에는 두 종류가 있다. 첫 번째 사람은 가난한 유목민처럼 행동한다. 야생에서 열매를 따 먹거나 야생동물을 사냥해서 먹고사는 수렵 채취형이다. 두 번째 사람은 풍족한 삶을 누리는 한족처럼 행동한다. 씨 뿌리고 물 주는 식으로 식물을 재배하는 경작형이다.

영업이나 리크루팅이나 실적이 부진한 사람은 대부분 수렵 채취형이다. 이들은 당장 먹는 것에만 급급하다. 허기진 배를 채우기 위해 열매를 따 먹는 데만 혈안이 되어 있다. 이들은 경작에 관심이 없다.

"영업을 못하는 사람들은 '영업이 어렵다'는 말을 입에 달고 삽니다. 리크루팅을 못하는 사람들은 '리크루팅이 안 된다'는 말을 입에 달고 삽니다. 성경에 자기 눈의 들보는 보지 못하고 남의 눈에 티끌만 본다고 하죠? 그들은 자신의 활동 방법, 즉 수렵 채취형에 문제가 있다는 것을 몰라요. 그러면서 리크루팅이 안 된다고만 하죠." 한 지점장이 영업이나 리크루팅을 못하는 사람들의 활동 방법을 지적하면서 한 말이다. 영업이나 리크루팅에 문제가 있는 것이 아니라 활동 방법에 문제가 있다는 것이다.

리크루팅은 농사짓는 것처럼 해야 한다는 것이 그의 주장이다. 봄에 씨 뿌리고 여름에 피 뽑아주는 벼농사와 같은 방법으로 리크루팅에 임해야 한다는 것이다. 벼농사는 수확하기까지 최소한 6개월의 배양기간이 필요하다. 리크루팅도 최소한 6개월의 배양기간을 필요로 한다. 아니 양보하고 양보하더라도 최소한 3개월의 배양기간은 필요로 한다.

선견지명하라

"가을 리크루팅은 여름부터 서둘러라." 5월에 실시된 신임 지점장 교육에서 한 지점장이 후배 지점장들에게 한 말이다. "아직 여름도 되지 않았는데 무슨 가을 타령이냐는 지점장들이 있어요." 그가 이어서 한 말이다.

이번 달 리크루팅하기도 바쁜데 가을 리크루팅 얘기를 벌써 하다니 속도 편하다는 식으로 반응하는 사람들이 많다. 그러나 그렇지 않다. 가을 리크루팅을 성공적으로 수행하려면 여름부터 리크루팅 대상자를 찾아야 한다. 그리고 여름부터 리크루팅 대상자를 만나고 전화하고 SNS(소셜네트워크시스템)를 통해 친숙 활동을 해야 한다.

"리크루팅에 성공하려면 선견지명(先見之明)이 있어야 합니다." 리크루팅은 3개월 앞을 내다보고 활동해야 한다면서 후배 지점장들에게 한 말이다. 선견지명, 리크루팅을 위해 어떻게 행동해야 하는지를 단적으로 표현한 말이다.

선(先)

리크루팅은 3개월 앞을 보고 배양하라.

마감에 임박해서 리크루팅에 야단법석인 사람이 많다.

마감에 임박한 리크루팅 방법은 100% 실패한다.

견(見)

리크루팅도 무형의 상품이다.

리크루팅을 보고, 듣고, 느끼게 하라.

리크루팅은 단순한 개념이 아니라 구체적인 상품으로 접근해야 한다.

지(之)

행동 없는 리크루팅은 결과도 없다.

리크루팅은 좌우지간 나가서 만나야 결과가 눈에 보이게 된다.

리크루팅은 만나고 만나야 결과를 얻을 수 있다.

명(明)

사원들에게 희망과 비전을 보여줘라.

밝은 내일이 보여야 리크루팅을 하게 된다.

사원에게는 지점의 비전을, 리크루팅 대상자에게는 행복의 비전을.

리크루팅 One Point Lesson

3개월 앞을 내다보는 '선견지명'으로 임하라.

리크루팅에는 최소 3개월의 배양기간이 필요하다.

리크루팅은 3개월 전부터 준비해야 성공할 수 있다.

리크루팅도
사원들에게 팔아야 할 상품이다

리크루팅이 상품이라고?

"저는 리크루팅을 상품으로 접근했어요." 한 지점장의 말이다. 그가 리크루팅을 전 사원과 함께 풀어갈 수 있었던 것은 리크루팅을 상품으로 접근했기 때문이다. 우리에게는 고객이 두 부류 있다. 하나는 외부고객이요, 다른 하나는 내부고객이다. 외부고객은 우리 상품을 구입해서 이용하는 소비자를 말하고, 내부고객은 매일 우리와 생사고락을 같이하는 사원을 말한다. 외부고객인 소비자는 우리가 제시한 상품의 필요성에 공감하면 상품을 구입한다. 내부고객인 사원은 리크루팅 필요성에 공감하면 리크루팅에 적극 참여한다.

또한 우리에게는 상품이 두 종류 있다. 하나는 사원들이 외부고객에게 파는 상품이요, 다른 하나는 지점장이 내부고객에게 파는 상품이다. 외부고객에게는 회사에서 취급하는 상품을 파는 것이요, 내부고객에게는 지점에서 풀어야 할 리크루팅이라는 상품을 파는 것이다.

"우리가 자주 쓰는 말에 '맛있는 음식도 자주 먹으면 질린다'는 말이 있잖아요."

그가 왜 리크루팅을 상품으로 접근해야 하는지 설명하면서 한 말이다. 듣기 좋은 말도 자주 들으면 귀에 거슬린다. 하물며 매월 잔소리처럼 '리크루팅하자, 리크루팅하자' 하는 말을 반복해서 듣게 되면 사원들은 질리게 된다. 그래서 귀를 막아버리고 등을 돌려버리는 것이다.

리크루팅은 콘셉트 싸움이다

리크루팅을 상품으로 만드는 방법은 공감하는 콘셉트(Concept)를 만드는 것이다. 세상은 콘셉트와의 싸움이다. 상품이 팔리느냐 안 팔리느냐가 콘셉트에 따라 달라지기 때문이다.

순간의 선택이 10년을 좌우합니다. –○○전자

열심히 일한 당신, 떠나라 –○○카드

여보, 아버님 댁에 보일러 놓아드려야겠어요. –○○보일러

사랑은 언제나 목마르다. 2% 부족할 때 –○○음료

세상 사는 게 피로하지 않은 사람은 없습니다. –박○○

둥근 정이 떴습니다. –초코○○

치킨은 살 안 쪄요. 살은 내가 쪄요 –배달의 ○○

많은 시간이 지났음에도 우리 가슴에 살아 있는 광고 카피들이다. 이 광고들이 왜 이렇게 오래 우리 가슴속에 살아 있는 걸까? 이 광고들에는 공감하는 콘셉트가 들어 있기 때문이다.

하이콘셉트(high concept)라는 용어가 있다. 특별한 관련이 없는 것처럼 보이는 것들을 서로 묶어 무엇인가 새로운 의미가 되게 하는 것이다. 신용카드 = 떠남, 음료수 = 사랑, 치킨 = 배달, 아버님 댁 = 보일러, 정 = 초코파이 등과 같은 경우가 그렇다. 서로 연관성이 없어 보이는 것들을 묶어 새로운 개념을 만들었더니 사람들이 공감하게 되었고 이것이 상품을 불티나게 팔리게 하였다.

사람에게 관심을 두게 하는 것은 공감하는 콘셉트다. '잘 키운 딸 하나 열 아들 부럽지 않다'는 캠페인 문구처럼 공감하게 하는 콘셉트 한 마디가 열 마디 말이 필요 없게 만든다. 공감하는 콘셉트 하나가 모든 것을 삼킨다는 말이다.

이슈를 만들어라

"'퍼스트 무버 진군식'이라고 들어보셨어요?" 한 지점장이 필자에게 던진 질문이었다. "아니요, 처음 듣는데요"라고 대답했더니 "당연하죠. 저희 지점에서 처음으로 만든 말이니까요"라고 했다.

우리가 요즘 많이 듣는 용어가 있다. 퍼스트 무버(First Mover, 선도자), 패스트 팔로어(Fast Follewer, 추적자)가 그것이다.

패스트 팔로어란 무엇인가? 말 그대로 빠르게 쫓는다는 뜻이다.

앞선 자의 뒤를 쫓아가며 잘한 것을 따라 하는 추적자를 말한다. 2등이 1등을 따라 하는 것이 추적자의 전략이다. 후발주자가 선발주자를 따라잡기 위해 죽기 살기로 덤비는 것이 추적자 전략이다.

퍼스트 무버란 무엇인가? 누구도 하지 않는 행동을 하고, 누구도 가지 않는 길을 가고, 새로운 영역을 개척해가는 선도자를 말한다. 마라톤 경기에서 맨 앞에서 달리는 선두주자를 일컫는다. 앞에 아무도 없는 상황에서 오로지 앞만 보면서 자기 자신과 싸움을 하는 사람이다.

지금 우리나라는 추적자(Fast Follewer) 위치에서 선도자(First Mover) 위치로 바뀌었다. 과거 다른 나라 상품을 카피하거나 따라가던 후발주자에서 벗어나 지금은 독자 상품을 연구하고 개발하여 세계시장을 이끌어가는 선도주자로 바뀌었다는 말이다.

"이번 달 영업을 시작하면서 전 사원과 함께 '퍼스트 무버 선언'을 했어요. 남들을 따라가는 추적자가 되지 말고 남들보다 앞서가는 선도자가 되자고 결의했죠."

그의 지점이 전국 1등이 될 수 있었던 것은 이렇게 매월 이슈를 바꿔가면서 다양한 이슈를 공유했기 때문이다. 리크루팅을 상품으로 접근한 것이 오늘의 지점을 만들었다.

세상은 콘셉트와의 싸움이다. 마케팅은 콘셉트와의 싸움이다. 마찬가지로 리크루팅은 콘셉트와의 싸움이다. 사람의 마음을 움직이는 것은 공감이다. 공감하면 사람은 90%가 바뀐다. 사람의 마음을 움직이는 공감이라는 도구를 활용하는 방법이 콘셉트를 제시하는 것이다.

리크루팅을 추상적이고 막연한 개념으로 접근하지 말자. 리크루팅을 눈으로 볼 수 있고 가슴으로 느낄 수 있게 하자. 그러려면 리크루팅을 상품으로 접근해야 한다. 리크루팅 상품에 이름을 붙여주고, 공감하는 콘셉트를 부여하고, 같이 공유하는 부가가치를 만들면 된다.

리크루팅은 콘셉트와의 싸움이다

핸드폰 카메라를 열어 QR코드에 대면 동영상 강의를 볼 수 있다.

리크루팅 One Point Lesson

리크루팅을 상품으로 접근하자.
이번 달 리크루팅 상품에 이름을 부여하자.
그리고 거기에 공감하는 의미를 붙여보자.

이슈 리크루팅
백 마디 말보다 이슈 하나가 더 낫다

아이디어 없으면 죽어라

한 지점에 갔더니 현관에 살벌한 슬로건이 걸려 있었다. 현관 곳곳에 해골 모형과 함께 빨간 현수막에 '리크루팅 없으면 죽어라'라는 무시무시한 문구가 있었다. 또 '지점장의 삼가 명복을 빕니다'라는 문구를 담은 포스터가 곳곳에 있었다. 이것들을 보는 순간 온몸에 소름이 오싹 돋는 것 같았다. 리크루팅에 사활을 걸고 있는 모습이었다. 리크루팅하지 못하면 죽는다는 절박한 심정을 읽을 수 있었다.

"사실 이것은 우리가 원조가 아닙니다. 언젠가 한 광고 회사에서 이런 캠페인을 했는데 거기서 잠깐 빌려온 것입니다." 이 캠페인을 전개하는 지점장이 말했다.

한 광고 회사에서 있었던 일이다. 광고 회사의 생명은 아이디어에 있다. 이 회사에서는 기발한 아이디어, 참신한 아이디어가 없으면 살아남지 못한다는 위기감에서 톡톡 튀는 아이디어 찾기 프로젝트를 수행했다. 그래서 건물에 들어서면 빨간 현수막에 '아이디어 없으면 죽어라'라는 슬로건과 함께 해골 조형물을 진열하였다. 또한 '크리에이티브의 삼가 명복을 빕니다'라는 문구를 담은 포스터를 건물 곳곳에 붙였다. 전사적으로 듣지도 보지도 못한 기발한 아이디어를 찾는 캠페인을 전개하는 것이다.

이런 캠페인을 통해서 탄생한 아이디어가 이랬다. '오징어와 같은 마른안주를 마요네즈에 찍어 먹게 하자.' 마요네즈에 대한 광고 의뢰가 들어왔다. 마요네즈를 어떻게 광고할까 고민하다가 호프집에서 아이디어를 찾았다. 마요네즈가 샐러드용 외에는 마땅한 사용처를 찾지 못해 마요네즈 매출이 줄던 시점이었다. 그때부터였을까? 요즘은 호프집에 가면 마른안주에 대부분 마요네즈가 소스로 함께 나온다.

지금까지 방법 다 버려라

아이디어의 중요성이 그 어느 때보다 중요시되고 있다. 시대가 변하고 시장 환경이 변함에 따라 고전적인 방법은 이제 통하지 않는다. 리크루팅도 마찬가지다. 지금은 리크루팅 방법은 물론 리크루팅 대상자가 바뀌었다. 따라서 옛날 리크루팅 방법으로는 통하지 않는다.

"옛날 방법으로 하면 리크루팅 못해요. 옛날 방법은 다 버려야 해요. 지금은 새로운 아이디어를 찾아야 해요."

기존에 해왔던 리크루팅 방법이 아니라 새로운 발상으로 리크루팅을 접근해야 한다면서 이 지점장이 한 말이다. 이 지점장이 즐겨 사용하는 방법이 이슈 리크루팅이다. 매월 사원들에게 제시하는 이슈를 바꿔준다. 월별 특성에 따라, 계절별 상황에 따라, 회사 전략에 따라 그때그때 활동 이슈를 바꿔서 제시한다.

"백 마디 말보다 이슈 하나가 더 설득력이 강해요." 백 번 '리크루팅하자, 리크루팅하자'고 외치는 것보다 이슈 하나가 사원들 마음을 움직이는 데 더 효과적이었다.

고민하는 자에게만 보인다

"고민하지 않으면 새로운 이슈가 보이지 않아요. 머리를 쥐어뜯어야 해요." 그가 매월 새로운 이슈를 제시하기 위해 얼마나 고민하는지 설명하면서 한 말이다.

그에게는 '이슈 노트'라는 다이어리가 있다. 리크루팅 이슈로 활용할 아이디어들을 이 노트 한 권에 모아놓는다. 지하철을 타고 가다가 지하철 안에 게시된 광고 카피를 보다가 공감하는 문구가 있으면 카메라로 찍는다. 그리고 지점에 들어와서 '이슈 노트'에 옮겨놓는다. 텔레비전을 보다가도 이슈로 쓸 수 있겠다 싶은 뉴스 제목을 보면 그것을 이 노트에 적어놓는다.

이런 노력 끝에 탄생한 히트 이슈 몇 가지를 소개한다(구체적 사례는 별책부록 참조).

Date 캠페인

'둘이 됩시다!'라는 슬로건과 함께 2월에 진행한 리크루팅 프로모션이다. 2월은 활동 일수가 적어 활동량이 가장 적은 달이다. 그래서 '리크루팅도 두 배, 활동량도 두 배, 영업실적도 두 배'라는 콘셉트를 만든 것이다.

March(행진하라)

3월에 활용하는 이슈이다. 3월은 영어로 March라고 한다. 영어 단어 March에는 '행진'이라는 뜻이 들어 있다. 그래서 3월의 이슈를 '행진하라'로 연결한 것이다.

Hit & Run

'조직 치고 생산 달리자'라는 슬로건으로 4월에 전개한 프로모션이다. 4월 첫 주에는 프로야구 개막식이 있다. 프로야구의 가장 대표적 전략이 'Hit & Run'(치고 달리기)이다. 리크루팅과 영업을 공격적으로 하자는 콘셉트다.

하하호호(夏夏好好)

'날씨야, 더워져라'라는 슬로건으로 8월에 진행한 프로모션이다. 여러 사람이 웃는 웃음소리가 하하호호다. 이것을 여름 하(夏)자와 좋을 호(好)자로 연결하였다. 리크루팅해서 하하, 영업해서 호호다.

올코트 프레싱(All Court Pressing)

'전원 공격, 전원 수비'의 슬로건을 내건 12월 리크루팅 프로모션이다. 농구에서 가장 공격적인 전술이 올코트 프레싱이다. 한 해를 마무리하면서 전원 리크루팅, 최고의 영업 기록에 도전하자는 캠페인이었다.

리크루팅 One Point Lesson

이슈 마케팅을 활용하라.
매월 새로운 이슈를 제시하라.
백 마디 말보다 이슈 하나가 더 설득력이 강하다.

지점장의 리더십은 좌우지간 작전에서 나온다

한 텔레비전 광고

(비어 있는 책상을 보고) "김 과장은 어디 갔어? 일 안 하고 어딜 돌아다니는 거야. 책상 빼~" (장면 전환)

(책상 앞에 앉아서 일하는·직원을 보고) "아니, 아직도 사무실에 있는 거야? 일 안 해?"

이 광고가 주는 메시지가 재미있다. 옛날에는 하루 종일 책상 앞에 앉아 있어야 일 잘하는 사람이었다. 그러나 지금은 책상 앞에 앉아서 일하는 사람보다 현장에서 뛰는 사람이 인정받는 시대가 되었다는 메시지다. 세상이 바뀌어도 많이 바뀌었다.

리크루팅에서 이 광고가 주는 메시지를 곰곰이 생각해볼 필요가 있다. 책상 앞에 앉아서 리크루팅을 어떻게 할까 고민만 하는 지점장이 될 것이냐, 아니면 현장으로 뛰쳐나가는 지점장이 될 것이냐 하는 것이다.

옛날에는 지점장은 사무실에서 사원들이 리크루팅 대상자를 데려올 때까지 기다렸다고 한다면 지금은 지점장이 직접 사원들과 함께 리크루팅 대상자를 찾아 나서야 리크루팅을 잘할 수 있다. 그만큼 리크루팅 시장도 많이 변한 것이다.

리크루팅 잘하는 지점장들을 보면 '좌우지간 작전'에 충실한 것을 알 수 있다. 리크루팅 대상자가 있으면 좌우지간 뛰쳐나간다. 가만히 앉아서 기다리지 않는다. 좌우지간 지점 문을 박차고 나가서 리크루팅 대상자를 만나고, 리크루팅 대상자와 얘기하노라면 리크루팅 실마리가 풀린다.

왜 '좌우지간 작전'인가?

"리크루팅 대상자를 좌우지간 지점으로 오게 하라. 그러면 50%는 성공이다." 좌우지간 작전을 열심히 실행하는 한 지점장이 한 말이다. "선배 지점장의 한마디에 제 인생관이 바뀌었어요." 그가 왜 좌우지간 작전을 활용하게 되었는지 설명하면서 한 말이다.

그가 신임 지점장이었을 때 일이다. 리크루팅도 못하고 영업실적도 형편없어 날마다 힘들어하던 어느 날 선배 지점장이 그에게 이런 말을 했다. "녹이 슬어서 없어지느니 차라리 닳아서 없어지는 것이 낫다."

지점장으로 성공하려면 편안한 방법에 안주하다 도태되지 말고 차라리 있는 힘을 다해 리크루팅하다가 진이 빠져 죽는 것이 낫다는 말이었다. 이 말을 듣고 리크루팅 접근 방법을 바꾸었다. 지점에서 기다리던 방법에서 사원들과 함께 리크루팅 대상자를 찾아다니는 쪽으로 방법을 바꾼 것이다. 이름하여 '좌우지간 작전'이다.

'좌우지간' 리더십을 보여줘라

"우리 사원들이 저에게 붙여준 별명이 불독 지점장이에요." 그가 좌우지간 작전을 실천하면서 사원들이 그에게 붙여준 별명이 '불독'이다. 불독은 개 종류 중에서 싸움개로 유명하다. 불독은 한 번 물면 끝까지 물고 늘어진다.

이 지점장이 그렇다. 사원에게서 리크루팅 대상자를 소개받으면 좌우지간 뛰쳐나간다. 소개받은 대상자를 만나러 가는 것이다. 리크루팅 대상자를 만나본 결과 우량자원이라고 판단되면 끝까지 물고 늘어진다. 한 번 찾아가고 두 번 찾아가고, 어제도 찾아가고 오늘도 찾아간다. 100번이라도 찾아간다.

그가 더 거절하지 못하고 우리 식구가 될 때까지 말이다. 이렇게 밤낮을 가리지 않고 활동하는 그의 모습을 보고 사원들이 그에게 붙여준 별명이 '불독'이다. 불독이라는 별명에는 사원들의 지점장에 대한 신뢰가 들어 있다. 지점장에게 리크루팅 대상자만 소개해주면 끝까지 물고 늘어져 성공하고 만다는 믿음이 들어 있는 것이다.

리크루팅이 잘되게 하려면 좌우지간 리더십을 보여줘라. "좌우지간 대상자만 소개해달라. 그러면 사원 여러분이 할 일은 다 한 것이다. 그다음은 지점장이 책임진다. 그 사람을 끝까지 물고 늘어져 반드시 우리 식구로 만들고 말겠다." 이런 리더십을 보여줘야 한다.

리크루팅은 전적으로 지점장 리더십에 달렸다. 지점장이 자신을 긍정적으로 포장해서 팔면 리크루팅은 성공적으로 된다.

옛말에 '용장 밑에 약졸 없다'라고 했다. 장수가 용감하면 병사도 용감해진다는 말이다. 반대로 장수가 나약하면 병사들도 오합지졸이 된다. 이를 우리에게 대비해보면 적극적인 지점장 밑에는 소극적인 사원이 없다는 말이 된다. 좌우지간 뛰쳐나가는 지점장에게는 리크루팅을 나 몰라라 하는 사원이 없게 된다는 말이다. 죽기 살기로 덤벼라. 그래야만 사원들도 죽기 살기로 덤비게 된다.

아직도 지점에서 기다리는가? 이제부터는 좌우지간 뛰쳐나가라. 뛰쳐나가는 자 리크루팅에 성공할 것이요, 앉아서 기다리는 자 리크루팅에 실패할 것이다. "녹이 슬어서 없어지느니 차라리 닳아서 없어지는 것이 낫다." 이것이 좌우지간 작전에 담긴 의미다.

리크루팅 One Point Lesson

좌우지간 뛰쳐나가라.
사원들에게 긍정적인 리더십을 보여줘라.
좌우지간 뛰쳐나가는 것이 최고의 리더십이다.

이목구비 전략
조직에 최면을 거는 방법이다

마케팅도 '오감 시대'

사람의 오감인 시각, 청각, 후각, 미각, 촉각을 이용한 마케팅이 유행이다. 예를 들면 '기저귀가 뽀송뽀송해요'라든가, 과자가 사각사각, 솔내음이 솔솔, 찌개가 보글보글 등 보기만 해도 듣기만 해도 먹고 싶게 해서 매출을 늘리는 오감 마케팅이 뜨고 있다.

한 가전 판매점 에어컨 매장에서는 매미 소리를 들려주었다. 청각 마케팅을 한 것이다. 그랬더니 에어컨 매출이 2배 이상 늘었다. 한 할인 매장에서는 화이트데이에 중년 남성의 감성을 자극하는 '아내에게 바치는 노래'를 틀었다. 그 결과 매출이 20%나 올랐다.

시각을 이용한 마케팅으로 소비자들을 자극하는 곳도 있다. 한 대형 할인매장 식품코너에서는 과일과 채소류를 색깔별로 진열하여 판매하고, 달걀 판매대에서는 실물과 비슷한 닭 모형을 여러 군데 설치하여 닭 울음소리를 들려준다. 모두가 오감을 활용한 마케팅 방법, 즉 눈, 코, 귀, 입을 활용한 마케팅 방법이다.

이목구비를 명확히 하라

우리 얼굴을 들여다보자. 이목구비(耳目口鼻)가 있다. 귀가 있고 눈이 있고 입이 있고 코가 있다. 리크루팅을 잘하기를 원한다면, 아니 무슨 일이든 성공하기를 원한다면 이목구비를 활용하여 긍정적으로 최면을 걸어보라.

이목구비가 명확한 사람을 일컬어 미인 또는 미남이라고 한다. 여자가 이목구비가 명확하면 미인이라 하고, 남자가 이목구비가 명확하면 미남이라 한다. 리크루팅 활동에서도 마찬가지다. 이목구비를 명확히 하는 지점장을 일컬어 프로 지점장이라 하고 이목구비가 두루뭉술한 사람을 일컬어 아마추어 지점장이라 한다.

이목구비를 명확히 하는 사람이란 귀로 듣는 것을 다르게 하고 눈으로 보는 것을 다르게 하는 사람이다. 그리고 입으로 말하는 것을 다르게 하고 오감으로 느끼는 것을 다르게 하는 사람이다.

귀, 눈, 입, 코를 활용해 조직에 긍정적으로 최면을 거는 지점장이 리크루팅을 잘한다. 리크루팅을 잘하는 지점장들은 눈으로 보고, 귀로 듣고, 입으로 말하고, 가슴으로 느끼는 것을 다르게 연출한다. 이목구비를 활용해 리크루팅에 대한 긍정적인 분위기를 연출하는 것이다.

이목구비로 최면을 걸어라

한 지점에 갔더니 사원들 책상의 메모지 홀더에 리크루팅 대상자의 이름이 적힌 메모지가 꽂혀 있었다. 이번 달 추진해야 할 리크루팅 대상자의 이름을 적어 각자 책상에 있는 메모지 홀더에 꽂아놓은 것이다. 메모지 홀더는 스프링 장치가 되어 있어 손가락으로 톡 치면 메모지가 앞뒤로 흔들리게 되어 있다.

매일 아침 교육시간에 교육을 시작하기에 앞서 지점장이 "자~ 준비, 시작" 하고 구령을 붙이면 사원들이 손가락으로 메모지 홀더를 톡 친다. 그러면 리크루팅 대상자 이름을 적은 메모지가 앞뒤로 흔들린다. 리크루팅 마인드를 잊지 않게 하려는 아이디어다. 눈으로 보면서 리크루팅을 잊지 않게 하는 방법이다.

한 팀장이 말하는 사례다. 아침에 팀원들과 미팅할 때 빠뜨리지 않고 꼭 하는 게 있다. 리크루팅에 관련된 속담을 팀원들이 돌아가면서 하나씩 소리 내어 읽는 것이다.

열 번 찍어 안 넘어가는 나무 없다.

한 번에 안 되면 또 한 번, 그래도 안 되면 될 때까지 찾아가자.

한국 속담 중 적극적인 행동과 관련된 속담을 리크루팅과 연결해 리크루팅 속담으로 만들어 종이 한 장에 정리했다. 이것을 팀 미팅을 시작하면서 소리 내어 읽는다.

"팀 미팅을 할 때마다 소리 내어 읽었더니 두 가지 효과가 있더라고요."

우선 팀장 자신이 변하게 되었다. 리크루팅 속담을 소리 내어 읽다 보니 리크루팅을 잊지 않게 되더라는 것이다. 그래서 오늘도 누구를 찾아야 하는지 연구하고 고민하게 되었다. 두 번째는 팀원들이 변했다. 굳이 리크루팅하자는 말을 하지 않더라도 사원들이 리크루팅 대상자를 적극적으로 소개하는 분위기로 바뀌었다. 입으로 외치면서 리크루팅을 잊지 않게 하는 방법이다.

1일 3번 칭찬하기 운동

한 지점장이 매일 전개하는 칭찬하기 운동이다. 그는 아침 교육시간에 사원들이 둘씩 짝을 이루게 한 후 "안녕하세요?"라고 하며 오른손으로 악수하게 한다. 다시 손을 바꾸어 이번에는 왼손으로 악수하며 "반갑습니다"라고 인사한다. 그리고 마지막으로 잡은 양손을 좌우로 흔들며 "잘해보자"라고 인사한 후 1분 동안 서로 칭찬하게 한다. 이때 사원들 웃음소리가 지점에 가득 찬다.

이렇게 날마다 칭찬하게 했더니 사원들 얼굴이 환해졌다. 서로 마주 보고 칭찬하게 했더니 사원들의 결속력이 달라졌다. 사원들이 출근할 때 지점장이 사원들을 맞이하면서 칭찬의 말로 인사를 했더니 사원들 얼굴이 환해졌다. 처음에는 의도적으로 하루 세 번 칭찬하는 시간을 만들었다. 그랬더니 지금은 칭찬하는 것이 습관이 되어 지점장을 만날 때도, 동료 사원을 만날 때도, 고객을 만날 때도 모두 칭찬의 말로 인사한다. 귀로 들으면서 긍정적이도록 최면을 거는 방법이다.

이목구비로 조직에 최면을 걸어라. 귀로 들으면서, 눈으로 보면서, 입으로 외치면서, 가슴으로 느끼면서 긍정에너지를 느끼게 해보라. 긍정적인 조직에서 긍정적인 결과가 나온다. 리크루팅을 잘하는 지점장은 이목구비 전략으로 조직에 긍정적인 최면을 건다.

리크루팅 One Point Lesson

이목구비를 활용하라.
귀로, 눈으로, 입으로, 가슴으로 느끼게 하라.
지점장의 연출력에 따라 조직이 달라진다.

신인은 무조건 정착시켜라
그래야 리크루팅 맥이 끊기지 않는다

용서할 수 없다

"'조직을 늘리지 못하는 지점장은 용서할 수 있어도 조직을 탈락시키는 지점장은 용서할 수 없다.' 저희 본부장님이 하신 말씀입니다." 한 지점장이 리크루팅한 신인은 어떻게든 정착시켜야 한다면서 한 말이다. 그는 한번 도입한 신인은 목숨 걸고 정착시키는 것으로 사원들에게 높은 신임을 얻고 있다.

우리가 잘 아는 말 중 "작전에 실패한 지휘관은 용서할 수 있어도 경계에서 실패한 지휘관은 용서할 수 없다"라는 문구가 있다. 작전 실패는 적과 교전 중 물리적·제한적 요소로 작전을 실패해서 질 수도 있다는 것이다. 즉 병력이 지원되지 않았다거나, 무기가 빈약하였다거나, 기상이 안 좋아졌다거나 하는 등의 이유로 질 수 있다. 이런 요소 때문에 작전에 실패한 사람은 용서가 가능하다. 그러나 경계에서 실패했다는 것은 적을 지키는 일에 태만하여 손 한 번 쓰지 못하고 지게 되었다는 것이다. 이런 사람은 용서할 수 없다.

지점장이 리크루팅 활동을 열심히 했는데 실패할 수도 있다. 노력했는데 실패한 사람이라면 용서할 수 있다. 그러나 신인 도입도 못하면서 현재 있는 조직을 지점장 태만으로 탈락시킨 경우라면 용서할 수 없다.

인터넷에 떠도는 글 중 초등학교 2학년이 쓴 〈아빠는 왜?〉라는 시가 있다.

> 엄마가 있어 좋다. 나를 예뻐해주어서
> 냉장고가 있어 좋다. 나에게 먹을 것을 주어서
> 강아지가 있어 좋다. 나랑 놀아주어서
> 그런데 아빠는 왜 있는지 모르겠다.

지점장이 왜 있는지 모르겠다고 한다면 큰일이다. 초등학생이 한 말처럼 우리 사원들이 우리 지점장은 왜 있는지 모르겠다고 한다면 정말 큰일이다.

두 명의 적이 생긴다

"리크루팅하려면 적이 없어야 합니다. 아니 적을 만들면 안 됩니다. 신인을 탈락시키면 적이 두 명 생깁니다." 한번 도입한 신인은 어떻게든 정착시켜야 한다면서 그 지점장이 한 말이다.

리크루팅을 잘하려면 적을 만들지 말아야 한다. 주변에 있는 사람 중 적으로 돌아서는 사람이 없어야 한다. 리크루팅은 주변 사람들의 도움을 받아 대상자를 찾아내고, 그 사람들의 협조로 대상자를 접촉해야 한다. 그런데 도입한 신인을 탈락시키게 되면 두 명이 적으로 돌아선다. 하나는 내부에서 적이 생기고, 다른 하나는 외부에서 적이 생기는 것이다.

내부의 적은 리크루팅 대상자를 소개해주고 그가 올 때까지 여러 형태로 협력해준 사원이다. 사원들은 자기가 소개한 신인이 탈락하면 다른 사람을 소개하지 않게 된다. 리크루팅 자원을 찾는 맥이 끊기는 것이다.

외부의 적은 신인으로 활동하다 탈락한 사람이 적으로 변한다는 것이다. 신인으로 활동하다 탈락하게 되면 아무래도 좋은 소문을 내지는 않을 것이다. "나도 활동해봤는데 힘들더라고" 하면서 주변 사람에게 안 좋은 소문을 퍼뜨리게 되고, 이는 곧 리크루팅 자원의 밭이 황폐해지는 원인이 된다.

처음 3개월이 골든타임이다

"초보 지점장 때 일입니다. 그때는 신인을 정착시키는 방법에 서툴렀어요. 한 명을 탈락시켰더니 리크루팅에 대한 사원들 협조가 끊겼어요." 이 일이 계기가 되어 지금은 리크루팅을 했으면 그 신인을 정착시키는 일에 목숨을 건다. 그는 신인을 정착시키는 것도 지점장

책임이요, 탈락시키는 것도 지점장 책임이라고 강조했다.

신인 정착에서는 처음 3개월이 골든타임이다. 신인이 정착해서 대형사원으로 성장하느냐, 아니면 중간에 탈락하느냐는 활동 초기인 처음 3개월에 달렸다. 세 살 버릇 여든 간다고 한다. 활동 초기 처음 3개월에 어떻게 훈련받느냐에 따라 신인의 운명이 결정된다.

이 지점장은 신인 한 명이 들어오면 그 신인을 석 달 동안 집중적으로 관리한다. 아침마다 그 사람을 붙들고 활동 교육을 한다. 공략 대상자를 찾는 방법, 공략 대상자에게 접근하는 방법, 공략 대상자와 상담하는 기법 등을 매일 1:1로 코칭한다. 아침에는 1:1 맞춤 교육을 하고, 오후에는 동행 활동을 나가고, 저녁에는 활동 결과를 피드백한다. 이렇게 3개월 동안 집중적으로 관리하니 100% 정착했다.

신인은 목숨 걸고 정착시켜라

"신인을 정착시키는 것은 정말 피 말리는 일입니다. 심어놓기만 하면 저절로 자라는 나무가 있다면 얼마나 좋겠습니까? 하지만 그렇게 노심초사 키운 신인이 날마다 쑥쑥 대형사원으로 커가는 모습을 보면 정말 뿌듯해요. 이게 지점장의 묘미인 것 같아요."

그가 한 말이다. 리크루팅을 하는 목적은 조직을 늘리려는 것이다. 밑 빠진 독이 되지 않게 하라. 밑 빠진 독에는 물이 고이지 않는다. 위에서는 물을 퍼붓고 밑으로는 빠져나가는 형태여서는 안 된다. 들어오기만 하고 빠져나가는 사람이 없어야 한다. 목숨 걸고 정착시키는 지점장이 유능한 사람이다. 신인이 들어오면 반드시 정착시킨다는 각오로 임하라. 이것이 적을 만들지 않는 방법이다.

리크루팅 One Point Lesson

신인은 100% 정착시켜라.
그래야 리크루팅 맥이 끊기지 않는다.
신인은 처음 3개월 동안 1:1 집중관리하라.

리크루팅 전술

매니저편

따로국밥 먹지 마라
영업과 리크루팅은 방법이 똑같다

야성을 잃은 고양이는?

리크루팅 강의를 하러 대구에 갔을 때 강의장에서 이런 질문을 했다. "매니저는 본능적으로 무엇을 해야 합니까?" 그러자 교육에 참석했던 매니저들이 "리크루팅이요"라고 대답했다. "그런데 매니저가 리크루팅을 할 줄 모른다면 그 사람은 매니저입니까, 아닙니까?" 그랬더니 "그래도 매니저입니다"라고 했다. 교육장은 까르르 웃음바다가 되었다.

여기 고양이가 한 마리 있다. 그 옆을 쥐가 어슬렁거린다. 그러면 고양이는 어떻게 할까? 본능적으로 쥐를 잡는다. 그런데 요즘 집에서 길러진 고양이는 쥐를 잡을 줄 모른다. 쥐가 옆에서 어슬렁거려도 쥐를 잡지 못한다. 야성을 잃었기 때문이다. 고양이는 본능적으로 쥐를 잡아야 하는데 잡지 못한다면 그 고양이는 더 이상 고양이가 아니다. 생김새만 고양이, 이름만 고양이일 뿐이다.

고양이가 쥐를 잡지 못하면 더는 고양이가 아니듯이 매니저가 리크루팅을 할 줄 모르면 더는 매니저가 아니다. 이름만 매니저일 뿐이다. 야성을 잃지 마라. 고양이가 야성을 잃으면 고양이가 아니듯이 매니저가 리크루팅을 못하면 매니저가 아니다.

반드시 기억해야 하는 것

강의를 마치고 잠시 쉬고 있는데 매니저 한 사람이 강사 대기실로 필자를 찾아왔다. 명함을 건네면서 자기를 소개한 후 이 얘기 저 얘기 하다가 대뜸 "대구에서 유명한 음식이 무엇인지 아세요?"라고 물었다. "글쎄요"라면서 대답을 망설였더니 그 매니저가 이렇게 말했다. "따로국밥입니다. 대구에서는 밥과 국이 따로 나오는 따로국밥이 유명해요. 그런데 리크루팅을 잘하려면 따로국밥을 먹어서는 안 된다고 생각해요."

나중에 알고 보니 그는 대구·경북 지역에서 리크루팅으로 유명한 매니저였다. 영업에서도 두각을 나타냈지만 리크루팅으로 더 유명하다고 했다.

옛날 시골 장에 가면 국밥집이 있었다. 원래 전통적인 국밥은 국에다 밥이 말아 나오는 하나로 국밥이다. 하지만 대구 지역에서는 밥과 국이 따로 나오는 따로국밥이 유명하다. 왜 따로국밥이 생겼을까? 그 이유가 여러 가지인데 정리하면 이렇다.

첫째는 '양반 체면설'이다. 양반들이 밥과 국을 섞어서 먹는 것이 체면에 맞지 않아 밥 따로 국 따로 달라고 했다는 것이다.

둘째는 '잔반 활용 방지설'이다. 전날 팔다 남은 밥을 말아 주는 것을 막기 위해 밥을 따로 달라고 하면서 따로국밥이 생겼다는 것이다.

셋째는 '밥 양 속이기 예방설'이다. 밥 양을 속이는 것을 방지하기 위해 밥을 따로 달라고 했다는 것이다.

따로국밥이 생기게 된 이유야 어떻든 밥 따로 국 따로 나오는 '따로국밥'은 지금 대구를 대표하는 국밥이 되었다.

따로국밥을 먹는 이유

리크루팅을 하려면 따로국밥을 먹으면 안 된다. 영업과 리크루팅을 따로따로 생각하면 안 된다는 말이다. 그런데 사람들은 대부분 영업과 리크루팅을 따로따로 생각한다. 왜 그들은 리크루팅을 따로국밥으로 풀려고 할까?

첫째는 고정관념 때문이다. 영업과 리크루팅은 별개라고 생각하는 것이다. 많은 사람이 영업은 하겠는데 리크루팅은 못하겠다고 한다. 영업과 리크루팅을 전혀 다른 것으로 생각하는 것이다.

그 사람에게 이런 질문을 하고 싶다. 영업과 리크루팅의 공통점은 무엇인가? 바로 사람을 상대로 하는 일이라는 것이다. 영업도 사람을 상대로 하는 일이요, 리크루팅도 사람을 상대로 하는 일이다. 그 뿌리는 하나이니 방법도 똑같다.

둘째는 자기 합리화 때문이다. 리크루팅 결과가 신통치 않은 것을 변명하기 위해 리크루팅과 영업을 별개로 취급하는 것이다. 그러나 사실은 영업을 못하는 사람은 리크루팅도 못한다. 영업을 잘하는 사람이 리크루팅도 잘한다. 이는 무엇을 말하는가? 영업과 리크루팅은 같이 간다는 것이다. 영업과 리크루팅은 하나라는 것이다. 영업이나 리크루팅이나 사람 관리를 잘하는 사람이 잘하게 되어 있다.

영업과 리크루팅은 방법이 똑같다

"저도 처음에는 영업과 리크루팅을 별개로 생각하는 '따로국밥'을 먹었어요. 그러나 지금은 영업과 리크루팅을 하나로 생각하는 전통 국밥, 즉 '하나로 국밥'을 먹습니다."

그 매니저가 영업과 리크루팅을 풀어가는 기본 자세라고 하면서 한 말이다.

영업하는 날 따로 있고, 리크루팅하는 날 따로 있는 것이 아니다. 영업과 리크루팅은 동시에 일어난다. 대부분 사람들이 월초에는 리크루팅에 야단법석이지만 월 중순 이후에는 리크루팅은 내팽개치고 영업에만 집중한다. 이런 식으로 따로국밥을 먹으면 리크루팅은 못한다.

리크루팅은 따로국밥으로 풀어가면 안 된다. 영업하는 방법 따로 있고, 리크루팅하는 방법 따로 있는 것이 아니다. 영업이나 리크루팅이나 핵심은 바로 사람관리다. 영업과 리크루팅 둘 다 사람 관리를 잘해야 한다. 평상시 사람 관리에 활동력을 얼마나 집중하느냐에 따라 영업과 리크루팅을 잘하느냐 못하느냐가 갈린다. 이제부터는 따로국밥을 먹지 말고 하나로 국밥을 먹어라. 즉 영업도 사람 관리, 리크루팅도 사람 관리가 핵심임을 명심하고 사람 관리에 활동력을 집중하라.

리크루팅 One Point Lesson

따로국밥 먹지 마라.
영업과 리크루팅은 접근 방법이 똑같다.
영업도 사람 관리, 리크루팅도 사람 관리가 핵심이다.

리크루팅에는 프로세스가 있다
첫 단계가 가장 중요하다

빠른 것이 좋은 것이 아니다

우리가 먹는 음식은 크게 패스트푸드와 슬로푸드 두 가지로 나눌 수 있다. 패스트푸드는 현대인의 빠르고 바쁜 생활 습관에 맞춘 음식으로 햄버거, 치킨, 피자 등을 들 수 있다. 이 음식들은 쉽게 접할 수 있고 빠르게 먹을 수 있지만 영양 결핍, 비만 등 많은 부작용을 낳고 있다.

또 높은 칼로리에 비해 영양분이 낮아 영양 불균형을 일으킬 뿐만 아니라 자주 먹으면 인공감미료에 길들어 자연 미각을 잃게 된다. 패스트푸드를 즐겨 먹는 아이들은 아토피성 피부염에 걸릴 가능성이 40%나 증가한다는 보고도 있었다.

슬로푸드는 패스트푸드와 반대 개념이다. 음식 고유의 맛을 천천히 음미하며 먹음으로써 소화를 원활하게 하고 음식을 통해 즐거움을 얻을 수 있다. 이 음식은 전통적인 방식으로 재배된 식재료를 사용해서 영양분이 풍부하고 소화가 잘되는 것이 특징이다. 우리나라 대부분 전통 음식들, 즉 된장, 고추장, 김치 등이 대표적인 슬로푸드에 속한다.

숙성 과정이 필요하다

리크루팅에도 두 가지 방법이 있다. 하나는 패스트푸드와 같은 방법이고, 다른 하나는 슬로푸드와 같은 방법이다. 기존에 우리가 해온 방법이 패스트푸드와 같은 방법이라 할 것이다. 바쁘다 보니, 급하다 보니 빨리빨리 리크루팅하려고 한 방법이다. 리크루팅 대상자가 있으면 무조건 덤벼들어 설득하려고 했다.

거기에는 기다릴 시간 여유가 없었다. 리크루팅에 대한 어떤 과정도 없었다. 지금 당장 어떤 결과를 얻으려고만 했기 때문이다. 패스트푸드를 먹으면 영양 부족, 비만 등의 부작용이 나타나듯이 패스트푸드 방식의 리크루팅 접근 방법은 부실 자원이 들어오고 조기 탈락하는 영양 결핍증에 걸리게 한다.

지금은 슬로푸드가 대세다. 이제는 리크루팅도 슬로푸드 방법으로 바뀌어야 한다. 천천히 시간 여유를 가지고 음식의 맛과 향을 즐기면서 먹는 슬로푸드처럼 리크루팅도 천천히 시간 여유를 가지고 접근해야 한다. 그래야 우량사원이 도입되고 반드시 정착되는 경쟁력 있는 자원을 도입하게 된다.

슬로푸드의 가장 큰 특징은 숙성 과정이다. 콩에서 메주로, 다시 된장으로 몇 가지 과정을 거쳐 만들어진 된장을 넣고 갖은 채소와 함께 보글보글 끓여 만든 된장찌개, 발효 과학의 대표 주자 김치 그리고 쌀을 빻아 쪄서 만든 떡 등 숙성 과정을 거치는 것이 바로 슬로푸드다. 슬로푸드 방식의 리크루팅 방법은 바로 숙성 과정, 즉 배양활동을 필요로 한다.

대상자를 찾고 1차 면담을 거쳐 가능자를 찾고 배양활동을 해서 후보자를 만들고 상담하고 면담하는 과정을 거쳐 우량자원을 도입하는 숙성 과정을 거쳐야 한다.

리크루팅 프로세스를 지켜라

슬로푸드가 몸에 좋은 것은 오랜 시간 숙성 과정을 거쳐 발효되었기 때문이다. 슬로푸드 방식의 리크루팅이 좋은 것은 시간 여유를 가지고 배양활동을 해서 리크루팅 대상자가 스스로 결정하게 만들었기 때문이다.

우량한 신인을 얻고 싶다면 리크루팅 프로세스를 지켜라. 경쟁력 있는 우량사원을 얻고자 한다면 대상자를 찾아 신입사원이 될 때까지 단계별로 접근하는 방법, 즉 리크루팅 프로세스를 지키는 것이 중요하다.

■ **리크루팅 프로세스**

대상자 찾기 → 가능자 선별 → 후보자 배양 → 상담 → 면접 → 잡(Job)설명회

가장 중요한 일은?

리크루팅 프로세스에서 가장 중요한 것은 첫 단추를 채우는 일이다. 리크루팅 대상자를 찾는 것이 첫 단추를 채우는 일이다. 첫 단추를 잘못 채우면 나머지가 엉망이 된다. 천양희 시인의 〈단추를 채우며〉라는 시가 있다. 첫 단추를 채우는 일이 얼마나 중요한지 말해주는 시다.

단추를 채워보니 알겠다
세상이 잘 채워지지 않는다는 걸
단추를 채우는 일이
단추만의 일이 아니라는 걸
단추를 채워보니 알겠다
잘못 채운 첫 단추, 첫 연애, 첫 결혼, 첫 실패
(중략)
단추를 채워보니 알겠다
단추도 잘못 채워지기 쉽다는 걸

옷 한 벌 입기도 힘들다는 걸

리크루팅에서 첫 단추인 리크루팅 대상자를 찾는 일을 소홀히 하면 나머지 과정은 보나마나 실패한다. 리크루팅에서는 첫 단추, 즉 대상자를 찾는 일이 가장 중요하다.

리크루팅 / One Point Lesson

리크루팅 프로세스를 지켜라.
우량자원을 도입하는 프로세스다.
리크루팅 대상자를 찾는 일이 첫 번째 해야 할 일이다.

선별 리크루팅을 해야 한다고? 그걸 어떻게?

아무나 리크루팅하지 않아요

지금은 선별 리크루팅하는 시대다. 아무나 무조건 도입하는 것이 아니라 우리 조직에 맞는 연령, 우리 조직에 맞는 라이프스타일의 사람으로 선별해서 도입하는 시대다. 옛날에는 마구잡이로 도입했다. 일단 한번 활동해보라는 식으로 리크루팅하던 시절도 있었다. 그러나 지금은 이렇게 리크루팅에 임하는 회사는 아무 데도 없다. 지금은 어느 회사나 우리 조직에 맞는 사람으로, 우리 조직 색깔과 어울리는 사람으로 선별해서 리크루팅하는 방향으로 바뀌었다.

그런데 아직도 많은 매니저에게서 이런 말을 듣는다. "우리는 아무나 리크루팅하지 않아요. 우량자원만 선별해서 도입해요." 맞는 말이다. 누가 마구잡이로 리크루팅하라고 했는가? 누가 옛날과 같은 방법으로 리크루팅하라고 했는가? 분명히 말하지만 지금은 아무나 도입해서는 안 된다. 우량자원만 선별해서 도입해야 한다.

찾아야 살고 선별해야 산다

언젠가 한 매니저가 "우리는 아무나 리크루팅 안 해요"라고 하기에 지점장에게 부탁해서 그 사람의 직전 3개월 리크루팅 실적을 뽑아달라고 한 적이 있다. 그 사람의 리크루팅 결과가 어떤지 궁금했기 때문이다. 아니나 다를까, 직전 3개월 리크루팅 실적이 '꽝'이었다. 지난 3개월 동안 리크루팅을 한 명도 못했다는 말이다. 그래 놓고서 "우리는 아무나 리크루팅 안 해요"라고 하다니. 리크루팅 못한 것을 선별 도입을 핑계로 대며 합리화한 것이다.

오해하지 마라. 선별 도입하라는 것은 소수를 도입하라는 얘기가 아니다. 선별 도입은 리크루팅을 겨우 한두 명 하고서 '나 리크루팅 다 했소' 하고 손 놓으라는 말이 아니다. 선별 도입은 내가 리크루팅 못한 이유를 합리화하라고 있는 말이 아니다. 선별 도입하라는 것은 우량자원을 도입하라는 말이요, 배양활동을 해서 우수한 신인을 도입하라는 말이다.

한 출판사 사장 사무실에 이런 액자가 걸려 있다. "만들어야 살고 팔아야 산다." 책을 만들어야 살 수 있고 독자에게 책을 팔아야 살 수 있다는 것이다. 이 말을 우리에게 접목한다면 리크루팅 대상자를 찾아야 리크루팅 문제를 풀 수 있고 리크루팅 대상자를 만나야 리크루팅을 할 수 있다.

"제가 리크루팅 대상자를 죽기 살기로 찾았을 때가 바로 궁지에 몰렸을 때입니다. 2명밖에 남지 않았으니까 그보다 더 나쁜 상황은 없었지요." 한 매니저가 한 말이다. 그는 리크루팅 대상자를 찾는 것만이 사는 길이라고 생각해 죽기 살기로 리크루팅 대상자 찾는 일에 몰두했다.

"3개월 동안 오로지 대상자 찾는 일에 제 모든 것을 쏟아부었습니다. 아침에 일어나면 사람을 찾아야 한다, 점심을 먹을 때도 사람을 찾아야 한다, 사람을 만날 때도 사람을 찾아야 한다는 생각밖에 없었어요." 그가 웃으면서 말했다.

지금은 이렇게 웃으면서 말하지만 그때는 정말 이것이 아니면 안 된다는 절체절명의 상황이었다. 궁하면 통한다고 했다. 궁지에 몰렸을 때 변화를 찾기 시작했고 그 결과 리크루팅 문제를 해결하여 지금과 같은 좋은 시절을 맞게 되었다.

리크루팅 대상자, 찾는 자에게만 보인다

"인생이란 세상 곳곳에 숨겨진 수많은 보석을 찾는 숨은그림찾기 여행이라고 하죠. 저는 오늘도 리크루팅 대상자 한 명을 찾는 것이 세상에 숨겨진 보석을 찾는 일이라고 생각합니다."

어릴 때 소풍을 가면 보물찾기 게임을 했다. 그때 보물을 찾기 위해서 했던 행동을 떠올려보라. 숨겨진 보물을 찾기 위해 나무 위에도 올라가고, 돌도 들춰보고, 덤불 숲도 뒤졌다. 보물 하나를 찾으면 "찾았다" 하면서 환호성을 질렀다.

리크루팅 대상자를 찾는 것은 깊숙이 숨겨진 보물을 찾는 것과 같다. 숨겨진 보물은 대충 찾으면 보이지 않는다. 팀원들 마음속에도 들어가 보고 친구 마음도 들춰보고, 주변 사람들도 헤집고 들어가는 노력이 있어야 한다. 다시 말해 팀원들에게도 리크루팅 대상자 소개를 부탁하고, 친구들에게도 사람을 소개해달라고 하고, 주변 사람들에게도 이름 석 자 소개를 부탁하는 노력이 필요하다. 혈안이 되어 모든 신경을 집중해야 보물을 찾을 수 있다.

아이디어는 찾는 사람에게만 보인다. 주변에 아무리 많은 아이디어가 떠돌아다녀도 찾으려 하지 않는 사람에게는 보이지 않는다. 주변에 아무리 많은 사람이, 아무리 좋은 리크루팅 자원이 있어도 찾으려고 노력하지 않는 사람에게는 보이지 않는다. 리크루팅 대상자를 찾는 것을 행동의 제1순위로 하라. 오늘 할 일 중 가장 먼저 해야 하는 일이 리크루팅 대상자를 찾는 것이다.

리크루팅 One Point Lesson

지금은 선별 리크루팅 시대다.
우량자원을 선별해야 한다.
선별 리크루팅은 우량자원을 찾는 일부터 해야 한다.

선별 리크루팅 죽느냐 사느냐의 문제다

'독버섯'을 조심하라

"제가 알고 지내던 매니저가 얼마 전 죽었어요. 독버섯을 식용버섯으로 착각하고 잘못 먹었다가 죽었지요. 독버섯 같은 사람을 잘못 리크루팅했다가 결국 자기가 죽고 말았어요." 한 매니저가 리크루팅 대상자 선별의 중요성을 강조하면서 꺼낸 말이다.

버섯에는 사람이 먹을 수 있는 식용버섯과 사람이 먹어서는 안 되는 독버섯이 있다. 우리나라에서 자생하는 버섯은 1,500여 종인데 이 중 식용버섯은 송이버섯, 능이버섯, 표고버섯 등을 포함해 전체의 2%가량인 20여 종에 불과하다. 나머지 98%는 먹어서는 안 되는 독버섯이다. 독버섯은 식용버섯과 모양과 색깔이 비슷해서 일반인은 구분하기가 쉽지 않다. 따라서 야생버섯은 독버섯일 수 있기 때문에 욕심을 내면 안 된다.

"리크루팅할 때도 마찬가지입니다. 리크루팅해야 할 사람과 하지 말아야 할 사람이 있습니다. 유익한 사람과 독이 되는 사람이 있다는 말입니다." 그는 리크루팅을 잘못해서 망한 동료 매니저 얘기를 들려주었다.

'먹튀'가 극성이다

먹고 튀어버리는 '먹튀'를 잘못 리크루팅해서 고통당하는 매니저들이 많다. 이 매니저가 그랬다. 어느 날 우연히 타사에서 근무한다는 사람을 만났다. 처음 만나 명함을 교환하고 그 후 연락하면서 한두 번 더 만났다. 하루는 타사에서 근무하는 사람이 이직에 대한 운을 띄웠다. 반가운 소리가 아닐 수 없었다. 마침 회사에서는 타사 근무자 스카우트에 대해 강조했기에 그 사람을 지점장에게 소개했다.

지점장과 면담한 결과 여러 가지 혜택을 제공하는 조건으로 그와 동료 두 명을 스카우트했다. 갑자기 식구가 세 명 늘어난 것이다. 그들이 들어온 이후 10개월은 정말 천국이었다. 그들이 펑펑 영업을 터뜨리는 바람에 본부에서 매월 1등을 휩쓸었다. 문제는 그다음부터였다. 10개월 정도 지나자 그들이 출근을 뜸하게 하더니 급기야 사라져버렸다. 그들의 계약은 모두 부실 덩어리였다. 정상적인 계약은 하나도 없고 모두 편법적인 것이었다.

나중에 알고 보니 그들은 속칭 '먹튀'였다. 각종 혜택과 수당만 챙기고 튀어버리는 독버섯이었다. 이로써 그 매니저는 각종 수당 환수로 경제적 어려움을 겪게 되었고 조직은 한순간 와르르 무너지고 말았다.

옛말에 집안이 평안하려면 며느리가 잘 들어와야 한다고 했다. 어떤 며느리가 들어오느냐에 따라 집안의 화목과 화합이 달라진다. 좋은 며느리가 들어오면 집안이 흥하고 행복한 웃음소리가 끊이지 않는다. 그러나 못된 며느리가 들어오면 가정의 화평이 깨지고 끊임없이 갈등과 분열이 일어난다. 그래서 '리크루팅은 며느리 고르듯이 하라'고 하는 것이다.

무엇이 문제였을까?

"독버섯을 먹으면 죽습니다. 먹튀를 리크루팅하면 죽습니다. 그러나 우리는 무엇이 독버섯인지 누가 먹튀인지 잘 모릅니다. 그것이 문제입니다." 그가 이어서 한 말이다. 당연한 말이지만 우량자원만 리크루팅해야 한다. 그러나 대부분 우량자원인지 불량자원인지 선별할 여건이 되지 못한다. 누구 한 사람이 오겠다고 하면 두 손 들어 환영하는 것이다. 자기가 죽을 줄도 모르면서 말이다.

앞서 소개한 매니저는 왜 먹튀를 골라내지 못했을까? 첫째는 리크루팅의 정석을 무시했기 때문이다. 리크루팅은 대상자를 찾아 배양하는 프로세스를 따르는 배양 리크루팅을 해야 한다. 하지만 이 방법은 시간과 노력이 많이 든다. 이런 이유로 이를 무시하고 편법적인 타사 스카우트 유혹에 빠진 것이다. 사냥감을 쫓아다니는 수렵 리크루팅, 열려 있는 나무 열매를 따 먹는 따 먹기 리크루팅이었던 것이다.

둘째는 너무 서둘렀기 때문이다. 즉 조바심 바이러스에 걸렸기 때문이다. '허기진 강아지 물 개똥에 덤빈다'고 했다. '급하게 먹는 밥이 체한다'고도 했다. 당장 눈앞의 결과에만 매달리다 보니 독버섯인 줄도 모르고 반갑게 맞이한 것이다.

한 명 때문에 전체가 죽는다

"코로나19가 왜 무서우냐면 1급 전염병이기 때문입니다. 한 사람이 이 병에 걸리면 주변에 있는 사람이 모두 고통을 겪는 것입니다." 한 매니저가 리크루팅 대상자 선별의 중요성을 설명하면서 한 말이다. 코로나19로 나라 전체가 휘청거리고 있다. 경제가 곤두박질치고, 소상공인의 폐업이 속출하고, 직장인은 일자리를 잃는 등 나라 전체가 코로나 전쟁으로 엄청난 고통을 겪고 있다.

코로나를 예방하기 위해서 '사회적 거리두기'를 실시한다. 누가 코로나에 걸렸을지 모르니 되도록 사람들과 거리를 멀리하라는 것이다. 그래야 안전하다는 것이다. 어찌 보면 독버섯을 조심하고 먹튀를 멀리해야 하는 것이 코로나 예방을 위해 사회적 거리두기를 하는 것과 같다.

리크루팅 대상자를 선별해야 하는 이유가 여기에 있다. 독버섯일수록 화려하다는 사실을 잊지 마라. 먹튀는 화려한 경력을 내세우며 금전적 혜택뿐만 아니라 다른 우대 조건을 요구하면서 접근한다. 그러나 화려한 유혹에 끌리지 않아야 한다. 리크루팅은 서두르면 망한다는 사실, 급하게 먹으면 탈이 난다는 사실을 잊지 마라.

리크루팅 One Point Lesson

독버섯을 조심해야 한다.
독버섯 한 명 잘못 도입하면 조직 전체가 죽는다.
선별하고 또 선별해야 하는 이유다.

리크루팅 잘하는 비밀
타깃 리크루팅에 있다

타깃 리크루팅 성공 사례

리크루팅 사례 발표장에서 한 매니저가 발표한 성공사례다. 어느 날 아침 팀원들과 함께 리크루팅 미팅을 하던 중 한 사원이 학습지 교사를 집중적으로 공략해보면 어떠냐고 제안했다. 특히 30대 결혼한 학습지 교사를 공략하자는 제안이었다. 그러면서 자기 아이의 학습지 교사에 대해 설명하는데 기본적으로 대학교는 졸업했고 결혼했으니 가정 경제에 도움을 절실하게 느끼는 우수한 자원이라는 것이다.

30대 여성, 결혼한 사람, 경제활동 필요

그의 말에 팀원들이 격하게 공감했다. "맞다, 맞다. 누구나 주변에 학습지 교사 한두 명은 알고 있잖아. 좋은 아이디어다" 하는 반응이

었다. 사원들이 적극적으로 참여하기로 했다.

그날부터 한 사람도 빠지지 않고 '1인 3명 학습지 교사 소개하기' 행사를 전개했다. 사원별 명단을 크게 만들어놓고 사원별로 학습지 교사 이름을 3명 이상씩 적었다. 그 결과 30명이 넘는 학습지 교사 명단을 입수했다.

다음 단계로 이 사람들 명함을 입수하기로 했다. 명함에는 핸드폰 번호, 이메일 주소가 있기 때문이다. 명함을 입수해서 벽보의 학습지 교사 이름이 있는 칸에 붙이고, 그 옆에는 핸드폰번호와 이메일 주소를 기록했다.

이 명단을 중심으로 1주일에 두 번 이상 전화하고 1주일에 한 번 이메일로 자료를 보내고 한 달에 두 번 이상 면담하는 캠페인을 전개했다. 이 행사를 6개월 넘게 지속하였더니 처음에는 한두 명이 신입사원으로 들어왔는데 나중에는 조직원 중 많은 사람이 학습지 교사 출신이었다.

타깃 리크루팅이란?

지금은 타깃 리크루팅을 해야 한다. 타깃은 정해진 목표물이 있다는 말이다. 타깃 리크루팅은 정확한 방향이 있다는 말이다. 막연하게 아무에게나 찾아가는 것이 아니라 우리 조직에 맞는 연령에 우리 조직문화에 맞는 사람들을 선정해 그들을 집중 공략하는 방법으로 리크루팅을 풀어가는 것을 말한다.

지금은 타깃 리크루팅을 해야 리크루팅 결과도 좋아지고 우량사원들로 경쟁력도 달라진다. 타깃 리크루팅은 대상자를 막연하게 생각하는 것이 아니라 특정 대상자를 선별해 그 대상자에게 힘을 집중하는 리크루팅 방법이다. 타깃 리크루팅을 실천하려면 먼저 대상자가 어디에 있는지 찾아야 한다. 위의 사례에서는 그 대상자를 학습지 교사로 정했다. 그리고 그 교사들에게 힘을 집중했더니 결과가 달라졌다.

30대가 흔들리고 있다

30대가 흔들리고 있다. 직장을 다니는 30대 후반의 남자, 자녀 양육에 집중하는 30대 후반의 전업주부들이 흔들리고 있다. 먼저 직장을 다니는 30대 후반 남자의 경우를 보자. 언젠가 이런 광고가 있었다.

"나는 싸워야 한다. 길들여지려는 나와, 현실에 안주하려는 나와 싸워야 한다. 나는 30대 후반에 서 있기 때문이다."

직장을 다니는 30대 후반의 남자가 독백하듯이 하는 말이다. 요즘 직장인이 가장 많이 고민하는 것이 '이대로 가는 것이 맞는 길이냐?' 하는 것이다. 이제 곧 40대로 들어서는데 어떻게 할지를 고민하는 것이다. 독립하자니 자신이 없고, 그대로 직장에 남아 있자니 구조조정이라는 매서운 칼날이 겨누고 있지만 특별한 대안이 없다. 직장에서 뛰쳐나가자니 마땅히 할 일이 없고 그렇다고 염치 불고하고 눌러 앉아 있자니 직장 사정이 그렇지도 못하다. 이러지도 못하고 저러지도 못하는 것이 요즘 남자 직장인의 모습이다.

자녀 양육에 집중하는 30대 후반 전업주부의 경우를 보자. 한 광고에 30대 여성이 나와 독백하듯이 이렇게 말한다.

"나는 이겨야 한다. 나약해지려는 나를, 안주하려는 나를, 도망치려는 나를 이겨야 한다. 나는 인생에서 가장 중요한 30대의 삶에 서 있기 때문이다."

아이들이 성장하면서 돈이 들어갈 곳은 많고, 지금과 같은 구조조정 환경에서는 남편 소득도 불안하니 무작정 가만히 있을 수 없다. 무엇인가 대책을 마련해야 한다.

선택과 집중 전략으로 풀어라

직장을 다니는 30대를 공략하라. 또 자녀 양육에 전념하는 30대 여성을 공략하라. 이들은 현재 무엇인가 새로운 돌파구를 찾고자 하는 니즈가 강하다. 이런 사람들을 리크루팅할 때는 단시간에 공략하는 방법으로는 안 된다. 한두 번 만남으로 리크루팅하겠다고 덤비면 안 된다. 적어도 3개월 이상 시간 여유를 두고 체계적으로 접근해야 한다. 언젠가는 우리 식구가 될 사람이라는 생각으로 조금씩 조금씩 접근해야 한다. "제 리크루팅 성공비결은, 아니 우리 팀의 리크루팅 성공비결이라고 하는 것이 맞겠네요"라면서 매니저가 리크루팅 성공 요인을 3가지로 정리했다.

1. 30대 여성으로 타깃을 명확히 했다.

2. 전 팀원이 합심해서 1인 3명씩 소개해줬다.

3. 3개월 앞을 보고 체계적으로 배양활동을 했다.

지금의 리크루팅 방법은 이러한 리크루팅 대상자를 타깃으로 정해 적어도 3개월 앞을 보면서 체계적으로 접근하는 배양 도입 방법으로 풀어가야 한다.

타깃 리크루팅이 정답이다

핸드폰 카메라를 열어 QR코드에 대면 동영상 강의를 볼 수 있다.

리크루팅 One Point Lesson

타깃 리크루팅으로 풀어라.
특정한 대상자를 선택해 집중 공략하는 방법이다.
3개월 앞을 보고 체계적으로 접근하라.

우량자원 도입
컨설팅 리크루팅으로 풀어라

구걸 리크루팅은 이제 그만!

항상 같은 장소에서 구걸하던 거지가 어느 날 적선해주는 신사에게 물었다. "선생님은 재작년까지는 늘 만 원을 주시지 않았습니까? 그런데 작년부터는 오천 원으로 줄더니 올해는 천 원으로 줄이셨습니다. 대체 이유가 뭡니까?"

신사가 대답했다. "전에는 내가 총각이었으니까 여유가 있었지요. 하지만 작년에는 결혼했으니 오천 원을 주었고, 이제는 애까지 있으니 천 원밖에 못 드립니다." 이 말에 거지가 어이없다는 표정으로 말했다. "아니 그럼 내 돈으로 당신 가족을 부양한단 말입니까?"

거지는 경제 행위를 자발적으로 거부하는 사람이다. 남이 도와주는 것만 바라는 사람이다. 거지는 땀 흘리며 노력하는 일을 싫어한다. 그 대신 다른 사람들 동정심에 기대어 남이 도와주기만 바라는 것이 거지 습성이다.

"아직도 리크루팅을 구걸하는 사람이 있어요. 구걸은 거지나 하는 일 아니에요?" 한 매니저가 한 말이다. 리크루팅 대상자에게 매달려 애걸복걸하는 식으로 리크루팅하겠다고 덤비는 사람들에게 하는 말이다. 평상시에는 아무 연락이 없다가 어느 날 갑자기 찾아와서 같이 일하자고 설득하려는 사람을 두고 하는 말이다.

"지금은 옛날처럼 리크루팅 대상자에게 통사정하면 안 돼요. 그런 자세가 바로 거지가 구걸하는 방법이지요." 그러면 지금은 리크루팅을 어떻게 해야 한단 말인가?

컨설팅 리크루팅으로 바꿔라

컨설팅은 단순히 상대방 고민이나 문제를 들어주는 것으로 그치지 않는다. 상대방에게 문제점이 있으면 그것을 해결할 구체적인 해결책을 제시하고 새로운 기회를 만들어주는 것이 컨설팅이다.

지금은 리크루팅을 컨설팅 방법으로 풀어가야 한다. 리크루팅 대상자가 있으면 그 사람에게 무엇이 문제인지 먼저 파악해야 한다. 그리고 그 문제점을 해소할 구체적인 해결책을 제시해야 한다.

다시 말하면 리크루팅 대상자가 안고 있는 문제점에 대해 독립적인 평가를 하고 평가 결과에 대해 리크루팅 대상자와 긴밀한 유대관계를 통해 적극적으로 해결책을 찾아가는 방법으로 리크루팅을 풀어가야 한다. 이것이 컨설팅 리크루팅이다.

컨설팅 리크루팅으로 성악가를 리크루팅한 사례이다.

"제 팀원 중에 결혼식 축가 전문 성악가가 있어요"라면서 매니저가 한 사원을 가리켰다. 아담한 체구에 얼굴은 귀공자처럼 잘생긴 40대 남자 사원이었다. 그는 성악을 전공한 성악가였다. 6개월 전부터 리크루팅 대상자로 카드를 만들어놓고 꾸준히 접촉하던 사람이었다. 모 그룹 합창단에서 지휘할 뿐만 아니라 여기저기 합창단에서 활발하게 지휘 활동을 하던 사람이었다. 그러나 그룹에 유동자금의 어려움이 생기면서 그가 지휘하던 합창단이 해체되어 버렸다.

이로 인해 그가 소득이 없어서 경제적 어려움을 겪고 있다는 소식을 전해 들은 매니저가 그를 찾아가 만났다. 그랬더니 "난 영업은 못하는데……"라면서 거절했다. 그러자 매니저가 이렇게 대답했다. "당신에게는 최고의 무기가 있잖아요." 이 말에 "저한테요?"라고 그가 의아하다는 듯이 물었다. "당신 목소리, 남들이 가지고 있지 않은 당신만의 최고 무기예요"라고 매니저가 말했다. 그러면서 그가 왜 영업을 해야 하는지, 어떻게 하면 영업에서 성공할 수 있는지 2시간 넘게 대화하면서 솔루션을 제시했다.

"결혼식장, 돌잔치, 칠순잔치 등에서 축가를 불러주면 되잖아요."

축가를 불러주되 사례금을 받지 말라는 것이었다. 마음에 빚만 만들어 주라는 것이었다. 그러면 그들이 자연스럽게 고객으로 연결되고 또 그들에게 주변 사람들을 소개받을 수 있다는 것이었다. 이 말에 용기를 얻은 그가 이직을 결심했고, 지금은 결혼식장 등에서 축가를 불러주는 활동으로 영업에서 탁월한 성과를 나타내고 있다.

빨리빨리 증후군이 문제

컨설팅 리크루팅을 방해하는 가장 큰 걸림돌이 '빨리빨리 증후군' 이다. 컨설팅 리크루팅도 좋은데 기다릴 시간이 없다고 한다. 어떻게든 빨리빨리 데려와야 하기 때문이다.

미국인이 생김새가 비슷한 중국, 일본, 한국 사람 중에서 한국 사람을 금방 구별해내는 방법이 있다고 한다. '빨리빨리'라고 말하는 사람은 백발백중 한국 사람이라는 것이다. 언제부터인가 '빨리빨리'가 한국 사람을 대표하는 특징이 되어버렸다.

'빨리빨리'는 우리에게 좋은 영향과 나쁜 영향을 동시에 준다. 나쁜 영향은 무슨 일이든 대충 하는 습관이다. 차근차근 꼼꼼히 해야 하는 일도 무조건 속도를 낸다. 건물을 지을 때 구조의 튼튼함을 가장 중요하게 여겨야 함에도 대충대충 빨리 짓고 보는 것이다. 대표적인 경우가 지금도 기억이 생생한 성수대교 붕괴 사건이다.

반대로 '빨리빨리'가 좋은 영향을 미치는 경우도 있다. 우리나라가 인터넷 강국이 된 것은 '빨리빨리' 정신 덕분이라고 한다. 당신을 보라. 인터넷 속도가 느리면 참지 못하고 빨리빨리를 요구하지 않는가.

모든 현상에는 좋은 점과 나쁜 점이 있게 마련이다. 그러나 리크루팅을 풀어갈 때 '빨리빨리'를 외치는 일은 이제 없어야 한다. 옛날의 리크루팅 방식이 빨리빨리 스타일이었다. 무조건 빨리 데려와야 한다는 식이었다. 그 결과 튼튼하고 안전해야 할 성수대교가 무너졌듯이 조기 탈락이라는 악순환을 겪으며 부실조직을 만들지 않았던가?

리크루팅 프로세스를 지켜라

구걸 리크루팅을 하느냐, 컨설팅 리크루팅을 하느냐의 근본적 차이점은 접근 방법에 있다. 당장 급해서 덤벼드는 접근 방법이 구걸 리크루팅을 하는 것이다. 리크루팅 대상자 상황이야 어떻든 간에 우선 급한 것이 이쪽 사정이기에 구걸하는 방법으로 가는 것이다.

그러나 컨설팅 리크루팅에서는 급하게 덤비지 않는다. 철저하게 리크루팅 프로세스를 따른다. 당장 눈앞의 결과에 매달리지 않고 3개월 이상 시간 여유를 가지고 만나고 또 만나는 배양활동을 통해 상대방의 문제점을 해결해주는 식으로 풀어간다.

컨설팅 리크루팅으로 풀어라

핸드폰 카메라를 열어 QR코드에 대면 동영상 강의를 볼 수 있다.

리크루팅 One Point Lesson

우량자원에게는 컨설팅 리크루팅으로 접근해야 한다.
리크루팅 대상자의 문제를 해결해주는 방법이다.
문제를 해결해주면 리크루팅은 저절로 된다.

컨설팅 리크루팅
헤드헌터를 벤치마킹하라

헤드헌터와 리크루팅

헤드헌터는 고급인력을 관리하면서 필요로 하는 업체에 인력을 연결해주는 일을 하는 사람을 말한다. 고급인력에 대한 데이터베이스(DB)를 구축해놓고 과학적으로 분석 관리하면서 인력 활용도를 극대화하는 일을 한다. 즉 고급인력을 체계적으로 관리하면서 고급인력에게 능력에 맞는 대우를 받을 수 있는 직장을 연결해주는 사람이다.

헤드헌터들은 유능한 후보자, 즉 적임자를 찾아내면 그에게 왜 이직해야 하는지, 이직하면 어떤 좋은 점이 있는지, 전망은 어떤지, 앞으로 경력관리는 어떻게 해야 하는지 등을 자세히 설명해준다. 이른바 경력관리 지도(map)를 그려주는 것이다.

이러한 헤드헌터의 업무 흐름을 보면 우리의 리크루팅 과정과 흡사하다. 우선 헤드헌터가 유능한 인력을 발굴해야 하는 일이 우리가 리크루팅에서 우량자원을 찾아내야 하는 과정과 똑같다. 또 헤드헌터가 인력의 데이터베이스를 구축하고 체계적으로 관리하는 일이 우리가 리크루팅에서 대상자 풀(pool)을 운영하면서 체계적으로 후보자를 발굴하는 것과 같다.

마지막으로 헤드헌터가 유능한 인력에게 능력에 맞는 대우를 받으면서 실력을 발휘할 수 있도록 양질의 일자리를 찾아주는 것이 우리가 리크루팅 후보자에게 왜 우리 일을 해야 하는지를 컨설팅하는 과정과 흡사하다.

고객 카드가 수없이 많다

헤드헌터에게 가장 중요한 일은 우수한 후보자를 발굴하는 일이다. 유능한 인재를 얼마나 많이 확보하느냐가 헤드헌터에게는 곧 생명과 같다. 사느냐, 죽느냐가 달린 문제라는 말이다. 그래서 그들은 유능한 인재를 확보하는 일에 총력을 기울인다. 한번 확보한 인력은 데이터베이스 시스템에 입력하여 철저하게 관리한다.

헤드헌터에게는 수많은 고객 카드가 있다. 현직에 있는 사람, 명예퇴직한 사람, 다른 직장으로 이직한 사람 등으로 구분해서 고객 카드를 관리한다. 현직에 있는 사람은 앞으로 일자리를 옮길 가능성이 있는 사람이다. 우리가 말하는 리크루팅 가능성이 있는 사람과 같다. 명예퇴직자는 빠른 시일에 일자리를 만들어줘야 할 사람이다. 이 사람은 우리의 리크루팅 후보자와 같은 사람이다. 조만간 우리 식구로 만들 수 있는 사람이다. 얼마 전 이직한 사람은 미래 고객이라고 한다. 앞으로 어느 정도 기간이 지나면 또 옮길 가능성이 있는 사람이라는 것이다.

현직에 있는 사람이든, 명예퇴직을 한 사람이든, 얼마 전 이직을 한 사람이든 헤드헌터에게는 모두 가능성이 있는 고객이다. 앞으로 상황이 변한다면 언제든지 자기 고객이 될 수 있기에 어느 한 사람 소홀히 하는 경우가 없다.

리크루팅 대상자 카드부터 만들어라

"IQ를 높이려고 하지 마세요. 그 대신 지금부터는 NQ를 높이려고 하세요. 리크루팅에는 IQ보다 NQ가 더 중요합니다." 한 매니저가 한 말이다. 그의 말에 따르면 IQ는 20세기에나 필요했던 것이라고 한다. 21세기는 NQ로 살아가는 세상이라고 한다.

"혹시 이런 공식 본 적 있나요?"

이렇게 말하면서 그가 공식을 하나 보여주었다.

NQ(네트워크 지수) + EQ(감성지수) = SQ(성공지수)

그는 이것을 리크루팅 성공 공식이라고 했다. 사람을 상대로 하는 대인 비즈니스에서 꼭 필요한 사람 관리 공식이라는 것이다. 리크루팅에 성공하려면 첫째로 인맥을 관리하는 네트워크 지수(NQ)가

필요하고, 둘째로 머리가 아니라 가슴으로 접근하는 감성지수(EQ)가 필요하다. 이 두 지수가 합쳐지면 성공지수(SQ)가 올라간다는 것이다.

"리크루팅의 첫 번째 조건인 NQ를 높이는 방법은 무엇일까요?" 그 매니저의 설명이 이어졌다. 리크루팅 대상자 카드를 만들어야 한다. 리크루팅 대상자 카드를 만드는 일이 리크루팅의 첫 번째 조건인 NQ를 높이는 방법이다.

헤드헌터가 하는 첫 번째 행동이 고객카드를 만드는 일이다. 자원을 체계적으로 관리하고 우수 인력의 데이터베이스를 만드는 방법이다. 고객정보를 이 카드에 체계적으로 정리해놓아야 그 사람을 적재적소에 연결할 수 있다.

"이것을 저는 지피지기 전략이라고 합니다." 그 매니저가 상대방을 알아야 리크루팅할 수 있다면서 한 말이다. 상대방 정보를 체계적으로 관리해야 컨설팅 리크루팅을 할 수 있다는 것이다.

헤드헌터를 벤치마킹하라

헤드헌터로 성공하려면 승부 근성, 커뮤니케이션 능력, 조정력, 협상력, 인내력 등 여러 가지 요건이 필요하다. 그러나 이보다 더 먼저 요구되는 요건이 있다. 네트워크 능력이다. 거래하는 기업체 관리 능력, 유능한 인재 관리 능력 등이 무엇보다 중요하다. 그래서 그들은 주기적으로 정보를 수집하기도 하고 또 최근 정보를 제공하는 등 네트워크 관리에 활동력을 집중한다.

헤드헌터를 벤치마킹하라. 헤드헌터가 우수한 자원을 찾기 위해 어떤 노력을 하는지 그 방법을 벤치마킹하라. 거기서 우수한 리크루팅 자원을 찾는 노하우를 배울 수 있다. 다음으로 보유한 자원을 관리하면서 어떻게 인적 네트워크를 형성하는지 그 방법을 벤치마킹하라. 우리가 리크루팅 자원을 배양하는 노하우를 찾을 수 있을 것이다.

헤드헌터와 매니저는 일하는 분야만 다를 뿐 하는 일은 똑같다. 우수한 자원을 발굴해서 인적 네트워크를 형성하고 관리하여 양질의 인재를 도입하는 일을 한다는 점에서 똑같다고 할 수 있다.

리크루팅 / One Point Lesson

헤드헌터를 벤치마킹하라.
헤드헌터가 제일 먼저 하는 일은 고객카드를 만드는 일이다.
우리가 제일 먼저 해야 하는 일은 리크루팅 대상자 카드를 만드는 일이다.

리크루팅 대상자 찾기
1일 활동량의 50%를 집중하라

세일즈의 기본원칙

운동을 처음 배우는 사람이 제일 먼저 익혀야 하는 것은 기본기다. 기본기가 제대로 갖춰져 있어야 다음 단계로 발전할 수 있기 때문이다. 축구나 야구뿐만 아니라 모든 운동경기에서 프로선수냐 아마추어선수냐의 차이점은 기본기에서 갈린다. 프로선수는 기본기가 탄탄히 갖춰져 있고 아마추어선수는 기본기가 제대로 갖춰져 있지 않다.

세일즈를 처음 시작하는 사람이 제일 먼저 익혀야 하는 것이 있다. 그것이 무엇일까? 정답은 1일 활동량 관리다. 운동선수가 제일 먼저 익혀야 하는 것이 기본기라고 한다면 세일즈맨이 제일 먼저 익혀야 할 기본기가 1일 활동량 관리다. 1일 활동량이 대상자 찾기 50%, 친분 맺기 30%, 상담 20%의 비율로 구성되어 있어야 한다. 이것이 프로 세일즈맨이 되기 위한 1일 활동량의 기본이다.

그러나 세일즈 활동에서 실패하는 사람들을 보면 대부분 이 기본을 지키지 않는다. 세일즈에서 실패한 사람들의 1일 활동 모습을 가만히 들여다보았다. 그랬더니 한 가지 공통점을 발견할 수 있었다. 1일 활동 중에서 대상자 찾기가 없다. 또 친분관계 맺는 일에도 소홀하다. 그러면서 오직 상담하는 일에만 매달린다. 그러니 결과가 신통하지 않은 것이다. 기본 중의 기본을 지키지 않으니 실패할 수밖에 없는 것이다.

■ **리크루팅 1일 활동량**

대상자 찾기	후보자 배양	상담
50%	30%	20%

성공적인 리크루팅을 위해 반드시 지켜야 할 기본이 있다. 리크루팅 활동에서 1일 활동량이 대상자 찾기 50%, 후보자 배양 30%, 상담 20%의 비율로 되어 있어야 한다는 것이다. 그러나 대부분 매니저들을 보면 1일 활동량에 문제가 있다. 대상자 찾는 노력이 없다. 후보자를 배양하는 행동도 없다. 활동량의 80%가 상담하는 일에만 집중되어 있다. 그러니 '뺑 리크루팅'을 하는 것이다.

생각해보라. 리크루팅을 잘하려면 하루 활동량이 대상자 찾기 50%, 후보자 배양 30%, 즉 80%가 자원을 찾고 배양하는 일에 집중되어야 한다. 그러나 리크루팅을 못하는 사람을 보면 이것이 거꾸로 되어 있다. 80%가 상담에 집중되어 있고, 대상자 찾기, 후보자 배양은 20%밖에 안 된다. 대상자 찾기가 없고 후보자 배양 노력이 없는데 어디서 상담할 사람이 나타나겠는가?

'뻥' 리크루팅은 안 된다

리크루팅 대상자도 없으면서 어떻게 리크루팅하겠다는 건가? 그러니까 매월 '뻥 리크루팅'을 하는 것 아닌가? 한동안 한국 축구를 '뻥 축구'라고 한 적이 있다. 골을 넣을 수 있는 결정적 찬스에 뻥 하고 공을 허공으로 날려버리는 일이 다반사였기 때문에 붙여진 이름이다. 지금도 한국 축구가 해결해야 할 가장 큰 문제가 골 결정력이라고 한다.

왜 뻥 축구를 하는가? 문제는 기본기가 제대로 갖춰져 있지 않기 때문이다. 기본기가 제대로 갖춰져야 응용 동작이 나오는데 기본기가 없어서 골을 넣을 수 있는 상황에서도 넣지 못하는 것이다. 그래서 스포츠에서 가장 중요한 것이 기본기를 제대로 익히라는 것이다. 그래야 순발력도 나오고 응용 동작도 나오기 때문이다.

'뻥 리크루팅'을 하는 사람이 있다. 목표를 거창하게 잡고 나름대로 열심히 활동하는 것 같은데 결과는'뻥이요~' 하는 사람이 부지기수다. 왜 '뻥 리크루팅'을 하는가? 문제는 기본을 제대로 행하지 않기 때문이다. 기본이 없으니까 결과가 신통치 않은 것이다.

이번 달 리크루팅에서 왜 '꽝'을 쳤는가? 아니 지난달도 꽝을 쳤고 이번 달도 왜 꽝을 쳤는가? 그 원인은 기본을 지키지 않았기 때문이다. 축구선수는 뺑 축구를 해서는 안 되고 매니저는 뺑 리크루팅을 해서는 안 된다.

활동량의 50%는 대상자 찾기에 집중하라

매니저들을 상대로 리크루팅에 대한 설문조사를 한 적이 있다. 리크루팅 후보자는 리크루팅 대상자 6명 중에서 1명이 나온다. 리크루팅 상담을 거쳐 신입사원 교육에 참석하는 사람은 리크루팅 후보자 5명 중에서 1명이 나온다. 그러면 1명의 리크루팅을 성공하려면 리크루팅 대상자가 몇 명 있어야 할까? 간단히 계산해봐도 적어도 대상자 30명이 있어야 1명을 리크루팅할 수 있다.

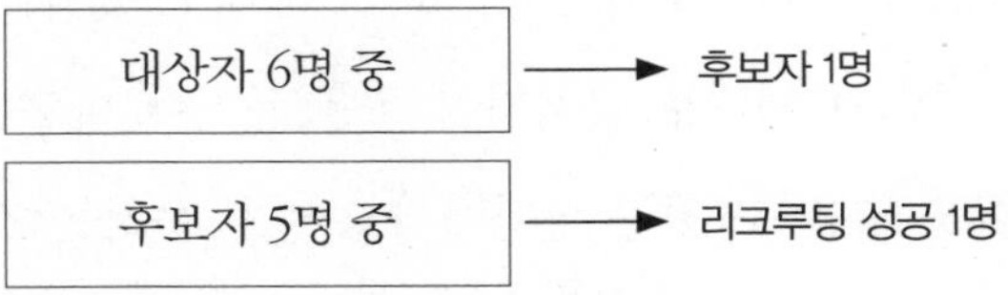

1명을 리크루팅하려면 대상자 30명 필요

한 명의 신인을 리크루팅하기 위해서는 리크루팅 대상자가 적어도 30명은 있어야 한다. 특히 우량자원의 신인을 1명 발굴하기 위해서는 30명 이상의 리크루팅 대상자가 필요하다는 것을 보여주고 있다.

리크루팅에서 제일 중요한 일은 대상자부터 찾는 것이다. 리크루팅을 성공적으로 수행하려면 대상자부터 찾는 것, 즉 리크루팅 자원

풀(pool)을 만들어야 한다. 이것이 리크루팅에서 지켜야 할 첫 번째 기본(Basic)이다.

리크루팅 One Point Lesson

대상자를 찾는 데 활동량의 50%를 집중하라.
이것이 리크루팅 활동의 기본원칙이다.
1명을 리크루팅하려면 대상자가 30명 필요하다.

후보자가 아니라 대상자를 찾아라 이것이 핵심 포인트다

리크루팅에 대한 고정관념

리크루팅을 못하는 사람들에게는 한 가지 공통점이 있다. 리크루팅 하면 후보자를 먼저 떠올린다는 것이다. 후보자가 누구인가? 지금 당장 면담이 가능한 사람이다. 이번 달 즉시 신입사원 교육에 참석할 수 있는 사람이다. 그러나 리크루팅 프로세스를 보라.

대상자 찾기 → 가능자 선별 → 후보자 배양 → 상담 → 면접 → 잡(Job)설명회

이 프로세스를 모르는 사람은 아무도 없을 것이다. 회사로부터, 아니 본부나 지점 교육을 통해서 귀에 못이 박이도록 배우고 또 배운 내용이다. 그런데 왜 리크루팅을 못하는가? 고정관념 때문이다. 리크루팅 하면 후보자를 먼저 떠올리는 고정관념 때문이다.

리크루팅 프로세스에는 분명히 대상자를 먼저 찾고, 그 사람들 중에서 누가 가능성이 있는가 하는 가능자를 선별하고, 그들과 친분관계를 만들어 상담이나 면담이 가능한 후보자를 만들어야 한다고 되어 있다. 그러나 고정관념에 사로잡힌 사람들에게는 이것이 귀에 들어올 리 없다. 리크루팅은 대상자를 찾는 일을 먼저 해야 하는데 대상자 찾는 노력도 없이 곧바로 후보자를 찾는 것이다.

골라내지 마라

리크루팅을 못하는 사람들이 입에 달고 사는 말이 있다. 리크루팅할 사람이 없다는 말이다. 주변에 활동할 사람이 없다고 말한다. 그러나 그들이 리크루팅에 임하는 것을 가만히 들여다보면 리크루팅 대상자가 없는 것이 아니다. 후보자가 없을 뿐이다. 주변에 사람이 많이 있는데도 리크루팅 대상자를 찾으려고 하는 것이 아니라 리크루팅 후보자를 찾으려 했기 때문이다.

그들이 왜 리크루팅 대상자가 없다고 말하는가? 자기 나름대로 기준을 정해놓고 리크루팅 대상자를 솎아내버리기 때문이다. 이 사람은 이래서 안 되고, 저 사람은 저래서 안 되고 하는 식으로 말이다. 그러니 주변에 리크루팅할 사람이 보이지 않는다.

리크루팅에 성공하려면 가장 먼저 고쳐야 할 것은 사람을 골라내지 말아야 한다는 것이다. 이런저런 이유와 핑계로 대상자를 골라내면 리크루팅할 자원이 없어진다.

리크루팅 대상자와 후보자를 혼동하지 마라. 리크루팅 대상자는 주변에 있는 불특정 다수의 사람이다. 우리 쪽에 와서 활동할 수 있을지 없을지도 모르는 사람들이다. 활동 여부를 떠나서 일단 우리가 찾고자 하는 연령대에 속한 사람들이 리크루팅 대상자다. 이들 중에는 우리에게 올 수 없는 사람들이 포함되어 있다. 현재 다른 곳에서 일한다든가, 30대 여성으로 임신 중이라든가, 우리 일에 부정적인 시각을 가지고 있는 사람 등이 그렇다.

그럼 후보자는 어떤 사람인가? 리크루팅 대상자 중에서 활동 가능성이 보이는 사람을 가능자로 선별하고, 그 가능자 중에서 면담이나 잡(Job)설명회 등에 참석할 수 있는 사람으로 배양한 사람이 리크루팅 후보자다. 후보자는 신인으로서 활동할 가능성이 매우 큰 사람이다.

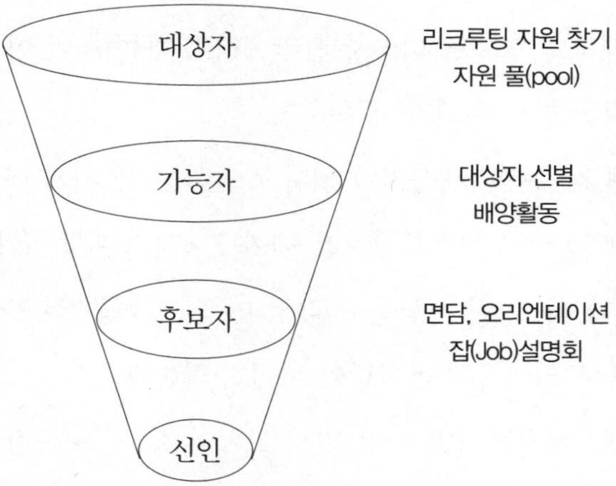

리크루팅 대상자와 리크루팅 후보자는 분명히 다르다. 그러나 리크루팅할 줄 모르는 사람들은 대부분 리크루팅 대상자와 리크루팅

후보자를 구분하지 않는다. 리크루팅 대상자 + 리크루팅 가능자 + 리크루팅 후보자를 묶어서 리크루팅 후보자라고 한다. 이런 사람들에게는 배양 리크루팅이라는 개념이 없다. 자원을 찾아내고 배양하는 과정관리 없이 막무가내로 리크루팅하겠다고 덤비는 것이다.

거꾸로 접근하라

리크루팅을 하고 싶은가? 아니 리크루팅을 잘하고 싶은가? 그러면 제일 먼저 고정관념부터 버려야 한다. 리크루팅 대상자를 보지 않고 후보자를 먼저 보는 고정관념을 버려야 한다.

지금까지는 후보자를 먼저 봤다. 당장 상담이 가능한 사람, 오리엔테이션 또는 잡(Job)설명회에 참석할 수 있는 사람만 찾았다. 여기에서부터 잘못되었다. 이제부터는 리크루팅을 거꾸로 접근하라. 가능성이 있는 후보자를 먼저 찾는 것이 아니라 리크루팅 대상자를 먼저 찾아라. 당장 면담이 가능한 사람을 찾으려 하지 말고 리크루팅 자원 찾는 일에 집중하라. 이것이 리크루팅을 풀어가는 포인트다.

리크루팅 One Point Lesson

후보자가 아니라 대상자를 찾아라.
활동 가능성 여부를 떠나서 대상자 찾는 일에 집중하라.
대상자를 찾아야 그중에서 후보자를 만들 수 있다.

리크루팅 대상자 찾는 방법
인맥지도를 그려라

리크루팅에서 가장 힘든 부분

매니저 100명에게 물었다. "리크루팅 활동을 하면서 가장 어려운 것이 어떤 것인가? 두 개 이상 답하라." 그랬더니 제일 많이 나온 답이 대상자 찾기, 후보자 배양, 상담이었다.

■ 리크루팅에서 풀어야 할 과제 3가지

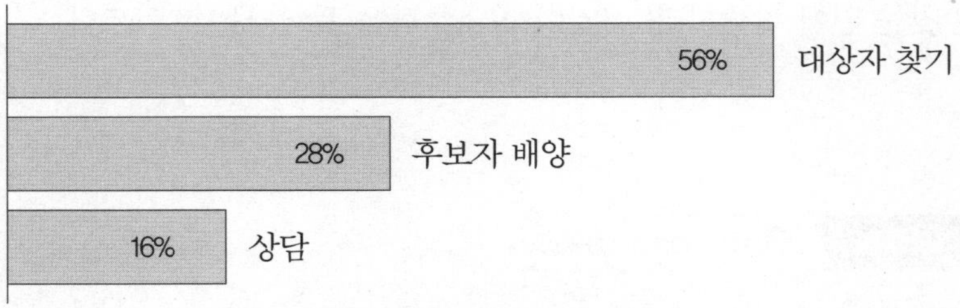

매니저들이 리크루팅 활동을 하면서 가장 힘든 부분이 대상자 찾기 56%, 후보자 배양 28%, 상담 16% 순이었다. 가장 많은 사람이

리크루팅 대상자 찾기가 힘들다고 했다. 그러면 리크루팅 대상자는 어떻게 찾아야 할까?

리크루팅의 나침반이 필요하다

"안개가 자욱할수록 나침반이 있어야 하고, 바다가 넓을수록 컴퍼스가 필요하다고 하죠? 리크루팅할 때 필요한 것이 나침반과 같은 역할을 해주는 것입니다. 저는 이것을 인맥지도라고 합니다."

한 매니저가 리크루팅 대상자 찾는 방법을 구체적으로 설명하면서 이렇게 이야기를 시작했다. 안개가 짙게 깔린 깊은 산속에 있을 때를 생각해보라. 앞이 보이지 않는다. 어느 쪽으로 가야 할지 방향을 잡을 수 없다. 이때 방향을 잡아주고 길을 안내해주는 것이 나침반이다.

망망대해에서 항해할 때를 생각해보라. 보이는 것은 오로지 바다밖에 없다. 어느 방향으로 가야 할지 모른다. 이때 목적지를 안전하게 찾아가도록 도와주는 것이 방위를 알려주는 컴퍼스다. 내가 있는 위치가 어디이며 어느 쪽으로 가야 하는지를 지도상에 보여주는 것이다.

리크루팅 대상자를 찾지 못하고 있다. 바다 한가운데에서 망망대해만 보이는 상황과 같다. 리크루팅 대상자를 찾아서 어디로 가야 할지 모른다. 이럴 때 리크루팅 대상자를 찾을 수 있도록 길을 안내해주는 나침반 같은 것이 있어야 한다.

인맥지도를 그려라

"등산할 때 안내도를 보면 어느 길로 가는 것이 좋은지 한눈에 알 수 있잖아요. 리크루팅 대상자를 찾을 때 그 역할을 해주는 것이 인맥 지도입니다." 그는 이렇게 말하면서 막연한 접근법이 아니라 차근차근 풀어가는 방법을 찾아야 한다고 했다.

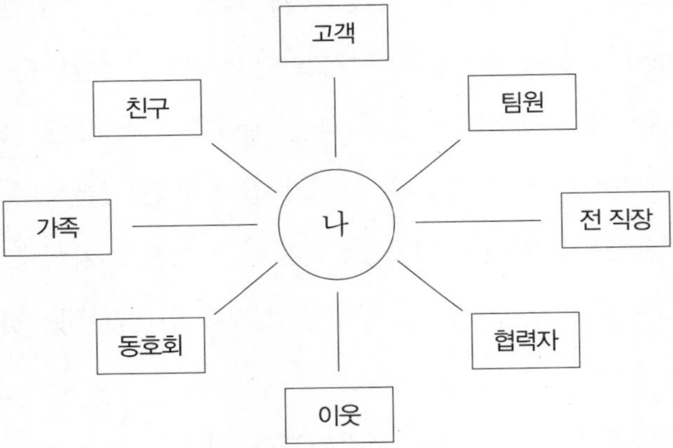

그가 설명하는 대로 인맥지도를 그려보자. 종이 한 장을 꺼내서 나를 중심으로 주변에 어떤 사람들이 있는지 그룹별로 나누어보는 것이 먼저 해야 할 작업이다. 그리고 그 그룹에 생각나는 사람을 한 명 한 명 적어나간다. 그룹별로 최소한 3명은 적어보라. 그러면 내 주변에 어떤 사람들이 있으며 그들에게 어떻게 접근해야 할지 한눈에 들어온다.

이렇게 인맥지도를 그려나가다 보면 내 주변의 사람들 가운데 적어도 30명 이상을 찾을 수 있다. 그룹별 사람들의 이름을 적어나가

다가 협력자 그룹에서 리크루팅 가능성이 보이는 한 사람이 떠올랐다. '아, 이 사람이 있구나' 하는 생각이 들었다.

"인맥지도는 보이지 않는 무형의 사람을 눈으로 볼 수 있게 유형의 사람으로 만들어줍니다." 그는 머리로만 막연히 생각하는 것이 아니라 그림으로 그리면 보이지 않던 인맥을 눈으로 볼 수 있게 된다면서 인맥지도의 유용성을 이렇게 설명했다.

리크루팅은 머리로 하는 것이 아니라 손으로 하는 것이다. 머리로 막연하게 누구를 리크루팅할 것인가만 생각하는 것이 아니라 주변 사람들을 손으로 구체적으로 적으면서 접근하는 것이다. 머리로 생각하면 리크루팅 대상자가 보이지 않지만 손으로 적으면 리크루팅 대상자가 보인다.

리크루팅 카드로 연결하라

"인맥지도를 그렸으면 그다음 한 사람 한 사람 카드를 만들어야 합니다." 그가 인맥지도를 리크루팅 활동에 활용하는 방법을 설명하면서 말했다. 인맥지도에서 그룹별로 생각나는 사람들 이름을 적었으면 그 사람들을 한 사람 한 사람 리크루팅 카드로 옮겨야 한다. 처음에는 리크루팅 카드에 이름만 적어도 된다. 처음부터 리크루팅 카드 내용을 다 채우려고 하지 말라는 것이다.

처음에는 카드에 이름만 적어놓고 다음에 시간이 될 때마다, 생각날 때마다, 정보를 수집할 때마다 카드에 정보를 하나씩 채워가면 된다. 이렇게 작성한 카드는 인맥 그룹별로 구분해 파일철에 보관한다.

"저는 신입사원이 들어오면 제일 먼저 이 작업부터 시킵니다. 인맥을 발굴하고 체계적으로 관리하는 방법을 가르쳐주는 거지요. 리크루팅도 마찬가지라고 생각해요. 인s맥을 발굴하고 관리하는 방법은 똑같잖아요?"

리크루팅 인맥지도를 그려라

핸드폰 카메라를 열어 QR코드에 대면 동영상 강의를 볼 수 있다.

리크루팅 One Point Lesson

종이를 꺼내 인맥지도를 그려라.

그룹별로 생각나는 사람들 이름을 적어라.

한 사람 한 사람 리크루팅 카드로 옮겨라.

쉽게 오는 사람 재미없다
안 오겠다는 사람이 더 좋은 자원이다

당장 눈앞만 보지 마라

"영국 케임브리지대학교에서 경제학을 가르치는 장하준 교수는 이런 말을 했습니다." 30명이 넘는 조직을 이끄는 한 베테랑 매니저가 리크루팅 대상자 찾는 방법을 설명하면서 이렇게 말을 꺼냈다. 이 매니저는 리크루팅 대상자를 찾을 때 장하준 교수가 한 다음의 말을 항상 떠올린다고 했다.

장하준 교수의 말을 인용하면 이렇다. "200년 전 노예해방을 외치면 미친 사람 취급을 받았습니다. 100년 전 여자에게 투표권을 달라고 하면 감옥에 집어넣었습니다. 50년 전 식민지에서 독립운동을 하면 테러리스트로 수배당했습니다. 단기적으로는 불가능해 보여도 장기적으로 보면 사회는 계속 발전합니다. 그러니 지금 당장 이루어지지 않을 것처럼 보여도 대안이 무엇인지 찾고 이야기해야 합니다."

그는 장하준 교수의 이 말에서 '지금 당장 눈앞을 보지 말고 장기적으로 보라'는 메시지가 마음속을 헤집고 들어왔다고 했다. 그는 리크루팅을 하려면 단기적으로 보지 말고 장기적으로 보라고 강조했다.

적극적인 사람을 찾아라

"제가 리크루팅 대상자를 찾는 데 몇 가지 기준이 있습니다." 그는 자신이 집중적으로 찾는 리크루팅 대상자를 이렇게 소개했다.

① 집안 정리정돈을 잘해놓은 사람

② 시댁 식구에게 잘하는 사람

③ 절대 우리 회사 안 오겠다는 사람

④ 남편이 반대하는 사람

왜 이런 사람들을 우선적으로 찾는지 이유를 물어보았더니 그는 이렇게 설명했다.

첫 번째, 집안 정리정돈을 잘해놓은 사람은 부지런하고 일 처리가 깔끔하며 적극적인 사람이다. 집안이 어수선하고 난장판인 사람은 게으르고 일 처리가 매끄럽지 못한 사람이다.

두 번째, 시댁 식구에게 잘하는 사람은 인간관계가 원만하고 어디에서 누구를 만나더라도 헌신하고 봉사한다. 이런 사람이 우리 일을 잘한다.

세 번째, 절대로 우리 회사에 오지 않겠다는 사람은 대형사원감이다. 지금은 고정관념 때문에 부정적 태도를 보이지만 장기적으로 접근하면 반드시 우리 식구가 될 사람이다. 그의 팀원 중 대형사원은 대부분 이 부류에 속했다고 한다.

네 번째, 남편이 반대하는 사람은 화합 정신이 강하다. 자기중심적이고 이기적인 사람이 아니라 다른 사람을 배려하는 마음 따뜻한 사람이다. 이런 사람은 남편의 협조만 얻어내면 활동을 잘하는 우수사원이 된다.

쉽게 오는 사람은 재미없다

“쉽게 오는 사람은 재미없잖아요. 어렵게 도입한 사람은 특히 더 애착이 갑니다.” 그는 이렇게 말하면서 사람들에게 접근하는 자기만의 방법을 들려주었다.

그는 먼저 ‘안 된다’고 말하는 사람을 환영한다. 한두 번 만난 뒤 오겠다는 사람은 일단 경계한다. 몇 년 전 그가 초보 매니저일 때 성격이 활달한 한 사람을 리크루팅했다. 두 번인가 만났을 때 오겠다고 해서 리크루팅에 성공한 사람이다. 성격도 활달하고 말도 시원시원하게 잘해서 딱 영업 체질이라는 생각이 들었다. 그러나 3개월도 못 되어 탈락하고 말았다. 말이 앞서다보니 주변 사람들과 불화가 생기고 믿음을 주지 못했기 때문이다. 그때 얻은 교훈이 ‘쉽게 오는 사람은 쉽게 탈락한다'는 것이다.

"안 오겠다고 하는 사람을 집중적으로 찾아야 합니다." 그가 한 말이다. 안 오겠다는 사람 중 대표적인 예가 현재 직장에 다니는 사람이다. 직장을 다니거나 자기만의 일을 하는 사람들은 대부분 오지 않겠다고 한다. 지금 다니는 직장이 있고 하는 일이 있기 때문이다.

그러나 관점을 한번 바꿔보자. 현재 일을 하는 사람은 사회활동에 대한 제약사항이 없다. 남편에게 허락받을 일도 없다. 아이들 문제도 어떤 형태로든 해결해놓았다. 주변 사람 눈치 볼 일도 없다. 그러나 한 가지 문제가 있다. 현재 하는 일이 잘되는 사람은 우리에게 오지 않는다는 것이다. 지금 당장만 보면 이런 사람은 리크루팅 대상이 아니다. 그러나 길게 보면서 이런 사람들과 친분을 쌓는 데 주력하면 그들이 하는 일이 삐끗할 때 우리 식구가 되는 것은 시간문제다.

우량자원을 리크루팅하는 방법

핸드폰 카메라를 열어 QR코드에 대면 동영상 강의를 볼 수 있다.

리크루팅 One Point Lesson

'안 오겠다'는 사람을 집중적으로 찾아라.
지금 당장을 보면 리크루팅할 사람이 아니다.
그러나 장기적으로 보면 이런 사람들이 더 좋은 자원이다.

우량자원은 직장에 있다
일하고 있는 사람을 집중적으로 찾아라

직장인을 찾아라

"신입사원의 첫 번째 조건은 긍정적인 사고, 적극적인 태도를 가져야 한다고 생각합니다. 저는 그런 사람 중심으로 리크루팅합니다." 직장 경력자를 중심으로 리크루팅을 하고 있는 한 매니저를 만났다. 그의 팀원들을 살펴보면 대기업 회계 담당자, 고등학교 교사, 증권회사 과장, 은행원, 백화점 매니저, 대형 유통업체 마케팅 담당자 등 대부분 직장 경력자들이다. 팀원 20여 명 중 직장 경력이 없는 사람은 두 사람밖에 없다.

리크루팅 대상자를 직장인 중심으로 찾는 이유를 물었더니 그는 다음과 같은 비유를 들어 설명했다.

"옛날에는 공부를 잘하면 대개 얼굴이 못생겼습니다. 그런데 요즘은 공부 잘하는 애가 얼굴도 예쁩니다. 옛날에는 공부를 잘하면 놀 줄 몰랐습니다. 그러나 요즘은 공부 잘하는 애가 놀기도 잘합니다."

이 말은 집에서 놀고 있는 사람과 직장에서 일하고 있는 사람 사이에는 분명한 차이가 있다는 것이다. 일을 하는 사람이 집에서 노는 사람보다 더 좋은 자원이라는 말이다. 그래서 그는 집에서 노는 사람보다 현재 일을 하고 있는 직장 근무자를 집중적으로 공략하고 있다.

우량자원을 찾아라

그는 직장에 다니는 사람을 집중적으로 소개받는다. 현재 다른 직장에서 일하는 사람들의 이름을 소개받는 것이다. 그는 팀원들에게서 친구든, 아는 사람이든, 고객이든 상관없이 직장 근무자를 세 명씩 소개받았다. 그리고 그 사람들을 중심으로 한 명 한 명 접근했다. 그에게 이런 질문을 했다.

"다른 세일즈 업종에서 일하는 사람이 업종이 다른 우리 일도 잘할 수 있을까요?" 그러자 그가 거침없이 대답했다. "매니저들끼리 하는 말이 있어요. 다른 데서 일 잘하는 사람이 우리 일도 잘한다고 말이지요."

그가 이어서 하는 말이 이랬다. "우리 일에서 성공하는 사람은 다른 곳에서 어떤 일을 하더라도 반드시 성공합니다. 여기서 보통인 사람은 다른 곳에 가도 보통밖에 안 돼요. 여기서 못하는 사람은 어디를 가도 못합니다."

이를 바꿔 말하면 다른 직장에서 일을 잘하는 사람은 여기 와도 일을 잘한다는 것이다. 다른 직장에서 보통인 사람은 여기 와도 보통밖에 안 되고 다른 직장에서 일을 못하는 사람은 여기 와도 못한다는 말이다.

장기적인 작전으로 임하라

"직장인은 리크루팅하기가 힘들어요. 시간도 더 오래 걸리고, 노력도 더 많이 해야 하죠. 하지만 정착률은 더 좋습니다. 직장인을 리크루팅할 때는 인내심이 필요합니다. 당장을 보면 안 되고 적어도 1년 앞을 보고 접근해야 해요." 그는 팀원 중 한 사람의 사례를 얘기해 주었다.

팀원 중 입사 1년 만에 한 달 소득이 2,000만 원이 넘은 사원이 있다. 3년 전 한 팀원에게서 소개받은 그 사람은 1년 전까지만 해도 백화점에서 매니저로 활동했다. 처음 그를 찾아가 입사를 권유했을 때 그는 한마디로 매몰차게 거절했다. 지금 백화점에서 잘나가는데 왜 이직해야 하느냐는 것이었다. 이 사람을 리크루팅하기까지 2년이 걸렸다. 정기적으로 문자 메시지를 보내고, 1주일에 한 번씩 이메일로 자료를 보내고, 한 달에 두 번씩 직접 찾아가서 만났다. 그렇다고 설득하려 덤비지는 않았다.

그 사람이 백화점에서 근무하니 찾아가서 만나기는 어렵지 않았지만 영업장에서 길게 얘기할 수는 없었다. 찾아가서 눈도장 찍는 정도였다. 그렇게 2년여 동안 친분관계 쌓는 데 주력했는데 어느 날 그에게 문제가 생겼다. 경기가 어려워지면서 매출 부진으로 그가 일하던 매장이 백화점에서 철수하게 된 것이다. 이를 계기로 그는 심각하게 이직을 고민했고 평소 친분을 쌓아온 덕분에 그를 새 식구로 만들 수 있었다.

"현재 일을 하고 있는 사람은 지금 당장을 보면 우리 식구가 되기 어렵죠. 그러나 장기적인 안목으로 관리하면 이보다 더 좋은 우량자원이 없어요. 우리 팀의 대형사원은 다 직장 근무자 출신입니다."

친분 쌓기에 주력하라

우리가 리크루팅하고자 하는 사람은 도전적이고 진취적인 사람이다. 긍정적이고 적극적인 사람이다. 이런 사람들은 집에서 놀고 있는 경우가 거의 없다. 우량자원을 찾고 싶다면 집에서 놀고 있는 사람보다는 현재 일을 하고 있는 직장인을 집중적으로 찾아야 한다. 직장인은 당장 우리에게 오지 않는다. 따라서 적어도 1년 앞을 보고 접근해야 한다. 지금은 현재 직장에서 잘나간다 해도 언제까지나 그러리라는 법은 없다.

직장 환경이 변하거나 구조조정 같은 변화가 생길 때 그들이 우리 식구가 되는 절호의 기회가 된다. 직장인은 당장을 보지 말고 멀리 내다보며 오늘은 친분 쌓기에 주력해야 한다. 오늘 당장 설득해서 데려오려 해서는 안 된다. 그것은 나만의 욕심일 뿐이다. 한두 번 만남으로 설득하려고 한다고 해서 현재 직장에서 일을 잘하고 있는

데 우리 쪽으로 오겠다는 사람은 아무도 없다. 지금 당장을 보지 말고 6개월, 아니 1년 앞을 보고 현재는 친분 쌓기에 주력해야 한다. 이것이 직장인을 리크루팅하는 쉬운 방법이다.

리크루팅 One Point Lesson

직장인을 집중적으로 리스트업(List-up)하라.
멀리, 길게 보며 친분 쌓기에 주력하라.
친분 쌓기만 잘해놓으면 언젠가는 반드시 우리 식구가 된다.

사회경험이 있는 사람을 찾아라
경단녀는 준비되어 있다

'경단녀'란 무엇인가?

"저희 팀 이름은 '경단녀'입니다. 경단녀는 경력이 단절되었던 여성이라는 뜻입니다. 결혼, 임신, 육아 등으로 직장을 그만두었다가 다시 뭉치게 된 아줌마 조직입니다."

한 매니저가 웃으면서 농담 섞인 어투로 한 말이다. 그의 조직은 막강한 아줌마들로 이루어졌다. 30명이 넘은 사원이 모두 아줌마다. 그중 80%가 20~30대에 직장생활을 한 경험이 있다. 출산, 육아 등으로 직장을 그만두고 집에서 자녀에게만 매달려 있다가 다시 자기 이름을 찾겠다고 나선 사람들이다.

"이 사원은 전 직장에서 경리를 담당했고 얼마 전까지 대형마트에서 아르바이트하다 저를 만났어요."

매니저가 30대로 보이는 한 사원을 소개했다. 그 사원은 중소기업에서 경리 업무를 하다가 임신하면서 직장을 그만두었다. 출산 후

복직할 생각이었으나 한번 그만둔 직장으로 다시 돌아가기가 생각만큼 쉽지 않았다. 아이가 중학생이 되니 시간 여유가 생겨 대형마트에서 아르바이트하다 매니저를 만났다.

30~40대 '경단녀'를 찾아라

"우리 팀원은 단결력이 대단해요. 특히 경단녀 찾는 데는 너나없이 적극적입니다." 그가 팀원과 함께 경단녀 찾는 방법을 설명하면서 이렇게 말했다. 그는 팀원과 함께 전개하고 있는 캠페인을 소개했다. '경단녀 1인 5명 소개하기 운동'이 그것이다. 고객이든 주변 사람이든 상관없이 직장생활을 한 적이 있는 사람이라면 무조건 소개만 하면 된다. 1인당 5명씩 소개하는 것이 이 캠페인의 핵심이다. 이로써 간호사, 은행원, IT업종 근무자, 텔레마케터 등 다양한 경력의 소유자를 리크루팅했다.

대학에서 컴퓨터공학을 전공하고 IT기업에서 6년간 근무했던 사원이 있다. 아이를 임신해 휴직할 때만 해도 다시 돌아갈 수 있을 거라고 생각했다. 그러나 3년 만에 다시 돌아가려니 빠르게 변하는 IT업계의 특성상 30대 아줌마가 설 자리가 없었다. 그래서 집에서 재테크 업무를 하던 차에 이 매니저를 만나 우리 일을 시작하게 되었다.

은행원 출신인 한 사원은 첫째를 출산한 후 자녀 교육 때문에 은행을 휴직했다. 그러나 곧바로 둘째를 갖게 되어 은행을 그만두었다.

10년 넘게 아이와 남편 뒷바라지만 했는데 아이들이 어느 정도 성장하자 다시 무엇인가 시작해야 한다는 생각에 여기저기 찾다가 이 매니저를 만났다.

전직이 제빵사였던 사람이 있다. 전문대학교를 졸업한 후 20년 가까이 베이커리에서 빵을 만들다가 부동산 담보대출을 받아 동네에서 빵집을 차려 독립하였다. 어릴 때부터 꿔왔던 꿈을 이룬 것이다. 5년 정도 빵집을 했는데 주변에 대기업 프랜차이즈 빵집들이 들어서면서 접을 수밖에 없었다. 그래도 빵 만드는 것이 좋아서 여기저기 봉사활동을 하다가 이 매니저를 만났다.

리크루팅을 분업화하라

"우리 팀은 리크루팅이 철저하게 분업화되어 있습니다. 사원들은 저에게 경단녀 이름만 알려줍니다. 그다음 배양하고 면담하는 일은 전적으로 제가 합니다." 그가 리크루팅을 풀어가는 방법을 설명하면서 한 말이다.

사원들은 주변 사람들 중 30~40대 여성은 무조건 이름만 소개해준다. 그게 전부다. 찾아가서 만나고 면담하는 것은 매니저 몫이다. 매니저가 한 달이고 두 달이고, 아니 1년이 걸려서라도 리크루팅하면 그 사람 코드를 소개해준 사람 밑으로 넣어준다. 이게 그의 팀이 빨리 일어난 비결이다. "사원들에게 믿음을 주려고 노력했어요. 그게 지금의 우리 팀을 만들었죠." 그 매니저가 리크루팅을 풀어가는 방법을 설명하며 한 말이다.

사원들은 이름 석 자만 소개해주면 되니 리크루팅에 대한 부담감이 없다. 그다음은 매니저가 알아서 하니 신경 쓸 일도 없다. 더욱이 자기가 소개해준 사람이 들어오면 자기 밑으로 코드가 잡히니 리크루팅 대상자를 적극적으로 소개하게 된다.

30~40대 경단녀의 특징은 자기 일을 해야 한다는 생각이 강하다는 것이다. 특히 직장생활 경험이 있어서 대인 관계, 사회활동에 대한 기본적 자세를 갖추고 있다.

경력과 스펙이 좋은 여성들이 집안일 때문에 갈 곳을 못 찾고 있다. 30~40대 경단녀를 집중적으로 찾아라. 그들은 긍정적이고 적극적이면서 막강 파워를 자랑한다. 역시 아줌마는 강하다.

사회활동 경력자(경단녀)를 리크루팅하는 방법

핸드폰 카메라를 열어 QR코드에 대면 동영상 강의를 볼 수 있다.

리크루팅 One Point Lesson

사회경력자를 찾아라.
대표적인 사람이 '경단녀'다.
경단녀가 오늘도 당신을 기다리고 있다.

명함 수집가로 변신하라
명함에 핵심 정보가 들어 있다

리크루팅은 명함 수집에서 출발한다

매니저가 된 지 2년 만에 대형 조직을 만든 한 매니저를 점심시간에 만났다. 리크루팅 성공비결을 인터뷰하기 위해서였다. 인터뷰에 앞서 점심부터 먹기로 했다. 점심식사를 마치고 식당에서 나오는데 그 매니저가 식당 카운터 앞에 있는 명함 한 장을 집어 들었다. "이 명함 왜 가지고 온 줄 아세요?" 식당 문을 나서면서 그가 나에게 물었다. "제 취미가 명함 수집이거든요."

"저에게는 취미가 하나 있어요. 명함을 수집하는 겁니다. 별별 명함이 다 있어요. 한번 보실래요." 그가 보여준 명함은 다양했다. 명함에 사진이 있는 것은 보편적인 명함 중 하나다. 헬스클럽 트레이너 명함은 잡아당기면 늘어나게 되어 있고, 서비스 분야에서 근무하는 사람의 명함은 쿠폰이 달려 있기도 하다. 그중에서 그가 최고로 꼽는 명함은 반으로 접힌 명함이었다. 명함 뚜껑을 열면 환하게 웃는 그 사람 사진이 나온다.

"사람에게는 누구나 자기가 좋아하는 취미가 있습니다. 여행이 취미인 사람도 있고, 음식 만들기가 취미인 사람도 있죠. 드라이브, 사진, 볼링 등 사람마다 각기 한 가지 정도 취미가 있을 겁니다. 저는 여기에 취미를 하나 더 만들었죠."

그가 명함을 수집하게 된 경위를 설명하면서 한 말이다. 리크루팅은 사람을 상대하는 일이다. 따라서 사람을 찾기를 취미생활처럼 즐겁게 해야 한다는 것이 그의 생각이었고 어릴 때 취미였던 우표 수집을 떠올리며 명함을 수집하기 시작했다.

하루 한 장 이상 수집하라

"저는 가는 곳마다 명함을 수집합니다. 이건 며칠 전 점심식사를 마치고 식당에서 가지고 온 겁니다." 이렇게 말하면서 식당에서 가져온 명함 한 장을 보여주었다. 그가 명함 수집을 습관화하려고 했던 행동이 하나 있다. 식당에서 점심식사를 마치고 나올 때 계산대에 비치된 명함을 한 장씩 가지고 나오는 것이다.

"어제 이 식당에서 명함을 가지고 왔는데 오늘 또 이 식당에서 식사했어요. 그러면 어떻게 하세요? 명함을 또 가지고 나오나요?"

사람들은 대부분 한 식당에서 명함을 가져왔으면 다시 그 식당에 가더라도 또 명함을 가지고 오지는 않는다. 어제 가져왔으니까 말이다. 그런데 그는 같은 식당에 가더라도 식사를 마치고 나올 때는 무조건 명함부터 집어든다. 명함 수집을 잊지 않으려고 의식적으로 하는 행동이다.

은행 창구에 가면 담당자 명함이 비치되어 있다. 누구든 가져가라고 비치해둔 것이다. 지금은 일반적인 은행 업무를 대부분 폰뱅킹이나 인터넷뱅킹으로 하지만 은행 창구를 직접 찾아가야 하는 경우 그는 꼭 명함을 챙겨온다. 학원, 미용실, 헬스장, 서비스센터 등 누구나 가져가라고 명함을 비치해놓은 곳들이 있다.

그가 말하는 직장인 명함 수집 방법 중 한 사례이다. 사람을 만나면 제일 먼저 명함을 교환한다. 일을 하는 사람은 누구나 명함이 있다. 내가 먼저 명함을 주면 상대방도 명함을 준다. 그런데 간혹 직책이 바뀐 지 얼마 되지 않아 명함이 준비되지 않았다고 하는 사람이 있다. 그러면 그는 환하게 웃으며 "저에게 명함 빚지셨습니다"라고 말한다. 그러고 나서 빚진 명함을 받으러 왔다는 구실로 가까운 시일 내에 그 사람을 직접 찾아간다.

"저는 명함을 하루 한 장씩은 무조건 수집하려고 합니다. 이게 저 자신과 한 약속입니다." 명함 수집은 숙제하듯 해야 한다는 것이다.

감사 메시지를 보내라

"명함을 수집했으면 그다음 행동이 중요합니다. 반드시 감사 메시지를 보내야 합니다." 그가 명함 수집을 리크루팅과 연결하는 방법을 설명하면서 한 말이다. 명함을 수집했다는 것은 어떤 형태로든 그 사람과 얼굴을 마주 했다는 말이다. 서로 명함을 주고받으며 인사했을 수도 있고, 식당에서처럼 일방적으로 명함을 가지고 나왔을 수도 있다. 명함을 수집했으면 그날 반드시 감사 메시지를 보내라는 것이 그가 강조하는 말이다.

"명함을 보면 그 사람 이름, 업종, 하는 일, 전화번호, 이메일 주소 등 정보 사항이 다 들어 있잖아요." 직장인에게는 명함에 있는 이메일 주소로 "귀한 시간 내주셔서 감사합니다"라는 제목으로 만나게 되어 반갑다는 인사말을 보낸다. 자영업자에게는 문자 메시지로 반가운 만남, 즐거운 만남이 되었으면 좋겠다는 인사말을 보낸다.

리크루팅 대상자를 찾는 일에 전력하는 한 가지 방법이 이 매니저가 사용하는 명함 수집이다.

리크루팅 One Point Lesson

명함을 수집하라.
리크루팅 대상자를 찾는 개척 방법 중 하나다.
리크루팅 대상자의 정보를 쉽게 구하는 방법이다.

리크루팅 대상자 소개받는 법
하루 10명 이상에게 소개를 부탁하라

무식한 방법을 써라

"혹시 주변에 우리 일에 적합한 사람 있으면 이름만 소개해주세요. 알았죠?" 리크루팅 인터뷰를 하려고 찾은 매니저가 필자를 만나자마자 대뜸 이렇게 말했다. 인터뷰를 시작하기도 전에 리크루팅 대상자를 소개해달라는 부탁부터 한 것이다. 그는 입만 열면 리크루팅 대상자를 소개해달라는 부탁을 한다. 그 결과 조직이 하나도 없이 '나 홀로 매니저'였던 그가 지금은 사원 25명을 둔 막강한 조직을 만들었다.

"저도 처음에는 리크루팅이 너무 막막했어요. 누구를 만나야 할지, 누구에게 리크루팅 얘기를 해야 할지 모르겠더라고요. 리크루팅할 사람이 없으니 속이 답답했죠." 리크루팅을 해야겠는데 대상자를 찾지 못해 처음에는 많이 힘들었다. 리크루팅 대상자를 어디서 찾아야 하고, 어떻게 접근해야 할지 몰랐다. 마치 짙게 깔린 안개 속을 헤매는 것처럼 답답했다. "그러다 지금 쓰는 이 방법을 찾았어요. 무조건 하루 열 번 소개 부탁을 하는 겁니다. 어찌 보면 무식한 방법이죠."

사람만 만나면 무조건 "활동할 사람 좀 소개해주세요"라고 하면서 리크루팅 대상자를 소개해달라는 부탁을 한다. 사원을 만나도, 친구를 만나도, 주변 사람을 만나도 리크루팅 대상자를 소개해달라는 말을 입에 달고 산다. 처음에는 의식적으로 하루 10명 이상에게 리크루팅 대상자를 소개해달라는 말을 했다. 지금은 습관이 되어 사람만 만나면 입버릇처럼 사람 소개해달라는 말을 한다.

우는 아기에게 젖 준다

"우리 속담에 '우는 아이에게 젖 준다'고 하잖아요." 아기가 울지 않고 조용히 있으면 배가 고픈지 어떤지 모르기 때문에 젖을 주지 않는다. 그러나 아기가 울면 배가 고파서 우는가 싶어 젖을 물리지 않는가. 그는 여기에서 힌트를 얻었다. '그래, 우는 아기 전략으로 접근하자.'

이런 생각에 다소 무식한 방법이긴 하지만 만나는 사람들에게 무조건 리크루팅 대상자를 소개해달라는 말부터 꺼내기 시작했다. 내가 리크루팅해야 하는 절박한 심정을 만나는 사람들에게 얘기하는 것이다.

그런데 이 방법이 효과가 나타나기 시작했다. 제일 먼저 효과가 나타난 사람이 팀원들이었다. 날마다 팀원들에게 리크루팅 대상자 소개 부탁을 했더니 팀원 중 한 명이 "이 사람 확실하지는 않은데요" 하면서 지인 한 명을 소개해주었다. 그다음으로 효과가 나타난 사람이 이 매니저의 고객이었다. 매니저에게 적극적으로 협력해주고 있는 한 고객이 "이 사람 한번 찾아가 봐" 하면서 자기 지인을 소개해주었다. '우는 아기 전략'이 먹힌 것이다.

소개 양식을 만들어라

"제가 비밀 무기 하나를 만들었어요. '이름만 소개해주세요'라는 소개 양식이에요."

그는 자신이 활용하고 있는 양식 하나를 보여주었다.

이름만 소개해주세요

이름		나이	세	성별	남 여
전화번호				결혼 여부	기혼 미혼
하는 일				거주지	
특기사항					
추천인			추천인과 관계		

"맨정신으로는 소개받지 못합니다. 소개를 받으려면 약간 맛이 가야 해요." 그는 '이름만 소개해주세요'라는 양식의 활용 방법을 설명했다.

첫째, 리크루팅 대상자 소개 양식을 만들어라. 복잡하게 만들지 말고 간단하게 만드는 것이 좋다.

둘째, 소개받는 양식을 항상 가방에 넣고 다녀라. 언제 어디서든 바로 꺼낼 수 있게 넣고 다녀라.

셋째, 적당한 때를 봐서 미친 척 소개 양식을 꺼내라. 그리고 상대방 손에 볼펜을 쥐어줘라. 볼펜을 손에 쥐어주는 것이 포인트다. 그래야 상대방이 거절을 못한다.

넷째, 상대방이 종이에 이름을 적기 시작하면 조용히 있어라. 상대방이 이름을 적는 데 집중할 수 있도록 소음을 만들지 말아야 한다.

다섯째, 리크루팅 대상자 이름을 적어주면 감사 인사를 하라. 미리 준비한 작은 선물을 주는 것이 좋다. 꼭 큰 선물일 필요는 없다. 작은 선물일지라도 마음이 담긴 선물이 좋다.

"아, 한 가지 더요. 상대방이 종이에 이름을 적을 때 많은 정보를 적게 하면 안 돼요. 간단하게 이름, 핸드폰번호, 대략적인 나이 정도만 받는 것이 좋습니다." 소개해주는 사람에게 많은 정보를 요구하면 안 된다. 부담감을 주지 않아야 소개가 쉽게 이루어지기 때문이다. 소개받은 사람에 대한 자세한 정보는 소개를 받은 후 다양한 방법으로 그 사람과 접촉하면서 수집해야 한다.

하루 10명 이상에게 소개를 부탁하라

인터뷰 말미에 그에게 리크루팅을 힘들어하는 매니저들에게 응원의 메시지 한마디만 해달라고 부탁했다. 그는 확신에 찬 목소리로 이렇게 말했다. "오늘부터 무식한 방법을 써보세요. 하루에 10명 이상에게 사람을 소개해달라는 말을 하는 겁니다. 하나만 부탁하세요. 활동할 사람 이름만 소개해달라고."

그는 겸손한 표현으로 무식한 방법이라고 했지만 결코 무식한 방법이 아니었다. 프로의 길을 가고 있는 그만의 성공 노하우였다.

효과 200% 족집게 소개 부탁 방법

핸드폰 카메라를 열어 QR코드에 대면 동영상 강의를 볼 수 있다.

리크루팅 One Point Lesson

하루 10명 이상에게 리크루팅 대상자 소개를 부탁하라.

소개 양식을 활용하라.

이름 석 자만 적어달라고 하라.

왜 소개가 이루어지지 않는가?
족집게 소개 방법을 활용하라

선배에게서 배운 소개 마케팅

"제가 신인일 때의 일입니다. 저를 스카우트한 매니저가 저에게 소개 마케팅 방법을 가르쳐줬어요. 그런데 현장에서 활용해보니 그 방법이 통하지 않더라고요." '족집게 소개 방법'을 활용한다는 한 매니저가 한 말이다. 선배에게서 전수받은 소개 마케팅 방법에 문제가 있었다면서 본인의 '족집게 소개 방법'을 개발하게 된 비하인드 스토리를 들려주었다.

그가 처음 영업을 시작할 때 선배 매니저가 그에게 소개 마케팅을 가르쳐주었다. 그 내용을 정리하면 이렇다. 지금은 소개 마케팅이 대세다. 소개 마케팅이란 고객 한 사람을 통해 다른 유망 고객을 소개받고, 또 그 사람을 통해 다른 유망 고객을 소개받는 방법으로 영업 활동을 펼쳐가는 것이다. 유유상종(類類相從)이라 하지 않는가? 우량고객 주변에 우량고객이 있다. 그래서 우량고객 한 명을 통해 다른 우량고객을 소개받아야 한다. 그러면 영업이 쉬워진다.

그러면서 선배 매니저가 소개 마케팅의 타이밍을 강조했다. "소개를 잘 받을 수 있는 가장 좋은 때가 있어요. 그때가 언제인지 알아요? 고객이 계약서에 서명할 때예요." 고객이 계약서에 서명하면 그 때를 놓치지 말고 "주변 사람 3명만 소개해주세요!"라고 소개 부탁을 하라는 것이다. 그러면 쉽게 소개해준다는 것이다. "저는 훈련받은 대로 고객이 계약서에 서명할 때 주변 사람 3명을 소개해달라고 부탁했어요. 그런데 소개가 이루어지지 않더라고요."

선배 매니저는 분명 이 방법으로 소개를 잘 받을 수 있다고 했는데 왜 소개가 이루어지지 않았을까? 그때 그는 자기가 한 가지를 놓치고 있다는 것을 알았다. 소개를 잘 받으려면 소개받을 수 있는 타이밍도 중요하지만 소개받을 대상이 더 중요하다는 것을 말이다. 막연히 '주변 사람 세 명만 소개해주세요'라고 부탁했던 것에 문제가 있었다. 내가 만약 이런 부탁을 받게 되면 어떨까? 나라도 소개해줄 사람이 없을 것이다.

'족집게 소개 방법'을 활용하라

"족집게 소개 방법 들어보셨어요? 처음 들어보셨죠? 저만의 노하우랍니다." 어떻게 소개 부탁을 해야 소개를 쉽게 받을 수 있을지 고민하고 고민하다 개발한 소개 방법이 '족집게 소개 방법'이라고 한다.

막연하게 "주변 사람 세 명만 소개해주세요"라고 부탁하는 것이 아니라 "지난번에 얘기하셨던 김 사장님 전화번호만 적어주세요." 이렇게 구체적인 대상자를 콕 찍어서 소개를 부탁해야 상대방이 쉽게 소개해줄 수 있다. 막연히 사람을 소개해달라는 것이 아니라 사전 정보를 바탕으로 구체적인 대상자를 지목해 소개해달라고 하는 것이 그가 활용하는 족집게 소개 방법이다.

그가 리크루팅에서 족집게 소개 방법으로 성공한 사례를 들려주었다. 지금 그의 팀에서 같이 활동하는 신입사원 이야기다. 그 사람을 리크루팅하게 된 스토리는 이렇다.

그는 늘 사람들을 만날 때마다 진심 반, 농담 반으로 리크루팅할 사람을 소개해달라고 부탁했다. 그런데 그의 고객 중 한 사람이 만날 때마다 리크루팅 대상자를 소개해달라는 그의 부탁을 마음속에 담아두고 있었던 모양이다. 하루는 그 고객이 매니저에게 이렇게 물었다.

"지금도 활동할 사람을 찾아요? 어떤 사람이 필요한데요?" 이 질문에 그는 크게 기대하지 않는 말투로 한마디 툭 던졌다. "왜 김 과장 있잖아요. ○○회사 다니시는 분. 그런 분이면 우리한테는 딱이죠." 그러자 그 고객의 표정이 진지해지더니 메모지에 그 사람 전화번호를 적어주면서 말했다. "내가 전화번호 줬다고 하지 마세요. 혹시나 해서 적어주는 거예요. 그 사람 요새 회사 문제로 고민이 많은 것 같더라고요." 그렇게 소개받아서 3개월을 만난 끝에 그 사람을 리크루팅하게 되었다.

콕 찍어 소개를 부탁하라

어떻게 해야 소개를 잘 받을 수 있을까? 막연한 방법으로 소개 부탁을 하면 안 된다. 소개받을 대상자를 콕 찍어서 부탁하는 방법으로 풀어가야 한다. 이를 위해서는 상대방에 대한 정보 수집과 연구가 선행되어야 한다. 사전정보 없이 소개를 부탁하면 백발백중 실패한다. 누구를 소개해달라고 부탁할지 미리 점찍어놓고 이 작전을 사용해야 성공적으로 소개를 받아낼 수 있다.

리크루팅 One Point Lesson

족집게 소개 방법을 활용하라.
소개받을 사람을 구체적으로 콕 찍어 부탁하는 것이다.
그래야 상대방이 쉽게 소개해준다.

리크루팅의 80%는
리크루팅 대상자 카드에서 나온다

나를 키워준 80%는?

시인 서정주의 〈자화상〉이라는 시가 있다.

애비는 종이었다.
밤이 깊도록 오지 않았다.
파뿌리같이 늙은 할머니와 대추꽃이 서 있을 뿐이었다.
(중략)
스물세 해 동안 나를 키운 건 팔할이 바람이다.

"서정주 시인은 나를 키워준 8할이 바람이었다고 했습니다. 저를 키워준 8할은 고객카드였다고 생각합니다." 커피숍에서 한 매니저와 인터뷰하는데 그는 자신이 리크루팅에 성공한 것은 80%가 리크루팅 대상자 카드 덕분이었다고 했다.

그에게 자신만의 차별화된 리크루팅 방법이 있으면 알려달라고 했더니 주저하지 않고 '리크루팅 대상자 카드'라고 했다. 자신에게는 300매가 넘는 리크루팅 대상자 카드가 있다고 했다. 그는 신입 매니저 교육에서 선배와의 대화 시간에 성공사례 발표자로 활동하고 있는 강사이기도 하다.

"신임 매니저 교육에 가면 꼭 하는 말이 있어요. '매일 리크루팅 대상자 카드를 만들어라'는 말을 합니다. 오늘의 나를 키워준 것은 80%가 리크루팅 대상자 카드에 있었다고 말이죠." 그는 리크루팅 대상자 카드의 힘을 매일 체험하며 살고 있다고 하면서 후배 매니저들에게 이 말을 힘주어 강조한다고 했다.

회사 시스템을 활용하라

우리 생활을 180도 바꾸어놓은 혁명이 있다. IT혁명, 즉 인터넷 혁명이 그것이다. 지금은 인터넷이 없으면 못 사는 세상이다. 그러다 보니 각 회사의 리크루팅 관리 시스템이 인터넷으로 전환된 지 오래다. 리크루팅 자원을 관리하는 데 인터넷을 활용하는 것이다.

지금은 리크루팅 과정도 리크루팅 대상자를 인터넷으로 연결된 리크루팅 프로그램에 입력하여 관리한다. 그런데 이 방법에 한 가지 문제가 있다. 리크루팅 대상자를 인터넷 프로그램에 입력은 할 수 있는데 입력한 자료를 출력은 할 수 없게 되어 있다는 것이다. 개인 정보 보안 문제 때문이다.

■ **스마트와 아날로그의 융합**

스마트 방법	+	아날로그 방법
대상자 인터넷 관리		대상자 카드 관리

서울에서 활동하는 한 매니저를 만났다. 그의 책상에는 서류를 보관할 때 쓰는 파일 10여 권이 책꽂이에 가지런히 정리되어 있었다. 무엇이냐고 물었더니 리크루팅 대상자 카드를 정리해놓은 파일이라고 했다.

그는 회사 전산 시스템에 리크루팅 대상자를 입력하기 전에 리크루팅 대상자 카드 양식에 먼저 손으로 적어놓은 다음 전산에 입력한다고 했다. 전산에 입력하면 조회는 가능한데 출력은 할 수 없기 때문이다. 그럼 무슨 문제가 있느냐고 물었다.

"수시로 컴퓨터에 들어가 리크루팅 대상자를 봐야 하는데 현실적으로 그렇게 되지 않더라고요. 입력해놓고 방치되니 효율이 그만큼 떨어지죠." 회사 전산 시스템을 이용하는 데 문제점이 있다는 것이다. 대상자를 입력해서 관리하는 데는 동의하는데 입력 후 대상자 배양활동에 문제가 있어서 전산에 입력한 리크루팅 대상자들을 리크루팅 대상자 카드를 만들어 서류 파일에 보관해놓고 매일 한 번씩 보면서 관리한다고 했다.

"누군가 그러더라고요. 지금과 같은 스마트시대에 아직도 아날로그 방법을 사용하는 거냐고요." 그가 웃으면서 이렇게 말했다. 지금은 스마트폰 하나면 다 해결되는 시대인데 아직도 옛날의 아날로그 방법을 사용하느냐고 한다는 것이다. 그러나 그는 힘주어 말했다. "스마트폰 시스템에서 해결해주지 못하는 것이 이 아날로그 방법에 있어요."

리크루팅 방법을 융합하라

지금은 융합의 시대다. 문학과 과학을 결합하는 학문의 융합, 옛날 것과 새로운 것을 결합하는 시대의 융합, 아날로그의 불편함과 스마트의 편리함을 결합하는 융합 등을 우리 주변에서 자주 접한다.

리크루팅 활동도 융합으로 풀어가는 것이 좋다. 아날로그 방법과 스마트 방법을 융합하는 것이다. 인터넷에 리크루팅 대상자를 입력하는 것이 스마트 방법이라고 한다면 그 대상자를 서류 파일에 보관하여 활용하는 것이 아날로그 방법이다. 리크루팅 대상자를 전산에 입력하는 것으로 그치면 안 된다. 중요한 것은 입력한 대상자를 어떻게 활용하느냐 하는 것이다. 먼저 전산에 대상자를 입력하고 그 대상자를 따로 카드로 만들어 파일에 보관하라. 이것이 리크루팅 방법의 융합이다.

리크루팅 성공의 80%는 리크루팅 대상자 카드에서 나온다. 리크루팅 대상자 카드를 얼마나 많이 보유하고 있느냐에 따라 리크루팅 결과가 결정된다. 하지만 대부분 매니저는 리크루팅 대상자 카드에 문제가 많다. 리크루팅 대상자 카드도 없을 뿐만 아니라 카드 관리도 체계적으로 하지 못한다. 그러니까 리크루팅을 못하는 것이다.

리크루팅하기를 원한다면 리크루팅 대상자 카드 만드는 일부터 하라. 리크루팅 대상자를 찾아 체계적으로 배양하는 첫걸음이다.

리크루팅 One Point Lesson

리크루팅 대상자 카드를 만들어라.
리크루팅의 80%는 대상자 카드에서 나온다.
대상자 카드를 만들어 체계적으로 관리해야 한다.

1일 1장씩 대상자 카드 만들기 날마다 숙제하듯이 하라

참 잘했어요!

"초등학교 때 숙제 노트를 제출하면 선생님이 '참 잘했어요!'라는 도장을 찍어주었습니다. 어른이 된 지금은 제가 저 자신에게 매일 이 도장을 찍어준답니다." 한 매니저가 리크루팅 대상자 찾는 방법을 설명하면서 하는 말이 이랬다.

초등학생 때 선생님에게서 숙제 노트를 돌려받으면 제일 먼저 확인하는 것이 있었다. 오늘 숙제를 한 페이지에 선생님이 도장 찍어준 '참 잘했어요!'였다. 이 도장이 찍혀 있으면 '으응, 선생님이 내 숙제를 확인하셨구나' 하고 다음 날 숙제도 열심히 했다. 그러나 이 도장이 찍혀 있지 않으면 '선생님이 보지 않으시는구나' 하고 숙제를 하고 싶은 생각이 없었다. '참 잘했어요'라는 도장에는 이런 추억이 담겨 있다.

이 도장을 이제부터는 리크루팅 활동 도장으로 바꿔보면 어떨까?

날마다 자신에게 '참 잘했어요' 도장을 찍어주는 것이다. 따뜻한 말을 했을 때, 도움을 주는 행동을 했을 때, 일이 잘되었을 때, 새로운 아이디어를 찾았을 때 등 기회가 될 때마다 자신에게 '참 잘했어요'라는 도장을 찍어주는 것이다. 오늘도 '참 잘했어요!' 도장 꾹!

"저에게는 매일 해야 하는 숙제가 있어요."

그는 리크루팅 대상자 카드를 매일 1장씩 숙제하듯이 만들고 있다. 리크루팅 대상자 찾는 일을 잊지 않기 위해서다. 리크루팅 대상자 카드를 만들 때마다 새로 만든 카드에 '참 잘했어요!' 도장을 찍고 날짜를 기록한다. 어릴 때 선생님이 숙제 확인을 위해 찍어준 도장을 리크루팅 카드 만드는 것을 숙제로 하는 자신에게 날마다 찍어주는 것이다.

1년에 한 권씩 책을 쓸 수 있는 비밀

"너 대단하다. 남들은 평생 책 한 권 쓰기도 힘든데 너는 어떻게 1년에 책을 한 권씩 쓰냐?" 1년에 한 권씩 책 쓰기에 도전하다 보니 지금까지 열여덟 권을 썼고 요즘은 열아홉 번째 책을 쓰고 있다는 얘기를 들은 친구가 필자에게 엄지손가락을 치켜들면서 한 말이다.

내 책상에는 내가 가장 아끼는 보물이 하나 있다. 나에게 1년에 한 권씩 책을 쓰게 하는 원동력의 80%를 공급해주는 보물 1호는 바로 '아이디어 365 다이어리'라고 이름 붙인 노트다.

나는 날마다 아이디어 일기를 쓴다. '아이디어 365 다이어리'에 날마다 아이디어 하나씩을 찾아 적는 것이 내 숙제다. 아이디어를 하루에 하나씩만 찾으면 한 달이면 30개, 1년이면 360개가 된다. 매일 숙제하듯이 하나씩 아이디어를 찾았더니 1년에 한 권씩 책을 쓸 수 있게 되었다. 하루 하나는 아무것도 아니지만 이것이 모이고 모여 1년에 책 한 권을 쓸 수 있도록 기적을 만든 것이다.

이는 내가 리크루팅 활동을 할 때부터 몸에 익혔던 습관이다. 리크루팅 대상자를 하루 한 명씩만 찾자. 리크루팅 대상자 카드를 하루 1매씩만 만들자. 이렇게 매일 숙제하듯이 대상자 카드를 만든 것이 리크루팅을 성공으로 이끌었다.

■ **리크루팅 기적 만들기**

아이디어 찾기	=	리크루팅 카드 만들기
1일 1개		1일 1매

날마다 숙제하듯이 만들어라

앞서 소개한 매니저 이야기로 돌아가 보자. "군인의 무기는 무엇입니까? 총이잖아요. 총이 없으면 군인은 싸울 수 없습니다." 이 매니저가 리크루팅 대상자 카드를 군인의 총에 비유하면서 한 말이다.

리크루팅 무기는 무엇인가? 리크루팅 대상자 카드다. 리크루팅 대상자 카드가 없으면 군인이 전쟁에서 총 없이 싸우는 것과 같다. 군인에게는 총이 유사시 목숨을 지켜주는 소중한 무기다. 총이 없으면 이미 죽은 목숨이다. 그래서 총은 잃어버려서도 안 되고 소홀히 보관해서도 안 된다. 자기 목숨처럼 애지중지해야 한다.

마찬가지로 우리에게 리크루팅 카드는 리크루팅 전쟁에서 가장 소중한 무기다. 이 무기가 없다면 리크루팅 전투는 이미 볼장 다 본 것이나 다름없다. "군인이 자기 목숨처럼 총을 아끼듯이 우리는 리크루팅 카드를 목숨처럼 만들고 관리해야 합니다. 그런 의미에서 매일 숙제하듯이 리크루팅 카드를 한 매씩 만듭니다." 그가 결론적으로 한 말이다.

300매가 될 때까지 만들어라

필자가 한 강의장에서 강의에 참석한 매니저들에게 물었다. "여러분은 리크루팅 대상자 카드를 몇 매나 가지고 계십니까? 200매 이상이신 분?" 손을 드는 사람이 아무도 없었다. 그래서 인심 쓰듯이 반으로 팍 깎아주었다. "100매 이상이신 분?" 그래도 손을 드는 사람이 없었다. 그래서 또 반으로 팍 깎아주었다. "50매 이상이신 분?" 손을 드는 사람이 아무도 없었다.

"이게 바로 여러분이 리크루팅을 못하는 이유입니다." 이렇게 말하면서 그들에게 리크루팅 대상자 카드부터 300매 이상 확보해야 한다고 강조했다.

리크루팅 대상자도 없이 어떻게 리크루팅을 하겠다는 것인가? 리크루팅 대상자가 어느 날 갑자기 하늘에서 뚝 떨어지기만 바라는 것인가?

리크루팅을 하기 위한 첫 번째 과제는 리크루팅 대상자 카드를 만드는 일이다. 리크루팅 대상자 카드를 1일 1매씩 만들어라. 매일 숙제하듯이 만들어라. 300매가 될 때까지 만들어라.

리크루팅 / One Point Lesson

리크루팅 대상자 카드를 1일 1매씩 만들어라.
매일 숙제하듯이 만들어라.
카드를 만들 때마다 '참 잘했어요' 도장을 꼭 찍어줘라.

대상자 카드에 사진을 붙여라 리크루팅 속도가 달라진다

반드시 사진을 붙여라

"리크루팅 대상자 카드를 만들었으면 그다음 꼭 해야 할 일이 있습니다." 리크루팅 대상자 카드를 적극 활용하고 있는 한 매니저의 말이다. 리크루팅 카드를 만들었으면 꼭 사진을 붙이라는 것이다. 사진을 붙이는 것은 리크루팅 대상자 카드를 죽은 카드로 만드느냐, 살아 있는 카드로 만드느냐가 달린 문제라는 것이다. 리크루팅 대상자 카드에 사진을 붙이면 살아 있는 카드가 되고, 사진을 붙이지 않으면 죽은 카드가 된다는 것이 그의 주장이다.

왜 그럴까? 그의 설명을 좀더 들어보자. "리크루팅 대상자 카드는 왜 만들어요? 그 사람을 체계적으로 관리하려는 거잖아요." 이렇게 말하면서 리크루팅 대상자 카드에 사진을 붙여야 하는 이유를 설명했다.

몇 년 전이었다. 한 리크루팅 세미나에서 리크루팅 대상자를 체계적으로 관리하려면 리크루팅 대상자 카드를 만들어야 한다는 교육을 받았다. 공감이 갔다. 그래서 매일 1장씩 리크루팅 카드를 만들어 서류 파일에 보관했다. 그리고 교육받았던 대로 매일 그 카드를 퇴근하기 전에 한 번씩 보았다. 그런데 리크루팅 대상자 카드에 사진이 없으니 그 사람이 막연했다. 그 사람이 어떤 사람인지 머릿속에 그려지지 않았다. 죽은 카드가 된 것이다.

그래서 '이 카드를 어떻게 살아 있는 카드로 만들지?' 고민하다가 생각해낸 것이 사진을 붙이는 것이었다. "그런데 사진을 붙이자 리크루팅 카드가 살아났어요." 죽은 카드가 생명력을 가지게 되었다는 것이다. 리크루팅 대상자 카드에 사진을 붙였더니 리크루팅 대상자 카드를 볼 때마다 그 사람 얼굴이 마음속에 자리를 잡게 되었다. 사진이 있는 사람은 그 사람이 마음속에 들어와 살게 되었고, 사진이 없는 사람은 카드를 넘길 때 그냥 지나가게 되었다.

어떤 사진을 붙여야 할까?

"꼭 증명사진을 붙이려고 하지 마세요. 아무 사진이나 붙이세요. 괜찮아요." 그가 리크루팅 대상자 카드에 사진 붙이는 방법을 설명하면서 한 말이다. 우리에게는 고정관념이 있다. 리크루팅 대상자 카드에 사진을 붙이라고 하면 증명사진을 먼저 떠올린다. 바른 자세로 찍은 증명사진을 붙이려고 하는데 그럴 필요가 없다. 아무 사진이라도 붙이면 된다.

그럼 어떤 사진을 붙여야 할까? 그가 활용하는 방법을 보자.

첫째는 주민증 사진을 복사해서 붙이는 방법이다. 리크루팅 대상자의 주민증을 복사해서 사진을 붙인다. 사진을 쉽게 구하고자 할 때 사용하는 방법이다.

둘째는 여행 가서 찍은 스냅 사진을 붙이는 방법이다. 독사진일 필요는 없다. 두세 사람이 같이 찍은 단체사진도 괜찮다. 이 경우 리크루팅 대상자 얼굴에 '이 사람이다'라고 동그랗게 표시해두면 된다.

셋째는 카톡으로 사진을 받는 방법이다. 그가 가장 많이 사용하는 방법이다. 사원들과 협력해서 리크루팅 대상자의 사진을 붙이는 방법이다. 사원에게서 리크루팅 대상자 이름을 소개받았다면 그 사원은 이 사람과 어떤 관계가 있을 것이다. 그래서 사원에게 이 사람을 만나서 핸드폰으로 사진을 찍으라고 부탁한다. 그리고 그 사진을 카톡으로 매니저에게 보내게 한다. 매니저는 카톡으로 받은 사진을 프린트해서 리크루팅 대상자 카드에 붙이는 것이다.

넷째는 그림을 그리는 방법이다. 사진을 구할 수 없을 때 비상수단으로 활용하는 방법이다. 그런데 효과는 만점이다. 매니저가 추상화 화가로 변신한다. 리크루팅 대상자 이름을 소개해준 사원과 1 : 1 면담을 한다. 종이 한 장을 꺼내 사원이 리크루팅 대상자를 설명하면 매니저는 그 사람 얼굴을 그린다. 눈을 먼저 그리고 그다음에는 코를 그린다. 그런 다음 입술을 그린다. 얇은 입술? 도톰한 입술? 귀도 그리고 머리 모양도 그린다. 이렇게 그린 그림을 잘라 리크루팅 대상자 카드에 붙인다.

리크루팅 속도가 달라진다

"이렇게 해서 리크루팅 대상자 카드에 사진을 붙였더니 리크루팅 속도가 달라졌어요." 증명사진이든, 주민등록증 사진이든, 여행에서 찍은 사진이든, 아니면 카톡으로 받은 사진이든, 비상수단으로 그린 얼굴이든 사진을 붙이니 리크루팅 속도가 달라지더라는 것이다.

리크루팅 대상자의 사진이 있으면 카드를 볼 때마다 그 사람에 대한 관심이 달라진다. 자연스럽게 그 사람을 연구하게 된다. 그 결과 그 사람 라이프스타일에 맞춘 맞춤 컨설팅 방법으로 접근하게 된다. 사진이 있는 리크루팅 대상자는 짧은 기간 내에 리크루팅하게 되고, 사진이 없는 사람은 그 기간이 오래 걸리게 되더라는 것이 그의 경험담이다.

리크루팅 대상자 카드를 만들었으면 어떤 형태로든 사진을 붙이도록 하라. 이것이 리크루팅을 적극적으로 풀어가는 방법이다.

리크루팅 One Point Lesson

리크루팅 대상자 카드에 사진을 붙여라.
꼭 증명사진일 필요는 없다.
사진이 있느냐 없느냐에 따라 리크루팅 속도가 달라진다.

하루에 한 번씩
리크루팅 대상자 카드를 보라

시책은 무조건 따 먹어라

“시책이 왜 있는 줄 아십니까? 따 먹으라고 있는 거예요. 우리 팀은 시책이라는 시책은 무조건 따 먹습니다.” 한 매니저가 걸려 있는 시책은 놓치지 않고 따 먹는다면서 한 말이다. 그가 시책을 100% 따 먹는 비법이라고 소개해준 방법은 이렇다.

그는 팀원들 책상을 가리켰다. 사원들 책상에 접착식 메모지 ‘포스트잇’이 덕지덕지 붙어 있었다. 중점적으로 공략할 시책을 적어놓은 메모지였다. 지점에서 붙인 시상, 본부에서 붙인 시상, 회사에서 붙인 시상을 포스트잇으로 책상 앞에 붙여놓은 것이다.

이렇게 잘 보이는 곳에 공략할 시책을 붙여놓고 매일 눈으로 보면서 최면을 건다. 이런 방법으로 집중적으로 공략하면 시책 따 먹기가 쉽다. 시책은 따 먹으라고 있는 것이다. 못 따 먹으면 바보다. 한동안 ‘줘도 못 먹나?’라는 말이 유행한 적이 있다. ‘따 먹으라고 해도 못 따 먹나?' 그의 팀원들이 우스갯소리로 하는 말이다.

"시책을 무조건 따 먹으려고 하는 것은 두 가지 효과, 즉 영업도 잘되고 더불어 소득도 올라가는 두 가지 효과 때문입니다." 그는 이렇게 말하면서 영업을 잘하려면 주어진 여건을 최대한 활용할 줄 알아야 한다고 했다.

손길 닿는 곳에, 눈길 닿는 곳에

"영업을 잘하느냐 못하느냐? 리크루팅을 잘하느냐 못하느냐? 이것은 전적으로 우리 마음속에 있다고 생각합니다." 그가 리크루팅을 잘하려면 자기 자신에게 최면을 걸어야 한다면서 한 말이다.

"Out of sight, Out of mind라는 말이 있죠? 눈에서 멀어지면 마음도 멀어진다'는 뜻입니다." 시책을 100% 따 먹기 위해 눈길이 닿는 곳에 포스트잇을 붙여놓고 마음에 최면을 건 것처럼 리크루팅을 잘하는 방법으로 눈길이 닿는 곳에 메모지를 붙이는 것을 추천했다. 이를 위해 그가 활용하는 방법은 이렇다.

매주 월요일 아침 한 주간 공략할 대상자 이름을 종이에 리스트업한다. 그리고 이 종이를 가장 잘 보이는 곳, 눈길이 닿는 책상 중앙에 붙여놓는다. 한 주간 책상에 앉을 때마다 이 종이를 보면서 리크루팅을 잊지 않는 최면을 건다. 종이를 볼 때마다 생각나는 것들을 이름이 적힌 종이 위에 메모하고 또 메모한다. 메모할 공간이 부족하면 포스트잇에 메모해서 이름 옆에 붙여놓는다. 금요일 정도 되면 월요일에 리스트업해서 붙여놓은 종이에는 각종 메모가 가득하고, 또 그 종이 주변에는 포스트잇이 덕지덕지 붙어 있게 된다.

그는 시책을 따 먹느냐 못 따 먹느냐는 것은 전적으로 그 사람에게 달려 있다고 강조했다. 다시 말하면 시책을 따 먹는 것도 못 따 먹는 것도 전적으로 그 사람 마음속에 있다는 것이다. 공략할 시책을 적어놓고 매일 눈으로 보면 그 시책을 잊지 않게 되고 그래서 결국 따 먹게 된다. 시책을 따 먹느냐 못 따 먹느냐 하는 것은 시책을 잊어버리느냐 기억하느냐에 달려 있다.

"리크루팅도 마찬가지입니다. 대상자를 찾느냐 못 찾느냐는 것은 전적으로 그 사람 마음속에 있습니다. 리크루팅 대상자를 우리 식구로 만드느냐 못 만드느냐는 것도 그 사람 마음속에 있습니다." 그가 강조하고 또 강조하면서 한 말이다.

하루 5분의 기적을 체험해보라

"여러분은 리크루팅을 위해 하루에 몇 분이나 투자하세요?" 신임 매니저 교육에 가면 강의 마지막 부분에 그가 후배 매니저들에게 꼭 하는 질문이다. "이렇게 질문하면 아무도 대답을 못하더라고요." 그러면 후배들에게 이렇게 말한다.

"매일 아침 5분만 투자해보세요. 리크루팅을 위한 기본 투자 시간입니다. 그러면 기적이 일어나요." 매일 아침 5분만 투자해보라. 리크루팅 대상자 카드를 보는 시간이다. 리크루팅 대상자 카드를 보면서 그 사람을 연구하는 시간이다. 그 사람에게 접근하는 방법을 찾는 시간이다.

손길이 닿는 곳에 눈길이 닿는 곳에 리크루팅 카드가 담긴 파일을 놓아둬라. 그리고 수시로 이 카드를 들춰보라. 리크루팅을 잘하는 비결은 매일 5분을 투자해서 리크루팅 대상자 카드를 한 번씩 들춰보는 것이다. 그는 책상 오른쪽 모서리에 리크루팅 대상자 카드 철을 놓아두고 아침 교육이 끝난 다음에, 오후에 시간이 날 때마다, 저녁에 퇴근하기 전에 한 번씩 들춰본다. 특별히 신경 써서 보는 것도 아니다. 그저 습관적으로 날마다 한 번씩 본 것이 그가 리크루팅을 잘하게 된 비결이다.

리크루팅 One Point Lesson

리크루팅 대상자 카드를 하루에 한 번씩 보라.
하루 5분만 투자해서 리크루팅 대상자 카드를 보라.
리크루팅에 기적이 일어난다.

매일 리스트업하라
하루 일과는 리스트업으로 시작한다

아는 것이 힘이다?

"아는 것이 힘이다." 영국의 철학자 베이컨이 한 말이다. 그러나 이 말은 틀렸다. 옛날에는 이 말이 맞았을지도 모른다. 그러나 시대가 변하고 환경이 변한 지금 이 말은 틀렸다. 이 말이 맞으려면 한 글자가 더해져야 한다. '아는 것을 행해야 힘이다'라고 말이다. 행동이 없는 지식은 죽은 지식이기 때문이다.

"적자생존(適者生存)이라는 말이 있습니다. 환경에 적응하는 사람만이 살아남을 수 있다는 말인데요. 이 말이 우리에게는 이렇게 바뀌었어요. 적는 사람만이 살아남을 수 있다." 교육장에서 한 매니저가 사례발표를 하면서 한 말이다.

100% 공감하는 말이다. 리크루팅을 잘하려면 적어야 한다. 매일 리크루팅 대상자를 리스트업해야 한다는 말이다. 리크루팅 대상자를 배양하는데 막연한 방법으로 접근하는 것이 아니라 구체적인 방

법으로 접근하는 것이다.

리스트업하면 문제가 풀린다

매니저가 된 지 2년 만에 대형 조직을 만든 한 매니저를 점심시간에 만났다. 그 매니저가 지금 상황을 이야기하기에 앞서 처음 활동을 시작했을 때 이야기부터 꺼냈다. 활동을 처음 시작할 때라 하루하루가 막막하고 불안했다. 찾아갈 사람이 없었기 때문이다. 그러다 보니 아침저녁으로 생각이 몹시 혼란스러웠다. 아침에는 '할까?' 저녁에는 '말까?' 하는 생각으로 심한 갈등을 겪었다. 이른바 '까말까병'에 걸린 것이다.

그때 옆에서 자기를 지켜보던 선배가 다음과 같은 방법을 가르쳐주었는데 오늘의 그를 만든 비결이었다고 한다. "답답할 때마다 종이를 한 장 꺼내라. 그 종이 한가운데 선을 하나 그어라. 그리고 선을 그은 왼쪽에는 내 주변에 있는 사람 5명, 오른쪽에는 나에게 협조적인 사람 5명을 적어라. 이렇게 한 달만 하면 모든 게 다 잘 풀린다."

이 말을 듣고 그는 '그래, 선배의 말이 정말인지 아닌지는 몰라도 밑져봐야 본전 아닌가?'라는 생각으로 한 달만 해보기로 했다. 매일 아침 출근하면 종이 한 장을 꺼내놓고 가운데 선을 그은 뒤 5명씩 적기 시작했다. 그렇게 한 1주일 정도 지났을 때 이런 생각이 들었다. '이거 이렇게 아무나 적어서는 안 되겠네.'

아무나 마구잡이로 적으면 안 된다는 생각을 하게 된 것이다. 무엇인가 나만의 효과적인 방법을 찾아야 한다는 생각을 하게 된 것이다. 그래서 그날부터 고객카드를 만들기 시작했다. 고객을 찾는 작업을 본격적으로 하기 위해서였다. 아니 매일 아침 리스트업 대상자를 찾기 위해서였다. 막연한 상태에서 아무 이름이나 적는 것이 아니라 좀더 구체적인 사람의 이름을 리스트업하기 위해 필요한 것이 고객카드였기 때문이다.

■ **리크루팅 활동의 본격적인 출발점**

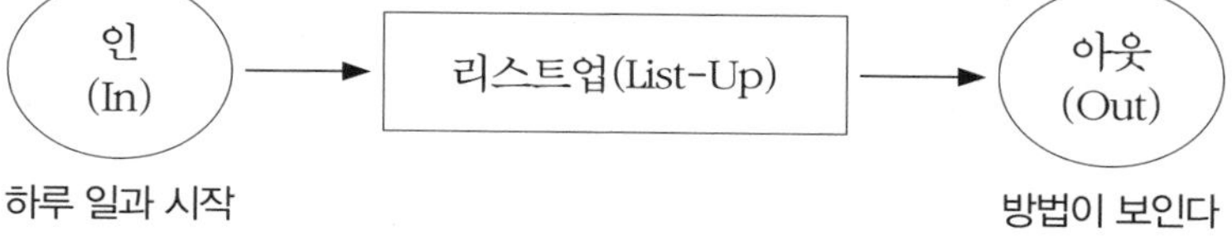

"리크루팅 활동의 본격적인 출발점은 리스트업을 하는 겁니다." 그가 결론적으로 한 말이다. 정말 리크루팅을 하고자 한다면 매일 아침 출근하자마자 리크루팅 대상자 카드를 넘기며 종이에 리크루팅 대상자를 적는 일부터 시작해야 한다면서.

리스트업 달인이 돼라

또 다른 방법으로 매일 리크루팅 대상자를 리스트업하는 매니저를 만났다. 그는 리크루팅 대상자 리스트업을 세 가지 방법으로 하는데, 그중 두 가지를 다음과 같이 소개했다.

■ 리스트업 방법 3가지

메모지	양식	컴퓨터
포스트잇	리스트업 양식	대상자 폴더

먼저 접착식 메모지를 활용하는 방법이다. 그의 책상 주변은 포스트잇으로 덕지덕지 도배되어 있다. 리크루팅 대상자를 적은 메모지들이다. 포스트잇에 리크루팅 접촉 대상자를 적어 눈길이 가장 먼저 닿는 책상에 붙여놓은 것이다. 그의 습관 중 하나가 무엇인가 생각날 때마다 포스트잇에 적어 눈에 잘 보이는 곳에 붙여놓는 것이다.

두 번째, 리크루팅 접촉 대상자를 적는 양식을 활용하는 방법이다. 인터뷰 중에 그가 파일에서 양식을 한 장 꺼내 보여주었다. 그가 즐겨 쓰는 리크루팅 양식으로 30명을 적을 수 있었다. 그는 이 양식을 한 달에 20장씩 복사해놓고 매일 한 장을 꺼내 30명씩 리스트업한다. 어제 적었던 사람도 적고, 그제 적었던 사람도 적는다.

컴퓨터로 뽑으면 쉽고 편리할 텐데 왜 매일 불편하게 손으로 적느냐고 물었다. 그러자 그가 "손으로 이름을 적으면 그 사람이 내 마음속에 들어와요"라고 했다. 무슨 말이냐고 물으니 매일 이름을 적으면 그 사람에게 관심을 갖게 되고 또 자연히 그 사람 생각을 많이 하게 된다고 했다. 그 결과 그 사람에 대한 정보를 집중적으로 파악하게 되고 그 사람과 만났을 때 대화 내용이 달라진다.

그는 쉬운 방법보다 힘든 방법을 선택했다. 컴퓨터에 대상자를 입력해놓고 그것을 프린트하는 방법은 쉬운 방법이다. 편한 방법이다.

반면에 매일 양식에 손으로 리스트업하는 방법은 힘든 방법이다. 시간과 노력과 수고가 필요한 방법이다. 그러나 그는 이렇게 말했다.

"입에 쓴 약이 몸에 좋다고 하잖아요. 손으로 매일 이름을 적는 것은 정말 귀찮은 일이죠. 그러나 편한 방법에는 대박이 없어요. 저의 리크루팅 첫 출발은 리스트업에 있습니다."

리스트업하면 리크루팅이 풀린다

핸드폰 카메라를 열어 QR코드에 대면 동영상 강의를 볼 수 있다.

리크루팅 One Point Lesson

리크루팅 대상자를 리스트업하라.
매일 아침 10명씩 적어라.
리스트업하면 리크루팅이 풀린다.

리크루팅 카드 분류
금요일은 리크루팅 카드를 재분류하는 날이다

리크루팅을 즐겨라

1 : 1.6 : 1.6^2의 법칙을 아는가? 일을 시켜서 하는 경우 능률이 1이라고 한다면, 일을 좋아서 하는 사람은 시켜서 하는 사람보다 1.6배를, 일을 즐기면서 하는 사람은 1.6^2, 즉 시켜서 하는 사람보다 2.56배를 더 해낸다는 것이다.

다시 말하면 수동적인 사람은 잘해야 100%의 성과밖에 못 만들지만, 적극적인 사람은 160%의 성과를 만들어내고, 적극적이고 자발적인 사람 즉 자기 일을 즐기는 사람은 256%의 성과를 만들어낸다는 것이다. 매니저에는 세 종류가 있다.

첫째는 지지자(知之者)이다. 리크루팅을 머리로 하는 사람이다. 리크루팅 방법은 다 알고 있지만 결과가 신통치 않다. 수동적이고 소극적이기 때문인데 대부분 매니저가 여기에 속한다.

둘째는 호지자(好之者)이다. 리크루팅을 좋아하는 사람이다. 긍정적이고 적극적으로 임하는 사람이다. 수동적인 사람보다 리크루팅 결과가 좋지만 대형조직은 만들지 못한다는 한계가 있다.

셋째는 낙지자(樂之者)이다. 리크루팅을 능동적으로 하는 사람이다. 리크루팅을 즐기는 사람이다. 대형조직을 만든 프로 매니저들이 여기에 속한다.

리크루팅 카드를 3등급으로 구분하라

리크루팅 카드를 활용해 대형조직을 만든 한 매니저를 만났다. “피할 수 없으면 즐기라고 하잖아요. 리크루팅을 어차피 해야 한다면 즐기자고 생각했어요.” 매주 금요일 리크루팅 대상자 카드를 재분류하는 이유를 설명하면서 그가 한 말이다. 그가 보여준 리크루팅 카드에는 손때가 시커멓게 묻어 있었다.

“리크루팅은 이 카드가 제 손때로 해질 때 비로소 성공하는 것 같아요.” 매일 리크루팅 카드를 넘기고 넘겼더니 리크루팅 카드가 시커멓게 되었다. 그때야 비로소 리크루팅이 되더라는 것이다. 오랜 기간 숙성되어야 리크루팅된다는 것이 그의 경험담이다.

■ **리크루팅 대상자 배양활동 3단계**

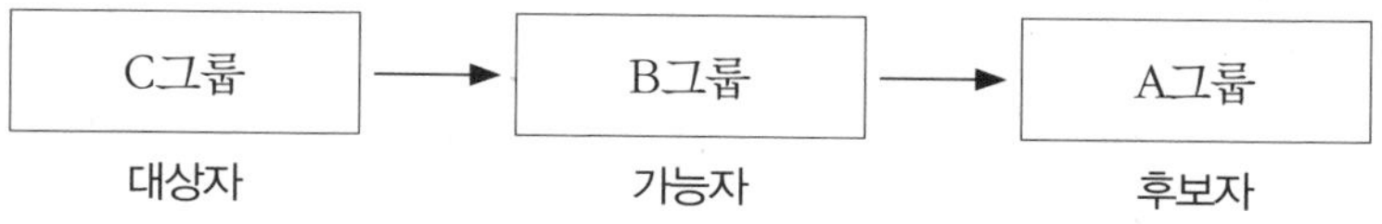

그가 활용하는 리크루팅 카드는 3등급으로 구분되어 있다. 리크루팅 파일에는 A, B, C라는 스티커가 붙어 있다. 리크루팅 대상자 카드를 그룹별로 구분해놓은 것이다. A그룹은 면담이나 상담이 가능한 리크루팅 후보자, B그룹은 가능성이 보이는 리크루팅 가능자, C그룹은 이도저도 아닌 리크루팅 대상자다.

금요일은 리크루팅 카드 재분류의 날

그가 이렇게 ABC 등급으로 구분한 리크루팅 카드를 한 주간 활용하는 과정을 따라가 보자.

첫째는 월요일 아침에 리크루팅 대상자를 리스트업한다. 월요일 아침에는 한 주간 집중적으로 터치해야 할 리크루팅 대상자를 리스트업한다. 한 주간을 시작하면서 제일 먼저 하는 일이다. 리크루팅 파일을 꺼내 대상자 카드를 한 장씩 넘기면서 집중 공략 대상자를 리스트업하는 것이다. 종이 한 장에는 한 주간 상담할 사람 이름을 적고, 다른 종이 한 장에는 친분관계를 쌓아야 할 사람들 이름을 적는다. 이 사람들을 중심으로 한 주간 리크루팅 활동을 한다.

둘째는 매일 리스트업한 사람을 네 가지 방법으로 집중 터치한다. 리스트에 있는 사람들에게 아침마다 안부 전화를 한다. 또 문자 메시로 좋은 이미지를 줄 수 있는 해피콜을 한다. 오후에는 한 명씩 찾아가 친분관계를 만들어간다. 그리고 퇴근하기 전에는 그날 만났던 사람들의 정보를 리크루팅 카드에 기록한다. 이것이 그가 매일 실행하는 계획(Plan), 실행(Do), 검토(See)다.

셋째는 매주 금요일 퇴근하기 전 리크루팅 대상자 카드를 재분류한다. 그의 리크루팅 활동 중 가장 특징적인 부분으로 매주 금요일 한 주간 활동을 정리하는 것이다. 한 주간 활동을 점검하면서 리크루팅 카드를 다시 분류한다. 즉 A그룹에 있던 사람 중 리크루팅 가능성이 없어진 사람을 C그룹 파일로 옮긴다. A그룹에서 C그룹으로 떨어진 것이다. 그리고 B그룹에 있던 사람 중 상담이나 면담이 가능한 사람은 A그룹으로 옮긴다. 다음 주 활동을 위해서다. C그룹에 있던 사람 중 상담이 가능한 사람은 A그룹으로 옮긴다. C그룹에서 곧바로 A그룹으로 발전하게 된 것이다. 이것이 그가 실행하는 주간 활동, 즉 계획, 실행, 검토다.

우량자원을 리크루팅하려면 오늘 당장을 보면 안 된다. 적어도 3개월 앞을 보고 숙성, 즉 배양활동을 해나가야 한다. 그러기 위해 리크루팅 자원을 진도에 따라 A그룹, B그룹, C그룹으로 나누어 관리한다. 또 매주 금요일에는 한 주간 활동 결과에 따라 리크루팅 대상자 카드를 재분류한다.

리크루팅 One Point Lesson

리크루팅 카드를 등급별로 구분 관리하라.
매주 금요일에는 리크루팅 카드를 재분류하라.
한 주간 활동에 따라 대상자 등급을 재정립하는 것이다.

3장

리크루팅 배양활동

친분 쌓기편

리크루팅 배양활동
배양활동 없는 리크루팅은 가짜다

장사 하루 이틀 할 것도 아닌데

"하루가 행복하려면 이발을 하고, 일주일이 행복하려면 결혼을 하라. 한 달이 행복하려면 차를 사고, 일 년이 행복하려면 집을 사라. 그러나 평생이 행복하려면 정직하라." 영국 속담이다. 이를 리크루팅에 적용해보면 어떨까? 한 번 리크루팅하려면 마구잡이로 하고, 두 번 리크루팅하려면 연고자를 찾아라. 그러나 매월 리크루팅을 하려면 배양활동을 하라.

"장사 하루 이틀 할 것도 아닌데 아무거나 쓸 수 있나요?" 한때 유행했던 식용유 광고 카피다. 하루 이틀 장사하고 말 것이라면 아무 식용유를 써도 상관없지만 평생 하려면 고집스럽게 한 식용유만 사용하라는 것이다.

리크루팅을 한 번 하고 말 것이라면 아무렇게나 접근해도 상관없다. 지금처럼 마구잡이로 접근하거나 연고자를 찾아도 상관없다. 그러나 리크루팅을 매월 꾸준히 해야 한다면 지금처럼 접근하면 안 되고 좀더 체계적인 활동이 필요하다.

매월 진행되는 리크루팅을 어떻게?

우리가 반드시 해결해야 하는 과제가 있다. 매월 정해진 날짜에 시작되는 신인 교육에 신인을 한 명이라도 더 참석시켜야 한다는 것이다. 그런데 매월 진행되는 리크루팅 기본 패턴을 가만히 들여다보라. 무엇이 보이는가? 신인 교육이 매월 정기적으로 돌아온다는 것이다. 한 번으로 끝나는 것이 아니다. 즉 이번 달 15일에 신인 교육이 시작되었다면 다음 달 15일에 다시 신인 교육이 시작된다. 이렇게 매월 정기적으로 돌아오는 신인 교육에 어떻게 매월 신인을 참석하게 할 것인가?

그러기 위해서는 리크루팅 자원을 체계적으로 관리해야 한다. 1차적으로 대상자 카드를 만들어 리크루팅 자원 풀을 만들고 나서 친숙과정을 통해 일정 기간 숙성시켜야 한다. 이것을 배양활동이라고 한다.

이 숙성기간, 즉 배양기간이 짧은 사람은 3개월, 긴 사람은 1년, 아주 긴 사람은 5~10년이 필요하기도 하다. 그래도 인내하면서 배양해야 한다. 포기하면 안 된다. 숙성기간이 길수록 명품이 될 가능성이 크듯이 숙성기간이 긴 사람일수록 대형사원이 될 가능성이 크기 때문이다.

■ **리크루팅의 기본 패턴**

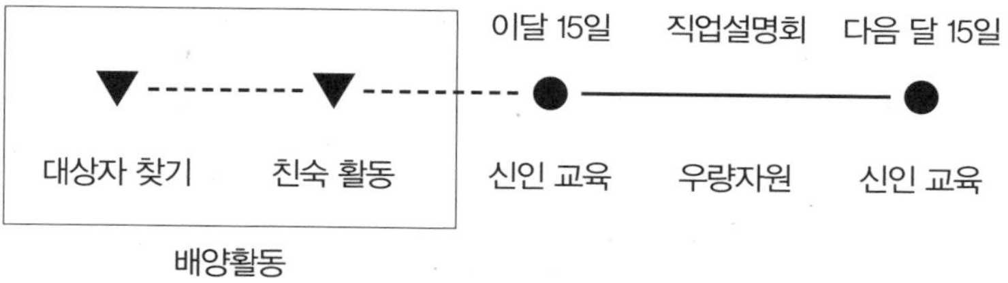

와인을 보라. 와인은 원액을 어떻게 숙성하느냐에 따라 일반와인과 명품와인으로 구분된다. 명품와인은 숙성고에서 적어도 5년을 기다려야 한다.

대박 식당들을 보라. TV에 소개된 한 대박 냉면집의 비법은 냉면육수를 냉장고에 3일간 숙성시키는 데 있었다. 육수를 만들어 냉장고에 3일간 넣어두고 숙성시켰더니 시원하고 깔끔한 맛이 나는 육수가 되어 냉면을 먹는 사람들로 하여금 엄지손가락을 치켜들게 하였다.

한 허브 삼겹살집은 삼겹살을 허브와 함께 잰 후 냉장고에서 하루 숙성시켰다가 다음 날 손님들에게 내놓는다. 손님들이 줄을 서서 기다리는 대박 식당이 되었다.

배양활동이 없는 리크루팅은 가짜다

한 매니저가 팀원 한 명을 소개했다. 입사한 지 1년이 조금 지났는데 영업활동이 탁월한 대형사원이었다. 그를 리크루팅한 스토리는 이렇다.

2년 전 일이다. 주변 사람에게서 그녀에 대한 정보를 처음 소개받았다. 남편이 중소기업 사장이었다. 소개받자마자 그날 저녁 무작정 그녀를 찾아갔지만 보기 좋게 거절당했다. 그녀가 펄쩍펄쩍 뛰면서 영업은 못한다고 한 것이다. 힘들게 활동하지 않아도 먹고사는 데 지장이 없다고 했다.

그러던 그녀를 6개월 동안 쫓아다녔다. 1주일에 한 번씩 정기적으로 찾아갔다. 만나면 별 이야기도 하지 않았다. 그냥 눈도장만 찍고 왔다. 그렇게 3개월을 찾아갔더니 완강했던 그녀 마음이 조금씩 열리기 시작했다. 6개월이 되었을 때 그녀가 활동하겠다고 했다.

■ **배양활동 기본원칙 : 오늘을 보지 말고 내일을 보라**

오늘	내일
친숙 활동 과정 관리 사람 관리	리크루팅 성공 신인 교육 참석 대형조직

배양활동의 기본원칙을 잊지 마라. '오늘을 보지 말고 내일을 보라'는 것이 리크루팅 배양활동의 기본원칙이다. 내일의 리크루팅 성공을 위해서 오늘은 친숙 활동에 주력해야 한다. 사람 관리, 과정 관리에 집중해야 한다. 오늘 어떻게 배양활동을 하느냐에 따라 내일 그 사람이 우리 식구가 되느냐 안 되느냐가 결정된다.

리크루팅의 궁극적 목적은 우량자원을 도입하는 것이다. 아무나 무조건 도입하는 것이 아니라 긍정적이고 적극적이고 도전적인 사람을 찾는 것이 리크루팅 방향이다. 여기서 우량자원은 어느 날 갑자기 하늘에서 뚝 떨어지지 않는다는 것을 잊지 말아야 한다.

배양활동이 없는 리크루팅은 가짜다. 좋은 자원이 들어오지 않기 때문이다. 우량자원일수록 오랜 숙성기간이 필요하다는 사실을 잊지 말자.

리크루팅 One Point Lesson

어떻게 우량자원을 리크루팅할 것인가?
배양활동이 정답이다.
배양활동이 없는 리크루팅은 모두 가짜다.

배양활동의 기본원칙
밀물과 썰물 상황을 구분하라

쌀 미(米)라는 글자의 의미

쌀 미(米)자가 있다. 이 한자의 의미를 아는가? 열 십(十)자를 빼면 팔팔(八八)자만 남는다. 못자리 만들고 물 대고 씨 뿌리고 모내기하고 피 뽑아주는 등의 과정을 거쳐 가을에 수확할 때까지 농부의 손길이 여든여덟 번 가야 한다는 것이다. 그래서 벼는 농부의 발소리를 듣고 자란다고 한다. 벼는 농부의 관심과 정성을 먹고 자란다.

리크루팅도 마찬가지다. 리크루팅은 만나는 횟수에 따라 결정된다. 리크루팅 대상자는 매니저 발소리를 듣고 자란다. 만나는 횟수에 따라 친숙도가 달라지기 때문이다. 그러나 무의미하게 만나서는 안 되지만 목적을 가지고 만나면 실패한다는 사실도 잊으면 안 된다. 목적을 가지고 만나기에 앞서 인간관계, 신뢰도 형성에 더 주력해야 한다.

피크엔드 법칙이 있다

피크엔드 법칙을 아는가? 우리가 어떤 사건이나 경험을 평가할 때 가장 높이 올라가 있는 정점의 순간(Peak)과 가장 낮게 내려가 있는 마지막 순간(end)의 합으로 그것을 기억한다는 것이 피크앤드 법칙이다. 다시 말하면 사람과 관계는 어느 한 시점으로 이루어지는 것이 아니라 함께하는 전체의 합으로 이루어진다는 것이다.

높이 솟아 있는 웅장한 산봉우리를 보라. 멀리서 보면 하나의 봉우리처럼 보이지만 산속으로 들어가서 자세히 보면 큰 줄기의 산맥이 있고 작은 봉우리들이 모여 하나의 산봉우리를 이루고 있음을 알게 된다. 이것이 피크엔드 법칙이다.

리크루팅 결과는 겉으로는 신입사원 한 사람으로 나타나지만 그가 올 때까지는 끊임없이 만나고 또 만나는 과정을 요구한다. 처음 만나 얼굴을 익히고, 수시로 만나 눈도장을 찍고, 이 과정에서 서로 마음이 통하게 되어 새로운 출발을 결심하게 되는 전반적인 과정이 리크루팅에서 피크엔드 법칙이다.

"처음부터 오겠다는 사람은 아무도 없어요. 누구나 처음에는 못한다고 해요. 여기 있는 이 사람도 그랬어요." 한 매니저가 자기 팀원 중 한 사람을 소개하면서 그를 리크루팅하게 된 과정을 설명했다.

입사 2년 차로 활동을 잘하고 있는 그 사람은 해외로 물품을 수출하는 회사에서 근무했다. 주변 사람에게서 소개받아 처음 그를 찾아갔을 때 그는 완강하게 거절했다. 그러던 그를 거절을 당하고 당하면서도 한 달에 두 번씩 2년 동안 찾아갔다. 그를 찾아가서는 특별하게 한 말도 없다. 그저 근처에 사람 만나러 왔다가 얼굴 한번 보려고 왔다고 했다. 이른바 눈도장 찍으러 왔다고 했다. 이렇게 그를 한 달에 두 번씩 좇아다니면서 눈도장을 찍은 지 2년 정도 되었을까. 어느 날 그가 전화를 걸어와 만나자고 했다.

그는 회사 이야기를 꺼냈다. 불경기로 회사 상황이 어려워져 구조조정이 불가피하게 되었다는 것이다. 그러면서 2년여 동안 계속 만나다 보니 마음 한편에서 '이참에 옮겨봐' 하는 소리가 들린다고 했다. 그는 그렇게 해서 새로운 출발을 하게 되었다.

밀물과 썰물의 상황을 구분하라

"사람에게는 밀물과 썰물의 상황이 있어요." 그 매니저가 눈도장을 찍는 친숙 활동의 중요성을 설명하면서 한 말이다. 바닷물이 육지 쪽으로 들어오는 것을 밀물이라 한다. 반대로 바다 쪽으로 빠지는 것을 썰물이라 한다.

사람에게 밀물 시기는 하는 일이 잘 돌아갈 때다. 사업이나 직장에서 일이 잘 풀릴 때는 갈등하는 사람이 없다. 직장을 옮기거나 업종을 바꾸려는 사람이 없다. 그러나 언제나 좋은 일만 있는 것은 아니지 않은가? 하는 일에 문제가 생기고 어려움을 겪는 경우가 썰물 시기다. 이때에는 깊이 고민하게 된다. 자기가 하는 일에 회의를 느끼기도 한다. 새로운 돌파구를 찾아야 한다는 절실함을 느끼게 된다.

■ **리크루팅 대상자의 상황 변화**

밀물 시기	썰물 시기
눈도장 찍기에 주력	컨설팅하는 일에 주력

리크루팅 대상자 상황이 언제 어떻게 변할지 모른다. 언제 결정적인 기회가 만들어질지 모른다는 말이다. "밀물 시기에는 자주 찾아가서 눈도장 찍는 일을 잘해야 해요. 그래야 썰물 시기에 결정적인 기회가 만들어져요."

그는 때를 만들 줄 알아야 한다고 했다. 리크루팅 대상자가 잘나갈 때 부지런히 찾아다니면서 열심히 눈도장을 찍으라고 강조한다. 그 사람에게 하는 일이 삐거덕 문제가 생기면 평상시 친분관계에 따라 그 사람이 우리 쪽으로 오느냐 아니면 다른 쪽으로 가느냐가 결정된다.

리크루팅 One Point Lesson

배양활동은 친분 쌓기다.
대상자가 잘나갈 때 적극적으로 찾아다녀라.
언젠가는 결정적 기회가 만들어진다.

배양은 콩나물에 물 주기
정기적으로 접촉하라

콩나물 물 주기를 아는가?

“혹시 콩나물 길러본 적 있으세요? 지금은 대부분 사람들이 콩나물을 사서 먹지만 제가 어릴 때는 집집마다 콩나물을 길러 먹었습니다. 어찌 보면 리크루팅 활동은 콩나물 물 주기와 똑같습니다.” 한 매니저를 만났더니 리크루팅 배양활동을 이야기하면서 ‘콩나물 물 주기론’을 꺼냈다.

전통적인 콩나물 기르는 장면을 생각해보라. 먼저 콩나물시루 바닥에 짚을 깐다. 그 위에 콩나물 콩을 골고루 펼쳐놓는다. 그리고 아침·점심·저녁에 정기적으로 물을 준다. 물을 주면 콩나물시루 바닥에 뚫려 있는 구멍을 통해 물은 밑으로 다 빠져나간다. 퍼부으면 퍼붓는 대로 물은 모두 아래로 빠져나가 버린다. 그런데 콩나물은 어느새 쑥쑥 자라지 않는가. 물은 모두 밑으로 흘러내린 줄 알았는데 콩나물은 보이지 않는 사이에 무성하게 자라는 것이다.

"리크루팅 활동은 콩나물에 물 주기처럼 해야 합니다. 아니, 사람 관리는 콩나물 물 주기처럼 해야 하죠. 콩나물에 물을 주면 물은 다 빠지고 없지만 콩나물은 어느새 쑥쑥 자라는 것처럼 사람을 만나면 처음에는 거절하기도 하고 이런저런 이유를 대면서 안 된다고 하는 등 아무 결실이 없는 것처럼 보이지만 정기적으로 만나면 콩나물처럼 인간관계가 어느새 쑥쑥 자라는 것을 보게 됩니다."

정기적으로 접촉하라

"중요한 것은 콩나물은 정기적으로 물을 주어야 한다는 것입니다. 콩나물은 정해진 시간에 물을 주어야 하죠. 만약 콩나물에 물 주는 것을 깜빡 잊었다고 해보세요. 그러면 콩나물은 잔뿌리가 생깁니다. 스스로 살기 위해 물을 찾아 잔가지를 뻗는 것입니다. 이런 콩나물은 상품성이 없어집니다."

그는 양질의 신인을 도입하기 위해서는 정기적인 관리가 필수라고 강조한다. 콩나물에 물 주는 것처럼 정기적으로 접촉해야 하는데 정기적인 접촉이 이루어지지 않으면 그 사람이 콩나물처럼 스스로 살기 위해 다른 곳을 기웃거리게 된다는 것이다.

"한 번은 이런 적이 있었어요"라면서 그가 실패했던 경험을 들려주었다. 직장에서 근무하는 한 사람을 소개받았다. 그 사람을 만나보니 '참 욕심나는 사람이다' 하는 생각이 들었다. 그러나 그는 직장에서 잘 근무하고 있고 또 우리 쪽 일은 생각이 없다고 하는지라 그날 이후 연락하지 않고 1년이 지났다. 그런데 어느 날 연락했더니 그는 이미 경쟁회사에서 근무하고 있었다. 콩나물에 정기적으로 물을 주어야 하는데 물을 주지 않았더니 콩나물이 스스로 살기 위해 물을 찾아 잔뿌리를 친 것처럼 이 사람이 관리하지 않는 사이 여기저기 일자리를 찾다 경쟁회사로 가버린 것이다.

배양은 콩나물에 물 주기다

"도전은 콩나물에 물 주기라는 말이 있죠? 도전하다 실패하면 실패한 것 같지만 이는 실패가 아니라고 합니다. 실패를 통해 또 다른 성공의 씨앗을 키우게 되기 때문이죠. 만남은 '콩나물에 물 주기'라고 생각해요. 한 번 만났는데 아무 소득이 없을 수도 있어요. 하지만 그것은 실패가 아니라는 것이죠." 지난번 실패를 교훈 삼아 지금은 리크루팅 대상자 한 사람을 소개받으면 성과가 있든 없든 정기적으로 관리한다.

그러면서 그가 또 한 가지 사례를 얘기했다. 그의 팀원 중 입사 6개월 된 신입사원이 있다. 이 사원은 지금 활동을 잘하는 고능률 사원이 되었다. 이 사람을 도입하기 위해 그는 8개월간 공을 들였다. 처음 소개받아 만났더니 펄쩍 뛰었다. 누구한테서 자기 정보를 얻었냐면서 불쾌하다는 반응까지 보였다.

그랬던 그가 지금 자기 팀원으로 활동하게 된 동기는 그를 정기적으로 만났기 때문이다. 한 번 만나고 두 번 만나고 했더니 마음의 빗장이 조금씩 풀렸고 결정적인 기회가 찾아왔다. 그 사람을 찾아간 지 7개월 정도 지났을 때 그가 다니던 회사가 갑자기 부도가 났다. 회사가 부도 나니 그도 새로운 일자리를 찾아야 했다. 다행히 그를 정기적으로 만나면서 관리한 덕분에 다른 곳에 뺏기지 않고 리크루팅할 수 있었다. "사람이 항상 잘된다는 법은 없잖아요. 내일이 어떻게 바뀔지는 아무도 몰라요."

리크루팅 대상자 관리는 '콩나물에 물 주기'라는 사실을 잊지 말아야 한다. 콩나물은 정기적으로 물을 줘야 한다. 그래야 잔뿌리 없이 통통하게 잘 자란다. 콩나물은 잔뿌리가 나면 제값을 받지 못한다. 정기적으로 물을 줘야 제값을 받는 콩나물이 될 수 있듯이 리크루팅 대상자도 정기적으로 관리해야 한다. 그래야 다른 곳에 빼앗기지 않고 우리 편으로 만들 수 있다.

리크루팅 One Point Lesson

리크루팅 대상자는 콩나물에 물 주기처럼 관리하라.
정기적으로 접촉해야 한다.
언제 리크루팅 대상자의 상황이 바뀔지 모른다.

3개월 마인드가 있는가?
리크루팅은 속도가 아니라 방향이다

속도가 우선이냐, 방향이 우선이냐?

"인생은 속도가 아니라 방향이다." 괴테가 한 말이다. 누구는 시속 100km로 달리고, 누구는 시속 50km로 달리고, 또 누구는 시속 20km로 달린다. 저마다 자기만의 속도가 있다. 그러나 인생은 속도가 아니다. 속도에만 집착하다 보면 소중한 것을 보지 못하고 지나쳐 버리기 일쑤고 방향을 잃어버려 엉뚱한 곳으로 가기도 한다. 그래서 인생은 속도보다 방향이라고 한다.

리크루팅은 속도보다 방향이다. 얼마나 많은 사람을 리크루팅하느냐보다 얼마나 양질의 사람을 리크루팅하느냐가 더 중요하다. 이는 리크루팅에서 가장 근본적인 문제다. 속도에만 집착하면 우량자원이 보이지 않는다. 배양활동을 통한 리크루팅을 생각할 겨를이 없다. 당장 한 명이라도 데려와야 한다는 강박관념이 더 크기 때문이다.

리크루팅은 방향이 더 중요하다. 방향을 더 중요시하는 사람은 지금 당장을 보지 않는다. 오늘이 아니라 내일을 먼저 생각한다. 설득이 아니라 사람 얻는 일에 치중한다. 소금에서 짠맛을 빼면 무엇이 남을까? 소금은 짠맛을 잃으면 아무 소용이 없다. 소금의 정체성은 짠맛에 있기 때문이다. 리크루팅에서 방향을 빼면 무엇이 남을까? 불량자원만 도입된다. 당신은 속도가 우선인가, 방향이 우선인가?

절대 비밀이에요

얼마 전 전혀 알지 못하는 한 여성에게서 전화가 걸려왔다. 전화기에서 착 가라앉은 목소리로 "저, 문 원장님이시죠?"라고 물었다. "예!"라고 대답했더니 "사실 다른 사람한테 얘기하기가 좀 그래서 그러는데, 제가 말씀드리기 전에 먼저 약속 하나 하실 수 있나요?"라고 대뜸 물었다. 속으로 '뭐 이런 여자가 있어?' 하는 생각이 들었다. 전화했으면 자기가 누구며 왜 전화했는지부터 밝히는 것이 상식 아닌가. 그런데 자기가 누구라는 것도 밝히지 않고, 왜 전화했는지도 말하지 않고 대뜸 약속부터 해달라는 것이다.

그래서 이렇게 말했다. "걱정하지 마세요. 우리는 업무상 알게 된 고객의 비밀은 무덤까지 지고 갑니다." 그러자 그가 자기 사정을 이야기하기 시작했다.

○○은행에서 과장으로 근무하는데 1년 전 한 매니저가 찾아와서 만났다. 첫 만남에 그 매니저가 자기 회사에서 같이 일하자고 하기에 펄쩍 뛰었다. "여기서 잘나가는데 거기를 왜 갑니까?" 하고 단

번에 거절하였다. 그 매니저는 자기 주변의 어떤 사람에게서 자기를 소개받고 찾아온 것 같았다. 얼마 지나서 또다시 그 매니저가 찾아왔다. 그때도 냉정하게 거절했다. 그다음에도 그 매니저가 찾아오면 고객을 관리하는 일을 하는지라 기분 나쁘게 돌려보내서는 안 되기에 예의상 몇 번 웃는 얼굴로 그를 만났다.

제가 과연 할 수 있을까요?

그런데 지금 회사가 구조조정을 한다고 했다. 최근 몇 년에 걸쳐 구조조정이 몇 번 있었는데 지난번까지만 해도 괜찮았지만 이번에는 구조조정 대상자에 들어 있었다. 막상 자신이 구조조정 명단에 들어 있다니 착잡했다. 명예퇴직을 해야 하는지, 끝까지 버텨야 하는지 고민되었다.

그러다 지난 1년 동안 자신을 꾸준히 찾아왔던 매니저가 생각났다. 그의 말대로 이참에 회사를 옮겨볼까 하는 생각도 들었다. 그러나 동료나 회사 사람들에게 얘기할 수도 없었다. 고민을 얘기했다가 끝까지 남아 있게 되면 자기 꼴만 우습게 될 것 같았다. 그래서 주변 지인들에게 물어보니 영업은 잘 모른다고 해서 염치 불고하고 나에게 전화했다는 것이다.

"죄송하지만 저에게 딱 한마디만 해주세요. 제가 그 매니저의 회사로 옮겨야 합니까, 아니면 지금 회사에 꼭 붙어 있어야 합니까?" 그래서 이렇게 대답해줬다. "물론 예스입니다. 과장님 같은 분들이

1년에 억대 연봉을 받는 경우가 많습니다."

3개월 마인드가 있는가?

리크루팅을 성공적으로 수행하려면 3개월 앞을 내다보고 활동하는 '3개월 마인드'가 필요하다. 특히 우량자원을 리크루팅할 때 3개월 마인드는 필수적이다. 서정주 시인의 〈국화 옆에서〉를 보자.

한 송이의 국화꽃을 피우기 위해
봄부터 소쩍새는 그렇게 울었나 보다.
한 송이의 국화꽃을 피우기 위해
천둥은 먹구름 속에서 또 그렇게 울었나 보다.

이 시를 리크루팅에 접목해보면 이렇게 된다.

한 명의 우량신인을 얻기 위해
나는 3개월 전부터 그렇게 찾아 헤매었나 보다.
한 명의 우량신인을 도입하기 위해
거절 속에서도 또 그렇게 가슴앓이를 해야 했나 보다.

우량신인 한 명을 얻기 위해 적어도 3개월의 수고와 노력이 필요하고, 그 우량신인을 도입하기 위해 거절이라는 스트레스를 꿋꿋하게 이겨내야 한다.

오늘 당장을 보지 말고 적어도 3개월 내지 6개월 앞을 내다보고, 아니 1년 이상을 내다보고 그 사람과 친분 쌓은 일에 주력하라. 그러다가 그 사람에게 변화가 생기면, 즉 하던 일이 삐끗하면 그때가 바로 그 사람이 우리 식구가 될 절호의 기회다.

리크루팅 One Point Lesson

3개월 앞을 보고 배양하라.
우량자원은 1년, 2년의 배양기간을 요구하기도 한다.
가장 짧은 기간이 3개월이다.

리크루팅 대상자 집중관리 7·15·30 주기로 관리하라

'이웃사촌 전략'으로 풀어라

"이웃사촌이라는 말이 있죠? 멀리 있는 친척보다 매일 얼굴을 대하는 이웃 사람이 정이 들어 사촌 형제처럼 가깝게 된다는 말입니다. 리크루팅 대상자는 이웃사촌 전략으로 관리해야 합니다." 철저한 배양관리로 우량자원을 리크루팅하는 한 매니저가 한 말이다.

그가 말하는 리크루팅 활동의 핵심은 체계적인 관리를 통한 리크루팅이다. 그는 우량사원을 도입하기 위해서는 철저한 과정관리가 있어야 한다고 주장했다. 1년에 한두 번, 즉 추석 때나 설 때 만나는 고향 친척과 같은 방법으로 리크루팅 대상자를 관리하면 안 된다. 날마다 얼굴을 대하는 이웃처럼 리크루팅 대상자를 접촉해야 한다는 것이다.

한 식당에 〈반갑습니다〉라는 제목이 붙은 이런 액자가 걸려 있었다.

한 번 오신 손님 처음이라 반갑고,
두 번 오신 손님 구면이라 반갑네.
세 번 오신 손님 단골이라 반갑고,
네 번 오신 손님 가족 같아 반갑네.

전혀 모르는 사람도 한 번 만나고 두 번 만나고 세 번 만나고 자주 만날수록 그 사람과 관계가 달라진다는 말이다. 사람과 관계는 만나는 횟수에 따라 달라진다고 그는 강조하고 또 강조했다.

'7 · 15 · 30 관리 시스템'이 있다

"제가 리크루팅 대상자를 관리하는 이웃사촌 전략은 '7 · 15 · 30 관리 시스템'입니다. 제가 붙인 이름이에요." 그가 리크루팅 대상자를 관리하는 방법을 이렇게 소개했다.

그가 책상 서랍에서 양식 석 장을 꺼내 보여주었다. 그 양식에는 각각 1주일 미접촉자, 15일 미접촉자, 30일 미접촉자라는 제목이 굵은 글씨로 인쇄되어 있었다. 그는 매주 월요일 아침 이 양식에 리크루팅 대상자를 리스트업한다. 리크루팅 대상자 명단을 보면서 1주일 미접촉자, 15일 미접촉자, 30일 미접촉자로 구분하여 각각의 종이에 리크루팅 대상자를 적는 것이다.

"이렇게 1주일, 15일, 30일 단위로 종이에 적은 사람을 중심으로 다양한 방법으로 접촉을 시도합니다. 문자 메시지, 편지, 카톡, 전화,

직접 찾아가기 등 어떤 형태로든 접촉해야 합니다."

그는 직접 찾아가는 방법뿐만 아니라 문자 메시지, 전화, 편지 등 다양한 방법으로 리크루팅 대상자를 적어도 1주일에 한 번은 접촉해야 한다는 것을 원칙으로 정해놓고 행동으로 옮겼다.

그는 리크루팅 대상자 이름이 적힌 양식을 별도로 관리한다. 컴퓨터에 '리크루팅 대상자 리스트'라는 제목으로 리크루팅 대상자 이름만 쭉 적어놓은 양식을 프린트해서 사용한다. 이 양식에 리크루팅 대상자들을 최종적으로 접촉한 날짜를 기록해서 보관한다.

"리크루팅 대상자는 1주일에 한 번은 반드시 접촉해야 합니다." 그가 강조하고 또 강조한 말이다. 만약 1주일에 한 번 접촉하는 게 여의치 않더라도 15일을 넘기면 안 된다. 15일이 지나도 접촉하지 않으면 그 사람과 관계에 문제가 생긴다. 더욱이 30일이 지나도 한 번도 접촉하지 않은 사람은 있어서는 안 된다는 것이 그의 주장이다.

'선택과 집중'을 실행하라

"타깃 리크루팅을 해야 한다고 하죠? 또 배양 리크루팅을 해야 한다고 합니다. 저는 이것을 어떻게 해야 할지 고민을 참 많이 했습니다. 몇날 며칠 고민한 끝에 이 방법을 찾아냈죠." 그는 이 방법으로 리크루팅한 사람들 이름을 하나하나 소개했다. 영업실적을 보니 모두 활동을 잘하는 대형사원들이었다.

우량자원을 도입하려면 '선택과 집중'을 해야 한다. 선택한다는 것은 리크루팅 대상자를 찾아서 가능성이 있는 사람을 골라내는 것이다. 그리고 집중이라는 것은 이 사람들을 어떤 형태로든 집중적으로 관리해야 한다는 것이다.

"막연한 방법은 안 됩니다. 구체적인 대상자도 없이 막연하게 기다리기 때문에 리크루팅에 실패하는 겁니다. 구체적으로 누구누구를 관리할지 리크루팅 대상자 명단을 만드는 것이 첫 번째 해야 할 일입니다. 그리고 그 사람들에게 모든 활동력을 집중해야 합니다."

그는 이것을 선택과 집중이라고 했다. 이것이 타깃 리크루팅 방법이요, 배양 리크루팅 방법이다. 말로만 타깃 리크루팅해야 한다, 배양 리크루팅해야 한다고 떠들 일이 아니다. 생각만으로 선별 도입해야 한다, 배양 도입해야 한다고 할 때가 아니다. 구체적인 방법으로 리크루팅 대상자를 선별하고 밀착 관리하는 방법을 찾아 실천해야 한다.

리크루팅 One Point Lesson

집중적으로 관리하는 시스템이 필요하다.
1주일, 15일, 30일 단위로 접촉 결과를 체크하라.
감각이 아니라 시스템으로 관리해야 한다.

절대로 포기하지 마라
포기만 하지 않으면 반드시 성공한다

신(辛)의 상태, 행(幸)의 상태

여기 辛(신)과 幸(행) 두 글자가 있다. 먼저 辛자를 보라. 어디서 많이 본 글자다. 그렇다. 매운맛 라면에서 봤던 글자다. 辛(신)이라는 글자는 괴로울 때 쓴다. 리크루팅을 못했는가? 괴롭다. 초조하다. 신(辛)의 상태다.

幸(행)이라는 글자를 보라. 다행, 요행, 행복 등을 표현할 때 쓴다. 리크루팅을 해냈는가? 신난다. 행복하다. 행(幸)의 상태다.

辛자와 幸자를 가만히 보라. 거의 똑같은데 하나가 다르다. 획이 하나 있느냐 없느냐에 따라 전혀 다른 뜻이 된다. 신(辛)에 하나를 더하면 행(幸)이 된다. 괴로움을 즐거움으로 바꾸고자 한다면 하나를 더해야 한다는 것이다.

리크루팅할 때 신(辛) 상태에서 행(幸) 상태로 바뀌게 하려면 어떻게 해야 할까? 끈기를 더해야 한다. 즉 리크루팅 대상자를 은근과 끈기를 가지고 배양해야 한다. 오늘 당장을 보고 접근하면 신(辛) 상태에 빠지게 된다. 거절을 당하게 된다. 그러면 리크루팅이 힘들고 어려워진다. 그러나 은근과 끈기로 접근하면 행(幸) 상태로 바뀐다. 사람 만나는 것이 부담이 없고 거절당하는 것이 두렵지 않다.

심마니가 '심 봤다'를 외치는 순간을 떠올려보라. 고통이 행복으로 바뀌는 순간이다. 辛(신)자가 幸(행)자로 바뀌는 순간이다. 리크루팅은 이런 순간을 만들기 위해 적어도 3개월 앞을 보고 은근과 끈기로 배양활동을 하는 것이다.

끝까지 물고 늘어졌다

"팀원 중 목동에서 사는 사람이 있어요. 지금은 우리 팀의 핵심 사원입니다. 제 오른팔 역할을 하는 사원이기도 하고요." 한 매니저가 자랑스럽게 리크루팅한 사례를 소개했다.

사원에게서 30세 중반인 이 여성을 소개받고 집으로 찾아가서 만났다. 직접 만나보니 생각이 긍정적이고 성격이 활달해서 우리 쪽에 오면 잘하겠다는 생각이 들었다. 그러나 걸림돌이 하나 있었다. 지금 직장에서 잘나가서 우리 쪽에는 관심이 없다는 것이 문제였다. 다음 날 저녁 또 찾아갔더니 두 번 다시 오지 말라며 펄쩍 뛰었다. 어떻게 해야 할지 여러 가지로 궁리한 끝에 무식한 방법을 택했다. 매일 아침 그 사람을 찾아가 자기 차로 출근시켜주기로 한 것이다.

다음 날 아침 그 사람 출근 시간에 맞춰 집 앞에 차를 세웠다. 완강하게 거부하는 그를 설득하고 설득하여 차에 태웠다. 그 사람 회사까지 가는 동안 차 안에서 이런저런 얘기를 하는데 우리 일과 관련된 얘기는 한마디도 안 했다. 그냥 개인적인 이야기만 하다가 그 사람 회사 앞에서 차를 세우고는 '내일 다시 뵙겠습니다' 했다.

이렇게 하기를 3일째 되는 날, 더 적극적인 방법이 필요하다는 생각이 들었다. 그냥 출근만 시켜줄 것이 아니라 차에서 내릴 때 작은 선물을 하나씩 주면 어떨까 생각한 것이다. 그래서 오늘은 스타킹을 주고 내일은 손수건을 주고 다음은 사무용 메모지를 주고…….

이렇게 24일째 되는 날 그녀 회사에 도착해서 '내일 다시 뵙겠습니다' 하면서 선물을 손에 쥐어주는데 그녀가 "매니저님, 내일은 오지 마세요. 제가 갈게요" 했다. 다음 날 그녀가 자기 발로 직접 찾아왔다.

리크루팅은 자신과의 싸움이다

"아마도 그녀는 속으로 '그래, 당신이 언제까지 이렇게 하나 두고 보자'고 생각했을 겁니다. 그러다가 하루 이틀 시간이 가면서 마음속에서는 갖가지 갈등이 있었을 거예요. 포기만 하지 않으면 반드시 우리 식구가 됩니다. 그러나 대부분 한두 번 접촉하고 포기해버린다는 데 문제가 있습니다."

실패란 이루지 못한 것이 아니라 이루기 전에 그만두었다는 것이라고 한다. 리크루팅에서 실패란 그가 오지 않는 것이 아니라 그가 오기 전에 내가 포기해버린 것이다. 성공한 사람과 실패한 사람의 다른 이름은 포기하지 않은 사람이냐, 포기한 사람이냐 하는 것이다.

"나폴레옹은 '내 사전에 불가능은 없다'고 했다죠? 제 사전에는 '포기'라는 단어가 없습니다." 그가 리크루팅을 해내는 비결은 우량 자원이라고 판단되면 포기하지 않고 끝까지 물고 늘어지는 데 있었다. 리크루팅은 자기 자신과의 싸움이다. 리크루팅은 자기 자신을 극복하는 사람만이 해낼 수 있다.

"Never give up. Never, never, never give up(포기하지 마라. 절대로, 절대로, 절대로 포기하지 마라)." 윈스턴 처칠이 한 말이다. 포기하는 순간 게임은 끝나버린다. 포기하는 순간 리크루팅은 끝나 버린다는 사실을 잊지 마라.

리크루팅 One Point Lesson

리크루팅은 자신과의 싸움이다.
한두 번 접촉으로 포기하지 마라.
나만 포기하지 않으면 반드시 우리 식구가 된다.

누구 중심으로 접근하는가? 접근 방법을 바꿔라

리크루팅은 대인 비즈니스다

언젠가 리크루팅이 안 되어 고민이라는 한 매니저와 상담한 적이 있다. 사람은 열심히 찾아다니는데, 만나서 설득도 열심히 하는데 리크루팅이 안 된다면서 어떻게 하면 좋겠냐고 물었다. 그의 활동 방법에는 치명적인 문제가 있었다. 목적을 가지고 사람을 만난다는 것이었다. 사람을 설득하기 위해 만나는 것이었다. 그에게 물었다.

"사람을 만날 때 가장 중요한 것이 무엇인지 아십니까?" 대답을 못했다. 질문을 바꿔 다시 물었다. "영업이나 리크루팅에서 반드시 잊지 말아야 하는 것이 무엇인지 아십니까?" 역시 대답을 못했다. 그것은 대인 비즈니스(對人Business)라는 것이다. 사람을 상대로 하는 비즈니스라는 것이다. 사람을 상대로 하는 일에서 제일 먼저 해야 하는 일은 상품을 파는 것도 아니요, 설득을 하는 일도 아니다. 상대방을 내 편으로 만드는 것이다. 그러기 위해서는 목적을 가지고 만나면 안 된다.

컴퓨터 프로그램은 숫자 1과 0의 조합으로 이루어진다. 사람과의 관계 또한 숫자 1과 0의 조합으로 이루어진다. 상대방을 1, 나를 0이라고 하자. 누가 먼저냐에 따라 결과가 달라진다. 상대방이 먼저고 내가 나중이면 10, 100, 1000…… 결과가 어마어마하게 커진다.

그러나 내가 먼저고 상대방이 나중이면 0.1, 0.01, 0.001…… 결과가 엄청나게 작아진다. 대인 비즈니스에서 상대방을 먼저 생각하고 상대방 중심으로 접근해야 하는 이유가 바로 여기에 있다.

■ 대인 비즈니스의 정석 : 기적이 일어날 확률

나 중심	0.1, 0.01, 0.001, …… 0.0000001
상대방 중심	1.0, 10.0, 100.0, …… 1000000.0

사람을 만날 때 나 중심이면 안 된다. 목적을 앞세우고 사람을 만나는 것이 나 중심으로 만나는 것이다. 자기중심으로 사람을 만나는 것은 시속 100km로 전력 질주하는 속도 중심으로 활동하는 것이다. 당장 사람을 설득해서 데려와야 한다는 것이다. 그러다 보니 양질의 자원을 도입해야 한다는 리크루팅의 방향을 잃어버리는 것이다.

속도를 시속 20km로 늦춰보라. 주변 경치도 구경하면서 천천히 달려보라. 마음의 여유가 생기고 드라이브가 즐거워진다. 방향만 잃지 않으면 목적지에 반드시 도착하게 되어 있다. 그것이 상대방 중심으로 접근하는 방법이다. 오늘이 급해서 당장 설득하려 덤비지 말고 내일을 보면서 오늘은 사람을 내 편으로 만드는 데 집중하라. 그러면 사람 만나는 것이 즐거워진다. 영업은 사람을 상대로 하는 비즈니스다. 고객이 가지고 있는 니즈를 찾아 그 문제를 해결해주는, 상품을 설계해주는 것이 우리가 하는 일이다.

리크루팅은 사람을 상대로 하는 비즈니스다. 인생의 전환점이 필요한 사람에게 우리 일을 소개하고 그에게 새로운 출발을 하도록 안내해주는 것이 리크루팅이다. 즉 영업과 리크루팅의 공통점은 사람을 상대로 하는 대인 비즈니스라는 것이다.

영업을 잘하려면 어떻게 해야 할까? 상품을 팔기에 앞서 사람을 먼저 내 편으로 만들어야 한다. 리크루팅을 잘하려면 어떻게 해야 할까? 설득하기에 앞서 사람을 먼저 내 편으로 만들어야 한다. 나는 지금 설득하기 위해 사람을 만나는가, 아니면 내 편으로 만들기 위해 사람을 만나는가?

접근 방법을 바꿔라

부산에서 활동하는 한 매니저를 만났다. 대형조직을 이끄는 리크루팅 명장이다. 리크루팅 노하우를 물었더니 그가 이렇게 말했다.

"제가 초기에 겪었던 시행착오가 뭔지 아세요? 너무 서둘렀다는 거예요. 사람을 만날 때 설득하려고 덤볐어요. 당장 데려오는 것이 급했죠. 아마 대부분 저와 비슷할 거예요. 그러나 지금은 설득하기 위해 사람을 만나지 않아요. 친분관계를 쌓는 데 주력해요. 우리 일은 사람을 상대로 하는 대인 비즈니스니까요. 지금은 한 가지만 생각해요. '언젠가는 당신을 내 편으로 만들겠다.' 그러니까 마음에 여유가 생기더라고요."

■ **리크루팅의 정석 : 누구 중심으로 접근하는가?**

나 중심	상대방 중심
속도	방향
오늘	내일
설득	친분 쌓기

리크루팅에서 중요한 것은 누구 중심으로 접근하느냐 하는 것이다. 나 중심으로 접근하면 실패한다. 상대방 중심으로 접근해야 한다. 이것이 리크루팅 명장들이 접근하는 방법이다. 이것이 양질의 신인을 도입하는 리크루팅 활동의 정석이다.

리크루팅 One Point Lesson

누구 중심으로 접근하는가?
나 중심으로 접근하면 리크루팅은 100% 실패한다.
리크루팅 명장들은 상대방 중심으로 접근한다.

첫 만남, 첫 이미지
당당하되 자랑은 겸손하게 하라

문어의 분노

'과연 문어가 사람을 알아볼까?' 미국에서 재미있는 실험을 했다. 수족관 안에 문어 한 마리를 넣어두고 한 사람은 먹이만 주고, 다른 한 사람은 약만 올리게 했다. 이렇게 11일 동안 실험한 뒤 두 사람을 문어 앞에 서게 했다.

어떤 결과가 나왔을까? 놀라지 마시라. 문어가 먹이를 주지도 않고 자기에게 약만 올린 사람에게 먹물을 내뿜었다. 더욱더 놀라운 것은 그 사람을 마주할 때 문어의 호흡이 급격하게 올라가고, 눈 주변에는 공격할 때 나타나는 위장 무늬까지 있었다. 동물도 사람을 관찰하며 평가한다. 리크루팅 대상자를 만날 때는 일에는 당당하되 언행은 겸손하게 해야 하는 이유다. 문어도 싫어하는 사람에게 먹물을 내뿜는데 사람은 오죽하랴. 자기가 하는 일에는 당당하라. 그러나 자랑할 때는 겸손하라.

왜 실패할 수밖에 없었는가?

《리크루팅 명장을 찾아서》라는 책을 집필할 때 이야기다. 리크루팅 활동의 노하우를 얻기 위해 서울에서 활동하는 한 매니저를 만났다. 이 매니저가 속해 있는 회사 관리자로부터 리크루팅을 잘하는 매니저라고 소개받고 만난 것이다.

그를 만났을 때 첫 느낌은 화끈하고 추진력이 강해 보인다는 것이었다. 하지만 그에 대한 이미지는 그리 좋지 않았다. 한 번 만나고 나면 두 번 다시 만나고 싶지 않은 사람이 있다. 그런 유형의 대표적인 사람이 삼척동자다. 세 가지 척하는 사람을 삼척동자라 하지 않는가. 아는 척, 잘난 척, 있는 척. 이 매니저가 그랬다.

리크루팅 활동 방법을 인터뷰하는데 처음부터 자기 자랑만 했다. 6개월 만에 억대 연봉을 받게 되었다는 것으로 시작해 신인 한 사람을 리크루팅하기 위해 자기가 얼마나 많은 희생과 헌신을 하는지, 자기는 리크루팅을 위해 돈을 아끼지 않고 투자한다는 등 자기 자랑뿐이었다. 지난달에는 리크루팅을 위해 엄청난 돈을 들여 홍천에 있는 고급 콘도를 통째로 빌려서 화려한 이벤트를 했는데 다른 매니저들은 감히 꿈도 꾸지 못한다고 했다.

인터뷰를 마친 후 나는 이 매니저 사례를 책에 소개하지 않기로 결정했다. 이 매니저가 오래 활동할 것 같지 않았기 때문이다.

성공한 사람에게는 손이 3개 있다. 왼손, 오른손 그리고 겸손이다. 그런데 그 매니저에게는 손이 두 개밖에 없었다. 그에게는 겸손이 없었다. 벼는 익을수록 고개를 숙인다고 했는데 그는 아직 덜 익어 보였다. 겸손함은 하나도 없고 오만함으로 가득 차 있는 사람을 만나는 리크루팅 대상자들은 어떻게 느낄까 하는 생각이 들었다.

내 예상은 빗나가지 않았다. 2년쯤 지난 후 그 매니저가 어떻게 활동하는지 물어봤더니 회사를 그만둔 지 1년이 넘었다고 했다.

판단은 상대방 몫이다

광고계에서 전설로 통하는 광고 문구가 하나 있다. "우리는 2등입니다. 그래서 더 열심히 노력합니다(We are No.2. Therefore we work harder)"라는 광고 카피다. 미국의 렌터카업체 에이비스(Avis)가 실시했던 광고 캠페인이다.

이 광고 캠페인을 실시할 당시 미국의 렌터카업계에서 1위는 허츠(Hertz)였다. 시장점유율이 70%가 넘는 부동의 1위였다. 나머지 군소 렌터카업체들이 2위 그룹에서 치열하게 경쟁했는데 그중 하나가 에이비스였다. 에이비스는 창업 이래 계속 적자를 내고 있었다. 허츠를 따라잡기 위해 다양한 시도를 해보았으나 모두 허사였다. 허츠보다 더 좋은 시스템을 갖추기도 했고, 또 더 낮은 가격으로 고객들을 끌어들이고자 했으나 모두 허사였다. 뭔가 돌파구가 필요한 절박한 상황이었다. 그때 등장한 것이 '우리는 2등입니다'라는 광고 캠페인이다.

"우리는 2등에 지나지 않습니다. 그래서 더 열심히 노력합니다"라고 솔직히 2등이라고 말한 것이다. 자기 회사를 업계 2위라고 인정한 것은 광고 역사상 처음이었다. 낮은 위치지만 더 열심히 노력하겠다는 당당함을 보여준 것이다. 신선한 충격이었다. 고객들 반응이 폭발적이었다. “와, 대단하다, 멋있다”는 등의 반응이 쏟아졌다. 이 캠페인으로 그해 매출이 50%나 급상승했고 만성적자에서 벗어나 흑자로 돌아섰다. 그뿐만 아니었다. 시장점유율 또한 허츠에 이어 진짜 2위 자리에 올라섰다.

여기서 우리가 잊지 말아야 하는 것이 하나 있다. 판단은 전적으로 고객 몫이라는 것이다. 솔직하게 2등이라고 말했더니 고객들이 솔직함과 당당함에 더 높은 점수를 준 것이다. 고객이 좋은 이미지를 갖게 된 것이다.

첫 만남에서는 ‘겸따마다’를 선물하라

리크루팅을 잘하는 매니저들을 보면 ‘겸따마다’가 몸에 배어 있다. ‘겸손하고 따뜻한 마음으로 다가간다’는 말이다. 자기 일에는 사명감과 비전으로 당당하되 자랑은 겸손하게 하는 것이 성공한 매니저들에게 나타나는 행동 특징이다.

좋은 것만 이야기하지 말자. 최고라고 자랑하지도 말자. 최고는 자기가 최고라고 말하지 않는다. 약점도 숨기지 않는 솔직함이 필요하다. 솔직함이 나에 대한 이미지를 결정짓는다. 약점과 단점을 솔직하게 말할 수 있다는 것은 그만큼 자신이 있다는 것이다. 자기가 하는 일에 긍지와 프라이드가 있다는 것이다. 에이비스에서처럼 솔직하게 말했을 때 그것을 수용하느냐 안 하느냐는 고객 몫이다. 리크루팅 상담에서 장점뿐만 아니라 단점까지 솔직하게 말했을 때 최종적으로 판단하고 결정하는 것은 리크루팅 대상자 몫이다.

리크루팅 One Point Lesson

첫 이미지가 중요하다.
겸손하면서 따뜻한 모습을 보여줘라.
약점도 숨기지 않는 솔직함이 필요하다.

어떤 인사말을 사용하는가? 리크루팅 인사말은 따로 있다

114 상담원 인사말

"네~ 네~ 안녕하십니까?" 이 말을 들으면 무엇이 먼저 떠오르는가? 많은 사람이 114 전화번호 안내 상담원이라고 한다. 그런데 어떤 사람은 개그맨이 생각난다고 한다. 한때 모 개그맨이 이 인사말을 패러디해서 크게 유행한 적이 있다. "사랑합니다. 고객님" 지금 114 상담원의 인사말이다. 언제부턴가 114 상담원 인사말이 "사랑합니다. 고객님"으로 바뀌었다.

"네~ 네~ 안녕하십니까?"라고 인사말을 할 때 고객들 반응은 어땠을까? 상담원이 '안녕하십니까?'라고 인사하며 전화를 받으면 '안녕하지 못하다', '힘들어 죽겠다'와 같은 부정적인 대답이 돌아오기 일쑤였다.

그런데 지금은 상담원이 '사랑합니다. 고객님'이라는 인사말로 전화를 받으면 '나도 사랑합니다'라는 대답이 돌아온다. 사랑하면 한

번 만나자고 농담하는 짓궂은 사람도 있다고 한다.

재미있는 에피소드가 있다. '사랑합니다. 고객님'이라는 인사말이 처음 나왔을 때 일이다. 상담원이 "사랑합니다. 고객님"이라고 인사했더니 고객이 대뜸 "진짜루?"라고 했다. 이 말에 상담원은 '진짜루'가 문의처인 줄 알고 중국집 '진짜루'를 연결해주었다고 한다.

'안녕하십니까?'라는 인사말을 '사랑합니다'로 바꾸었더니 고객들 반응이 어떻게 달라졌는지 보여주는 사례다. 리크루팅 대상자를 만날 때는 어떤 인사말을 해야 할까? '안녕하십니까?'라는 인사말은 너무 흔해서 좀 그렇고 그렇다고 처음 만나는 사람에게 '사랑합니다'라고 하기는 더 그렇고…….

리크루팅 인사말은 따로 있다

"여러분은 주변 사람이나 고객을 만날 때 어떻게 인사하세요? 오랜만이네요? 이렇게 인사하십니까? 전 그렇게 인사하지 않습니다." 리크루팅 명장 타이틀을 가지고 있는 한 매니저가 후배 영업사원 직무 교육장에서 이렇게 강의를 시작했다.

그는 의도적으로 피하는 인사말이 있다고 했다. '오랜만이네요'라는 인사말이다. '오랜만이네요'라는 말에 들어 있는 의미 때문이다. '오랜만이네요'라는 말에는 그동안 내가 당신을 생각하지 않았다는 의미가 들어 있다. 전화 한 번 하지 않았다는 것이다. 만나지도 않아서 관계가 소원했다는 것이다. 그러다 모처럼 만나게 되었으니 오랜만이라고 하는 것 아니냐는 것이다.

그는 '반갑습니다'라고 인사한다. '반갑습니다'라는 말에는 어제도 당신을 만났고 오늘도 만났다는 의미가 들어 있기 때문이다. 어제도 당신을 생각했고 오늘도 당신을 생각했다는 말이다. 생각하면 할수록 만나면 만날수록 반갑다는 말이 '반갑습니다'라는 인사말에 들어 있다. 그는 인사말 하나도 전략적으로 했다.

■ **어떤 인사말을 사용하고 있는가?**

오랜만이네요	반갑습니다
관계가 뜸했다는 인사말	자주 만나고 있다는 인사말

연못에서 유유히 헤엄을 치는 오리를 보라. 겉으로 보기에는 어떤 활동도 없이 조용히 물 위를 헤엄치는 것 같지만 물속을 들여다보면 두 다리는 쉴 사이 없이 물질을 하고 있다.

리크루팅을 잘하는 사람을 보면 특별한 활동도 하지 않는 것 같지만 자세히 들여다보면 평상시 리크루팅 대상자를 수시로 찾아가 친분관계를 쌓는 일에 집중하고 있음을 알 수 있다. '반갑습니다'라는 인사말에는 리크루팅 활동에서 '선택과 집중'으로 리크루팅 대상자를 밀착 관리하는 그의 습관이 고스란히 담겨 있었다. 그의 인사말을 보면서 그가 왜 리크루팅을 잘하는지 짐작할 수 있었다.

나만의 인사말을 만들어라

나만의 인사말을 만들어야 한다. 인사말 한마디에 나에 대한 좋은 이미지를 가질 수 있도록 해야 한다. 짧은 인사말에 리크루팅 대상자가 마음을 열고, 원활하게 대화할 수 있도록 정감 있는 인사말을 만들어야 한다. 나만의 인사말은 어떻게 만들까? 나만의 인사말을 만드는 방법 중 하나가 1+1 인사말을 만드는 것이다. 일반적으로 사용하는 인사말에 느낌, 바람을 나타내는 말을 붙여 인사말을 만드는 것이다. 1+1이 있다. 사람들은 같은 값에 하나라도 더 주면 좋아한다. 인사말도 그렇다. 일반적으로 사용하는 인사말에 하나를 더해주면 평범한 인사말이 특별한 인사말로 바뀌게 된다.

■ 나만의 인사말 만들기

일반 인사말	+	느낌, 바람
안녕하세요?		너무너무 보고 싶었어요

한 매니저가 사용하는 인사말을 예로 들어보자. 우리가 제일 많이 사용하는 인사말이 '안녕하세요?'다. 일반인은 이 인사말을 아무 생각 없이 습관적으로 사용한다. 사람들은 일반적으로 '안녕하세요?'라고 말하고 끝! 그다음이 없다. 그러니까 평범하고 진부한 인사말이 되는 것이다.

그러나 이 매니저는 '안녕하세요?'라는 인사말도 상대방에게 산뜻

한 인사말, 정감 있는 인사말로 바꿔서 사용한다. "안녕하세요? 너무 너무 보고 싶었어요." 이렇게 인사하면 상대방은 어떻게 반응할까? "안녕하세요? 저는 보고 싶지 않았는데요"라고 부정적으로 대답할까? 천만에. 상대방의 인사말도 "안녕하세요? 저도 만나 뵙고 싶었어요"라고 긍정적으로 대답하게 된다.

"안녕하세요? 어? 지난주보다 살이 빠지셨네요?" 이렇게 말하면 상대방의 반응이 "정말로요? 저 지금 다이어트하고 있거든요"라고 대답하게 된다. 이 인사말 한마디에 리크루팅 대상자와 평상시 어떻게 친분관계를 유지하고 있는가 하는 것이 보인다. 리크루팅 명장들은 인사말 하나도 전략적으로 사용한다.

리크루팅 인사말은 따로 있다

핸드폰 카메라를 열어 QR코드에 대면 동영상 강의를 볼 수 있다.

리크루팅 One Point Lesson

리크루팅 인사말은 따로 있다.
'오랜만이네요'라는 말은 아마추어 인사말이다.
친밀감, 정감이 느껴지는 나만의 인사말을 만들어라.

리크루팅 명함 활용법
두 종류 명함을 활용한다

시작 5분, 마지막 5분

축구 경기는 경기 시작 5분, 경기 종료 직전 5분을 조심해야 한다고 한다. 경기 시작 후 5분은 우왕좌왕하다 골을 먹기 쉽고, 경기 종료 전 5분은 집중력이 떨어져 골을 먹기가 쉽기 때문이다.

월드컵 경기에서 이 사실은 여실히 입증되었다. 경기 시작 후 5분과 경기 종료 전 5분 사이에 무서운 집중력을 나타내는 팀은 웃었고 방심하거나 체력이 떨어진 팀은 울면서 그라운드를 나와야 했다.

경기 시작 후 5분은 전체 경기 시간 90분의 5.5%에 불과하다. 경기 종료 전 5분 또한 전체 경기 시간의 5.5%에 불과하다. 하지만 이 5.5% 시간에 승자와 패자가 갈리는 것은 그만큼 처음 시작 5분과 마지막 시간 5분이 중요하다는 사실을 말해준다.

골프에는 드라이버 샷, 아이언 샷, 트러블 샷, 벙커 샷에서 '굿샷'까지 많고 많은 샷이 있다. 이 중에서 가장 좋은 샷은 무엇일까? 정답은 '다음 샷'이다. 골프에서 좋은 스코어를 내기 위해서는 '다음 샷'이 좋아야 한다. 그리고 리크루팅에서는 '다음 만남'이 중요하다. 다음 만남을 위해 이미지 관리를 잘해야 한다. 상대방이 호감을 갖도록 좋은 이미지를 보여줘야 한다.

두 종류 명함을 활용한다

'인맥관리 달인'이라는 별명을 가진 한 매니저를 만났다. 그때 나는 짜릿한 전율을 느꼈다. 그에게서 재미있는 사례 하나를 얻었기 때문이다. 나는 이런 만남을 좋아한다. 이야기가 있고, 감동이 있는 리크루팅 활동 사례를 공유하는 만남 말이다. 그와 인터뷰하면서 진흙 속에서 진주를 발견한 것 같은 즐거움을 느낄 수 있어 좋았다. 그것이 무엇인지 궁금하지 않은가?

그의 팀에는 독특한 색깔이 하나 있었다. 팀원 모두 명함을 두 종류 만들어 활용한다는 것이었다. 하나는 회사에서 만들어준 회사 로고가 찍힌 명함이고 다른 하나는 자기가 독자적으로 만든 차별화된 개인 명함이다.

■ 두 종류 명함 활용 방법

회사 명함	개인 명함
일반인 만날 때	리크루팅 대상자 만날 때

"명함은 언제 주세요? 만나자마자 주세요, 아니면 헤어질 때 주세요?" 그 매니저가 나에게 던진 돌직구 질문이었다. 사람을 만나면 자기소개를 하려고 주는 것이 명함 아니냐고 했더니 틀렸다는 것이다.

명함은 대개 사람을 만났을 때 자기를 소개하기 위해 건넨다. 명함에 이름, 회사, 직책, 전화번호 등이 있으니 자기소개를 하기 위해서다. 그 매니저 또한 회사 로고가 있는 명함은 일반 고객을 만날 때 그런 용도로 사용한다고 했다.

그러나 리크루팅 대상자를 만날 때는 명함을 그렇게 사용하면 안 된다고 했다. 그는 리크루팅 대상자에게는 만나자마자 명함을 주지 않는다. 처음에는 인사만 하고 이런저런 이야기를 하다가 헤어지기 직전 자기가 특별히 제작한 자신만의 독특한 명함을 건넨다.

거기에는 회사 이름 대신 '내 인생 주식회사 대표이사'라는 직함이 있다. 자신은 1인 기업의 대표이사라는 것이다. 내 인생의 대표이사라는 것이다. 이는 자연적으로 그 사람에 대한 호감으로 연결되고 다음 만남에서 그 효과가 여실히 나타난다. 이렇게 명함을 활용하는 매니저를 보고 지금은 그의 팀원 모두 두 종류 명함을 만들어 사용하고 있다.

착한 비즈니스를 합니다

이 매니저가 활용하고 있는 또 다른 명함 하나를 소개한다.

"와~ 황금이네요?" 그의 명함을 받은 사람들이 이구동성으로 하는 말이다. 그는 명함을 황금색 특수재질로 만들었다. 그래서 그의 명함을 받은 사람들은 '황금이네요'라는 반응을 보이는 것이다. "네, 잘 보관하십시오. 나중에 돈 좀 될 겁니다." '황금이네요' 하는 상대방 반응에 그는 이렇게 너스레를 떤다.

그의 명함에는 이름 위에 큼지막하게 '착한 비즈니스를 합니다'라는 문구가 있다. 명함을 단순히 이름만 소개하는 도구로 사용하는 것이 아니라 자기가 하는 일을 소개하는 다목적 용도로 사용하는 것이다.

"왜 초등학교에는 왕따가 많은지 아십니까?" 그는 리크루팅 대상자를 만나면 이렇게 말문을 연다. 초등학교에서 왕따가 많은 것은 초등학생들이 자기만 생각하기 때문이다. 상대방을 먼저 생각하거나 약자를 배려하는 의식이 부족한 것이다. 그래서 자기와 맞지 않는 사람은 왕따시키는 것이다.

"혼자만 잘 먹고 잘 사실 겁니까?" 그가 이어서 하는 질문이다. 사람은 누구나 잘 먹고 잘 살기 위해 활동한다. 그게 잘못된 것은 아니다. 하지만 가만히 생각해보라. 우리는 공동체 안에서 살고 있다. 크게는 대한민국이라는 공동체, 작게는 가정이라는 공동체 안에서 산다. 그 속에서 잘 먹고 잘 살기 위해 하루하루 열심히 일한다. 혼자만 잘 먹고 잘 살 것이냐는 질문은 지금처럼 자기 가족만의 행복을 위해 살 것이냐는 질문이다.

"우리 일은 착한 비즈니스입니다." 그가 강조하는 말이다. 자기만을 위해 사는 것이 아니라 이웃의 행복을 위해 착한 비즈니스를 한다는 말이다.

자기만의 독특한 명함을 만들어라. 명함을 단순히 이름을 소개하는 것뿐 아니라 내가 하는 일과 연결된 대화로 이어지도록 활용하라. 이것이 프로의 명함 활용법이다.

리크루팅 One Point Lesson

명함을 전략적으로 활용하라.
아마추어는 명함을 단순히 자기소개용으로 활용한다.
프로는 명함을 자기 일에 대한 대화 도구로 활용한다.

마음의 문 열기
마중물 메시지를 활용하라

마중물을 아는가

옛날 시골집 마당에 물을 퍼 올리는 펌프라는 것이 있었다. 물을 콸콸 품어 올리는 펌프질을 하다가 멈추고 10분 이상 놓아두면 펌프에 고여 있던 물이 '삐익~' 하면서 밑으로 빠져나간다. 다시 물을 품어 올리려면 물 한 바가지를 펌프에 붓고 펌프질을 하는데 우리는 이를 '마중물'이라고 한다. 물 한 바가지가 밑으로 빠진 물을 마중나가서 끌고 오는 것이다.

리크루팅 대상자를 배양할 때 리크루팅 대상자 마음을 끌고 오게 하는 것이 필요하다. 닫혀 있는 마음을 열게 하고 나에 대한 따듯한 마음을 갖게 하는 역할을 하는 것이 바로 '마중물 메시지'다.

마중물 메시지를 활용하라

"저는 신인이 들어오면 제일 먼저 마중물 메시지 활용법부터 가르쳐줍니다." 대전에서 한 매니저를 만났을 때 그가 리크루팅 대상자 배양활동을 설명하면서 한 말이다. 그의 조직은 본부에서 영업실적이 가장 좋다. 팀원들 모두가 영업활동에 마중물 메시지를 적극적으로 활용한 결과다. 영업도 그렇고 리크루팅도 그렇고 좋은 결과를 얻기 위해서는 마중물 메시지를 활용하는 것이 중요하다고 그는 강조한다.

그 매니저가 강조하는 마중물 메시지 강의를 잠깐 들어보자. 누구나 알면서도 가장 흔하게 범하는 실수가 하나 있다. 발로만 찾아가는 데 주력한다는 것이다. 발로 찾아가기 전에 대상자 마음을 열게 하는 방법으로 손으로 찾아가는 문자 메시지를 보내고, 입으로 찾아가는 전화통화 등을 실천해야 한다. 그런데 이를 알면서도 소홀히 한다. 그리고 목적이 있을 때만 발로 찾아간다. 여기에 리크루팅 배양활동의 문제가 있다.

3가지 방법에 성실하라

"리크루팅 대상자와 친해지려면 다양한 방법으로 접촉해야 합니다. 특히 3가지 방법으로 부지런히 찾아가야 합니다. 이것을 저는 '3성실론'이라고 합니다." 그는 리크루팅 대상자를 배양하려면 3가지 방법을 활용해야 한다고 강조한다. 손 성실, 입 성실, 발 성실이 그것이다.

첫째, 손 성실이다. 손으로 부지런히 리크루팅 대상자를 찾아가는 것이다. 손으로 리크루팅 대상자를 찾아가는 방법이 무엇일까? 문자 메시지, 이메일, 카톡, SNS 등으로 리크루팅 대상자를 찾아가는 것이 손으로 찾아가는 방법이다.

둘째, 입 성실이다. 입으로 부지런히 대상자를 찾아가는 것이다. 입으로 찾아가는 방법은 무엇일까? 전화를 활용하는 방법이다. 리크루팅 대상자에게 전화로 정기적으로 안부 인사를 하는 것이 입성실이다.

셋째, 발 성실이다. 대상자를 직접 찾아가 만나는 것이 발로 찾아가는 방법, 즉 발 성실이다. 한 번, 두 번 발로 찾아가 만나는 것이다.

■ 리크루팅 배양활동 3가지 방법

손 성실	입 성실	발 성실
문자, 카톡, DM, 이메일	전화	방문

소극적인 방법 ———————— 적극적인 방법

이 세 가지 방법 중에서 가장 효과가 좋은 방법은 발로 직접 찾아가는 발 성실이다. “발로 찾아가는 방법이 제일 좋습니다. 그다음이 입 성실, 즉 전화하는 것이죠. 그리고 눈으로 보게 하는 손 성실이 가장 약한 방법입니다." 그가 이렇게 말하면서 강조하는 말이 있다.

발로 찾아가는 것이 효과가 가장 좋은 방법인데, 리크루팅 대상자를 발로 찾아갔을 때 효과가 나타나게 하려면 먼저 손 성실, 입 성실 방법으로 배양활동을 해야 한다. 발로 찾아가기 전 손으로 문자를 보내고, 입으로 전화를 하는 등 배양활동이 우선되어야 한다는 것이다.

마음의 문부터 열어라

발로 찾아가기 전 공략 대상자 마음을 열게 하려면 손으로 찾아가는 활동이 있어야 하는데 그는 이것을 '마중물 메시지'라고 했다. "지금 우리가 사는 스마트시대는 소통의 시대입니다. 지금은 다양한 방법으로 소통하잖아요? 발로 찾아가기에 앞서 다른 방법으로 소통이 있어야 합니다." 그가 마중물 메시지 활용을 강조하면서 한 말이다.

그는 손 성실, 입 성실, 발 성실로 매일 15명을 접촉한다. 오전 시간이 정신없이 지나간다. 팀원들 면담하랴, 활동 방법 지도하랴, 리크루팅 대상자 챙기랴 정말 오전 시간이 어떻게 지나가는지 모를 정도로 바쁘다. 이렇게 바쁜 와중에도 그는 매일 리크루팅 대상자를 15명씩 접촉한다.

먼저 손으로 5명을 접촉한다. 문자 메시지나 카톡으로 5명에게 안부 메시지를 보낸다. 안부 메시지가 대신 리크루팅 대상자를 찾아가는 것이다. 누구나 기본적으로 카톡으로 소통하고 있다. 요즘은 문자 메시지보다 카톡으로 더 많이 소통하는 것 같다.

다음은 SNS로 리크루팅 대상자 5명과 접촉한다. 페이스북, 인스타그램 등에 댓글을 열심히 다는 것이다. 리크루팅 대상자를 찾았으면 그가 사용하는 페이스북이나 인스타그램 등에 친구 맺기를 한다. 그리고 리크루팅 대상자가 올리는 글에 '좋아요'를 누르는 것은 기본이고 공감한다, 응원한다 등의 댓글을 열심히 달아준다. 상대방에게 나를 알리고 나에 대한 친근감을 느끼게 하는 유용한 방법이다.

두 번째로 리크루팅 대상자 3명에게 안부 전화를 한다. 입 성실 방법이다. 마지막이 직접 찾아가서 만나는 눈도장 찍기이다. 발 성실 방법이다. 이렇게 매일 3성실론을 실천한 게 그가 영업도 잘하고 리크루팅도 잘하는 비결이었다.

리크루팅 대상자 배양 방법 : 3성실론

핸드폰 카메라를 열어 QR코드에 대면 동영상 강의를 볼 수 있다.

리크루팅 One Point Lesson

3가지 방법으로 리크루팅 대상자를 배양하라.
손으로, 입으로, 발로 찾아가는 방법이다.
발로 찾아가기에 앞서 손으로 찾아가는 '마중물 메시지'를 활용하라.

문자 메시지, 카톡 메시지 활용
스팸이 되지 않게 하라

'김미영 팀장'을 아는가?

받으면 반갑지 않은 것들이 있다. 오지 않았으면 하는 것들이 있다. 카드 이용대금 청구서, 중국에서 날아오는 미세먼지, 출퇴근길 교통체증, 여름철 식중독 등이 그렇다. 또 날마다 날아오는 핸드폰 문자 메시지는 이제 짜증까지 난다.

한때 '김미영 팀장'이 뜬 적이 있다. "안녕하세요? 김미영 팀장입니다. 고객님께서는 최저 이율로 최고 3,000만 원까지 대출 가능합니다." 날마다 친절하게 문자 메시지를 보내주었다. 하루에 10만~20만 명에게 불법 대출 안내 스팸 문자를 보냈는데 범인을 잡고 보니 남자였다고 한다.

대리운전, 대출, 세일, 비아그라, 오빠 등 수도 없이 날아드는 스팸 메시지들……. "이런 문자 메시지를 받으면 기분이 어떻습니까?" 그가 물었다. 스팸 문자 메시지를 받으면 어떻게 하는가? 받자마자 삭

제 버튼을 누른다. 불쾌하기 때문이다.

이름 석 자만 기억하게 하라

"하루에 핸드폰 문자 메시지를 몇 통이나 받으세요? 주로 어떤 메시지가 많이 옵니까?" 대전에서 자칭 문자 메시지 활용의 달인이라는 매니저를 만났더니 그가 대뜸 이렇게 물었다. 30대 직장인을 중심으로 해서 18명을 리크루팅한 매니저였다. 그는 리크루팅 대상자 배양에 문자 메시지를 활용하여 좋은 결과를 얻는다고 했다.

"왜 스팸 메시지가 됩니까? 목적을 가지고 보내기 때문입니다. 문자 메시지에는 목적을 넣으면 안 돼요." 그가 리크루팅 활동에서 문자 메시지를 활용하는 방법을 설명하면서 한 말이다.

문자 메시지를 보낸다고 해서 리크루팅이 되는 것은 아니다. 문자 메시지를 보낸다고 해서 그 사람이 답장 메시지를 주는 것도 아니다. 그러면 문자 메시지를 왜 보내는가? 목적은 딱 하나, 상대방에게 내 이름 석 자를 기억하게 하려는 것이다. 그게 전부다. 그밖에는 다른 것을 기대해서는 안 된다고 그는 강조한다.

"문자 메시지를 보낼 때 대부분이 착각하는 것이 하나 있습니다. 문자를 보내는 사람을 알리기 위해 회사명과 함께 자기 이름을 넣습니다. 그러면 안 됩니다. 회사명을 넣으면 안 됩니다."

그가 스팸 메시지가 되지 않게 하는 방법이라면서 한 말이다. 회사명을 넣는 순간 그 문자 메시지는 스팸으로 변하고 만다. 회사명을 넣으면 업무 메시지가 되기 때문이다. 그러면 어떻게 해야 할까? 보내는 사람을 알리고자 한다면 회사명은 빼고 자기 이름 석 자만 써서 보내라는 것이다. 개인적인 메시지가 되게 하는 방법이다.

폴더를 만들어라

"업무를 떠나서 문자 메시지를 보내야 해요. 문자 메시지에 정을 담아 보내야 합니다. 상대방이 내가 보낸 문자를 좋아하게 만들어야 해요." 이렇게 설명하면서 자신이 사용하는 문자 메시지 문구를 몇 개 보여주었다. 그는 컴퓨터에 '문자 메시지 문구'라는 폴더를 따로 만들어놓았다. 그 폴더에는 리크루팅 대상자에게 보내면 좋은 문자 메시지 문구들이 월별로, 주간별로 정리되어 있었다. 그중 몇 가지를 소개하면 이렇다.

방금 통장으로 행복을 송금했습니다.
울적할 때 인출해서 쓰세요.
비번은 당신의 웃음……

그가 보낸 문자 메시지 중 가장 좋은 반응을 얻은 것이라고 했다. 이 메시지를 받은 사람들이 '감사합니다. 그런데 비번인 웃음을 잃어버렸어요. 어떻게 해요?'라고 답장을 했다.

인생은 세상 곳곳에 숨겨진 보석을 찾는 여행입니다.

오늘도 보석 하나를 찾으셨으면 좋겠습니다.

삶에 대해 다시 한번 생각하게 하는 메시지다.

○○○님께 400통의 문자를 보냈는데

용량 부족으로 네 글자만 전달되었습니다.

〈감기 조심〉

행복은 덧셈, 욕심은 뺄셈, 돈은 곱셈,

그리고 웃음은 나눗셈하세요. 오늘도 하하호호.

우리는 늘 이겨냈고

이번에도 함께 이겨낼 겁니다.

코로나19, Out!

재치 있고 위트가 넘치는 메시지이고 더불어 따뜻한 마음을 읽을 수 있는 메시지다. "주변에 이런 문자 메시지가 많이 떠돌아다녀요. 전 그것들을 보면 컴퓨터 폴더에 저장해놓았다가 필요할 때 사용합니다. 제 문자 메시지를 기다리는 사람들도 있어요."

'가랑비에 옷 젖는 줄 모른다'는 속담이 있다. 오는 듯 마는 듯 하는 가랑비도 계속 맞으면 옷이 젖는다는 말이다. 가늘게 내리는 비는 조금씩 젖어 들기 때문에 여간해서는 옷이 젖는 줄을 깨닫지 못한다는 뜻이다. 문자 메시지가 그렇다. 목적을 떠나 좋은 이미지를 주는 메시지를 정기적으로 받다 보면 어느샌가 리크루팅 대상자의 마음이 열리게 된다. 따뜻한 마음을 담은 문자 메시지를 정기적으로 보내면 리크루팅 대상자 마음이 어느샌가 열리게 되고 인간적으로 친해지게 된다는 사실을 잊지 마라.

리크루팅 One Point Lesson

문자 메시지 용도는 이름 석 자를 알리는 것이다.
문자 메시지에 목적을 넣으면 안 된다.
읽을수록 기분 좋은 문구를 주기적으로 활용하라.

새로운 소통 채널
SNS를 어떻게 활용할 것인가

지금은 T형으로 소통하는 시대

“지금은 인맥을 관리할 때 T형으로 소통해야 합니다. 하나는 기존의 전통적 소통방법인 수직적 방법입니다. 그리고 다른 하나는 스마트시대에 맞춘 수평적 방법입니다.”

광주에서 만난 매니저가 리크루팅 대상자와 소통하는 방법을 소개하면서 한 말이다. 그는 스마트시대의 리크루팅 대상자 관리 방법이라며 T형 소통방법을 소개했다

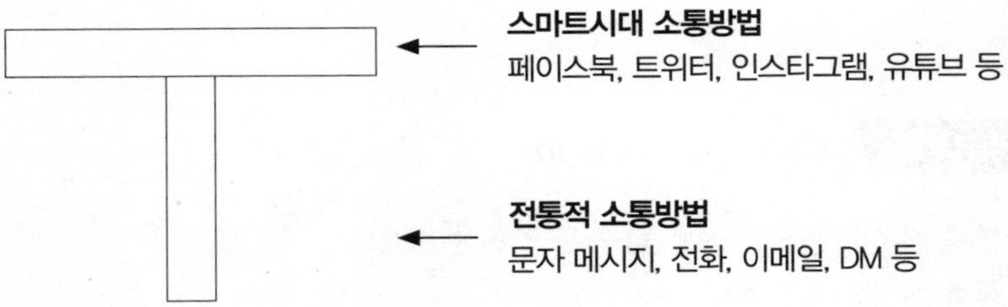

먼저 가로는 수평적 소통방법이다. 인터넷시대, 스마트시대 소통

방법인 페이스북, 트위터, 인스타그램, 유튜브 등으로 소통하는 방법이다. 상호작용하면서 하는 쌍방향 소통방법이다.

두 번째 세로는 수직적 소통방법이다. 지금까지 전통적으로 활용해온 전화, 문자 메시지, 편지, DM, 방문 등으로 소통하는 방법이다. 이는 일방적 소통방법이다. 상대방 동의나 상황과 상관없이 내가 일방적으로 소통하기를 원하는 방법이다.

SNS 어떻게 활용해야 할까?

페이스북이 좋은 점은 잃었던 인맥을 찾을 수 있다는 것이다. 학교 친구, 직장 친구, 사회 친구 또는 친구의 친구 등을 찾을 수 있다. 그리고 그들과 수시로 소통하면서 더 가까워질 수 있다.

"저도 SNS를 하지만 SNS를 활용할 때 한 가지 조심해야 해요." 한 매니저가 리크루팅 활동에 SNS를 활용하는 방법을 설명하면서 한 말이다. 그는 SNS에 올라온 글을 읽다 보면 가끔 역겨움을 느낀다고 했다. 자기 자랑, 홍보성 자료들을 집중적으로 올리는 사람들 때문이다. 잘 알지도 못하는데 날마다 자기를 자랑하는 글을 올리고, 자기가 하는 일을 집중적으로 홍보하는 사람들을 볼 때 욱하고 역겨움이 느껴진다. 이들은 소통이 목적이 아니라 이익이 목적이다.

"어떤 사람은 SNS에 리크루팅 관련 글을 집중적으로 올려요. 사람들에게 거부감을 느끼게 만드는 안티 이미지를 만든다는 것을 그는 몰라요." 그가 이어서 한 말이다. 그는 SNS에 접근하는 방법이 다른 사람과 다르다. 목적을 앞세우지 않는다. 자기 자랑도 하지 않는다. 그 대신 SNS로 연결된 사람들에게 도움이 될 자료나 정보를 정기적으로 올린다.

"저와 저희 팀원은 페이스북에 날마다 재미있는 사진도 올리고 좋은 글도 올리면서 우리가 사는 모습을 보여줍니다." 세상 사는 이야기, 내가 보고 느낀 이야기, 재미있게 사는 모습에 관련된 자료 중심으로 올린다. 희망과 에너지를 주는 글만 올린다. 자기와 관련된 자료를 올릴 때도 자랑이 아니라 다른 사람에게 도움이 될 만한 것만 올린다. 삶에 도움이 되는 정보, 다른 사람이 알아야 하는 정보, 마음이 뭉클해지는 따뜻한 이야기 등을 중점적으로 올린다.

SNS와 리크루팅

재미있는 조사 결과가 있다. 영국의 한 조사기관의 연구 결과에 따르면 다른 사람에게 내가 그를 사랑한다는 마음을 전하기 위해서는 전화통화가 30회, 이메일이 37회, 문자는 163회가 필요하다고 한다. 또 페이스북은 156회, 트위터는 242회 이상 주고받아야 효과가 있다고 한다. 전화 한 통을 하는 것과 비교할 때 페이스북에 5번 정도 글을 올려야 동일한 친밀도가 나오게 된다는 것이다.

이는 무엇을 말하는가? SNS는 신속하고 편리하고 비용이 들지 않는 소통 도구이지만 마음을 전하는 데는 직접 만나는 것이 더 효율적이라는 것이다. 그렇다면 SNS는 어떻게 활용해야 할까? SNS를 활용해서 얻고자 하는 것은 무엇일까? 한마디로 내 주변 사람들에게 내 이름 석 자를 기억하게 하는 것이다. 내 이미지를 긍정적으로 심어주는 것이다. 그것이 전부다. 평상시 SNS로 소통한 후 기회가 될 때 직접 찾아가 만나야 효과적이라는 말이다.

페이스북은 리크루팅 자원을 찾아내 그들과 정기적으로 소통하며 친분관계를 만들어가는 데 유용한 도구다. 페이스북에서 친구 맺기를 하고 이후 정기적으로 소식을 올리고 상대방이 올린 글에도 댓글 달기, 공유하기 등을 통해 친숙한 관계를 만들어간다. 중요한 것은 그다음이다. 온라인으로 친숙해진 그들과 어떻게 오프라인에서 만날지에 대한 연구가 필요하다. 그러기 위해 온라인상에서는 좋은 이미지를 심어주는 데 주력해야 한다.

리크루팅 One Point Lesson

SNS를 통하여 얼굴 알리기에 주력하라.
SNS가 곧바로 리크루팅으로 연결되는 것은 아니다.
오프라인에서 어떻게 만날지 연구해야 한다.

땡큐 카드 활용
땡큐 카드가 '땡큐'를 만들었다

마음을 눈으로 보게 하라

"지난 6개월 동안 신인을 6명 도입했습니다. 매월 1명꼴로 리크루팅한 셈입니다. 제 리크루팅 방법에는 특별한 것이 없습니다. 여러분이 하고 있는 방법이나 제가 하는 방법이나 다른 것이 없습니다. 단지 다른 것이 하나 있다면 저는 매일 땡큐(Thank you) 카드를 보낸다는 것입니다." 한 매니저가 교육장에서 선배 경험담 시간에 후배 매니저에게 들려준 말이다.

그는 매일 땡큐 카드를 두 명에게 보낸다. 리크루팅 대상자뿐만 아니라 고객이나 주변 사람들에게 매일 땡큐 카드를 하루 두 장씩 보내는데 이 카드 덕분에 리크루팅이 잘 풀리는 것 같다고 했다. "제가 항상 고민하고 또 연구하는 것은 어떻게 하면 다른 사람들에게 제 마음을 눈으로 볼 수 있게 할 것인가 하는 것입니다."

'나는 당신을 이렇게 생각하고 있습니다' 하는 마음을 어떻게 보여줄지 고민하고 고민하던 끝에 찾아낸 방법이 땡큐 카드를 활용해 보자는 것이었다. 감사하는 마음을 글로 읽게 해보자는 것이다.

그래서 카드를 하루에 두 장씩 보내기 시작했는데 시간이 지나자 이 카드가 효과를 나타내기 시작했다. 하루에 두 명에게 땡큐 카드를 보내면 이 카드를 받은 두 사람이 나에 대한 좋은 이미지를 갖게 된다. 1주일이면 10명, 한 달이면 40명, 6개월이면 240명을 내 편으로 만드는 효과가 생긴다.

■ **땡큐 카드 활용**

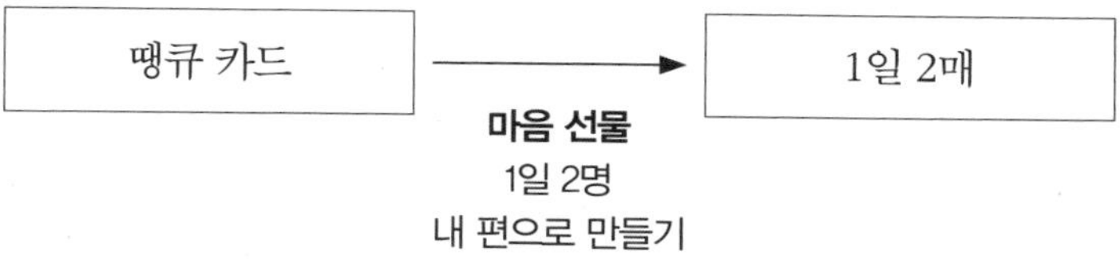

땡큐 카드를 활용하라

"인터넷에 들어가면 카드 전문 사이트가 있잖아요. 그곳에서 한 달 쓸 분량의 카드를 주문해서 사용합니다. 카드 주문할 때 한 가지 잊지 말아야 할 것이 있습니다. 속지가 없는 카드를 보내달라고 하는 것입니다. 속지가 붙어 있는 카드나 속지가 없는 카드나 가격은 똑같습니다." 그 매니저가 땡큐 카드 사용 방법을 설명하면서 한 말이다.

왜 속지가 없는 카드를 보내달라고 하는가? 카드에 속지가 붙어 있으면 카드 속지에 손으로 글을 적어서 보내야 한다. 글씨체가 예쁘면 아무 문제가 없는데 그는 글씨체가 남들에게 보여주기 민망한 악필이라 컴퓨터로 예쁘게 작성한 문구를 프린트해서 카드에 맞게 붙여 사용한다.

카드 속지에 사용할 문구들을 폴더에 모아두었다가 상황에 맞는 문구를 골라 프린트해서 카드 크기에 맞게 자른 후 종이를 반으로 접는다. 그리고 그 부분에 풀칠해서 붙이면 나만의 카드가 된다.

"어제 만난 사람에게는 오늘 반드시 '어제 귀한 시간 내주셔서 감사합니다' 하는 내용을 담아 땡큐 카드를 보냅니다. 생일을 맞은 사람이나 축하해줄 사람이 있으면 '함께할 수 있어 감사합니다' 하는 내용을 담은 카드를 보냅니다."

말보다 강한 것이 글이다

"리크루팅의 최종 목표는 사람을 내 편으로 만드는 것이죠. 그러려면 먼저 상대방이 나에게 좋은 이미지를 갖게 만들어야 합니다. 그 역할을 하는 것이 제가 사용하는 땡큐 카드입니다." 펜이 칼보다 강하다고 했다. 칼은 한 사람밖에 죽이지 못하지만 펜은 수많은 사람을 바꿔놓을 수 있기 때문이다. 사람 마음을 움직이는 데는 무력으로 협박하는 것보다 부드러운 글로 보여주는 것이 더 강한 힘을 발휘한다.

또 '말보다 효과적인 것이 글'이라고 했다. 백 마디 말로 하는 것보다 한 마디 글로 보여주는 것이 더 큰 믿음을 주기 때문이다. 백 마디 말로 떠드는 것보다 한 마디 글로 마음을 읽게 하는 것이 상대방 마음을 훔치는데 더 효과적이다.

"땡큐 카드가 땡큐를 만들었죠." 그가 깔깔깔 웃으면서 한 말이다. 사람을 내 편으로 만들어라. 공략 대상자 마음을 훔쳐라. 이것이 리크루팅 활동의 핵심이다. 우리의 시간과 노력과 열정이 '어떻게 상대방 마음을 훔칠 것인가?'에 집중되어야 한다. 마음을 눈으로 보게 하라. 보이지 않는 마음을 시각화하라는 말이다. 상대방을 생각하는 마음을 눈으로 볼 수 있게 연출하라.

땡큐 카드를 활용해보라. 날마다 감사하는 마음을 상대방에게 전달해보라. 상대방 마음이 빠른 속도로 열리는 것을 체험하게 될 것이다.

리크루팅 One Point Lesson

하루 2명에게 땡큐 카드를 보내라.
감사하는 마음을 눈으로 보게 하는 것이다.
하루 2명을 내 편으로 만드는 방법이다.

스마트시대 선물 활용법
선물에 마음을 담아라

둥근 정(情)이 떴습니다.

오리온 초코파이 하면 무엇이 생각나는가? '정(情)'이라는 단어다. 오리온 초코파이는 "둥근 정(情)이 떴습니다"라는 정 시리즈 광고로 초코파이 시장을 석권했다. 초등학교 친구가 다른 학교로 전학 가게 되자 친구들이 초코파이를 건네면서 이별의 아쉬움을 나누는 전학편으로 시작해서 "지구와 정을 맺다"라는 최근 광고까지 초코파이는 정 시리즈로 국내 시장뿐만 아니라 세계시장을 파고들었다.

리크루팅 활동을 한마디로 말한다면 정 관리다. 사람 마음을 움직이는 것은 리크루팅이다. 따라서 리크루팅은 정(情)관리를 어떻게 하느냐에 따라 성공 여부가 결정된다. 사람과의 정 관리를 어떻게 할 것인가?

선물을 싫어하는 사람은 없다

"우리 속담에 공짜라면 양잿물도 마신다고 하잖아요. 사람은 누구나 공짜 선물을 받는 것을 좋아합니다. 선물을 주면 싫다는 사람 한 명도 없어요. 저는 비싼 선물은 안 합니다. 몇천 원짜리 선물을 주로 하는데 받는 사람들이 다들 좋아해요." 톡톡 튀는 선물을 활용해 리크루팅에서 좋은 결과를 얻고 있다는 매니저가 한 말이다.

그는 리크루팅 대상자를 배양하는 방법으로 작은 선물을 자주 사용한다. 그가 리크루팅에 선물을 활용하게 된 데는 동기가 있다. "몇 년 전입니다. 연도상 수상자들이 하와이에서 여행할 때 한 매니저가 기념품을 잔뜩 사는 거예요." 그가 리크루팅 대상자에게 선물을 활용하게 된 동기를 설명하면서 꺼낸 말이다. 왜 그렇게 선물을 많이 사느냐고 했더니 리크루팅 대상자에게 줄 거라고 했다. 가슴에 화살이 꽂히는 것 같은 충격을 받았다. 프로들은 어디를 가더라도 리크루팅을 잊지 않는 것을 보고 많이 배웠다.

"리크루팅 대상자를 찾아가는 방법 중 하나가 선물을 주는 것입니다. 찾아가는 구실을 만드는 것이지요." 그가 작은 선물을 사용하는 목적을 이렇게 설명했다. 리크루팅 대상자와 친해지려면 자주 찾아가야 하는데 그 구실을 만들라는 것이다. 그 매개체가 선물이다.

"선물을 주어서 신인으로 들어온 사람이 많죠. 그중에서 특히 기억에 남는 사람이 한 명 있어요. 그 사람 고향이 원주예요." 그가 선물을 활용해서 효과를 본 사람을 소개해달라고 했더니 이렇게 말을 시작했다.

한 달 마감을 마치고 팀원들과 함께 단합대회를 겸해서 원주로 여행을 갔다. 지역마다 유명한 향토 음식이 있는데 원주에서 유명한 음식이 감자떡이라는 것을 원주 여행을 하면서 알았다. 감자떡으로 유명한 식당에서 팀원들과 맛있게 먹었다. 그리고 돌아오는 길에 감자떡을 샀다. 그날 저녁 원주가 고향인 리크루팅 대상자를 찾아가 감자떡을 주었다. 원주에 갔는데 생각나서 사왔다고 하면서. 이것이 계기가 되어 그 사람과 친해지게 되었고 결국 한 식구가 되었다.

"저는 어디를 가다가 리크루팅 대상자와 잘 어울리는 아이템이 있으면 사두었다 선물합니다. 이것이 맞춤 선물이라는 것입니다." 그가 선물 요령을 설명하면서 한 말이다.

특별한 의미를 부여하라

"선물할 때는 아무리 작은 것이라도 그 선물에 특별한 의미를 부여하는 것이 중요합니다. 의미가 더해지면 가격은 얼마 되지 않더라도 싸구려로 느껴지지 않습니다."

허브 농장에 갔다가 작은 허브 화분을 잔뜩 사왔다. 허브 화분을 리본으로 예쁘게 포장한 다음 그 안에 카드 한 장을 넣었다. 카드에는 이렇게 쓰여 있었다. "로즈메리 : 머리를 맑게 해주고 기분을 상쾌하게 해주는 허브입니다. 삶의 향기가 달라집니다."

그는 연말연시 잼 세트(딸기잼, 포도잼 등)에는 '올 한 해 달콤하게 보내세요'라는 메시지를 남긴다. 또 행운목을 선물할 때는 "행운을 잡으세요"라고 적은 카드와 함께 선물한다. 그는 리크루팅 대상자에게는 물건만 선물하면 안 된다고 강조한다. 그 대신 스토리와 가치를 담아 선물하라고 한다. 받는 사람은 물건이 아니라 스토리를 더 좋아하기 때문이다.

"가격은 비싸지 않더라도 거기에 태생이라든가, 출생의 비밀이라든가, 만들어진 역사와 같은 스토리가 있다면 그 상품은 더 이상 싸구려가 아닙니다." 비싼 물건을 선물한다고 해서 감동하는 것이 아니다. 값싼 물건이라 해서 상대방을 소홀히 생각하는 것도 아니다. 문제는 물건에 담긴 마음이다.

"스마트시대의 특징 중 하나는 사람들이 정(情)을 그리워한다는 것입니다. 아무래도 디지털 제품들이 편리하기는 하지만 따뜻한 마음은 담을 수 없기 때문일 것입니다." 그는 선물에 따뜻한 정을 담아서 보내라고 강조했다. 이것이 스마트시대에 선물하는 방법이요, 가치를 창조하는 선물 방법이라고 했다.

리크루팅 One Point Lesson

작은 물건을 자주 선물하라.
가격이 꼭 비쌀 필요는 없다.
작은 선물에 마음이 담기면 감동으로 이어진다.

애경사 관리
애경사 다이어리가 있는가

애경사를 챙겨라

인맥관리 달인들에게서 듣게 되는 노하우 중 하나가 애경사 관리에 대한 것이다. 인맥관리 달인들은 공통적으로 사람 마음을 얻을 수 있는 적기가 있다고 말한다. 즉 사람 마음을 얻으려면 타이밍(timing)을 놓치지 말라고 한다. 그때가 언제인가? 상대방에게 애경사가 있을 때다. 애경사를 챙겨주는 것이 평상시 열 번 찾아가는 것보다 더 효과가 있다고 한다. 특히 전혀 예상하지 못했던 사람에게서 축하와 위로를 받으면 두고두고 잊지 않는다고 한다.

■ **애경사 관리의 효과**

평상시 방문	=	애경사 때 방문
10회		1회

'생일 축하해요'

입사 2년 차인 한 세일즈맨을 만났다. 그는 자기가 입사하게 된 동기를 다음과 같이 말했다. 둘째 아이가 다섯 살 되었을 때 일이다. 자녀 양육 문제로 다니던 직장을 그만두고 날마다 집에서 애들과 전쟁을 하고 있었다. 어느 날 오전 11시경 지금의 매니저가 집으로 찾아왔다. 그때는 매니저와 친분이 별로 없었다. 한두 번 만나서 얼굴 정도만 알 때였다.

그런데 갑자기 찾아와 "내일이 생일이잖아요"라면서 생일 축하 케이크를 내밀었다. 예상하지 못했던 사람에게서 뜻밖의 선물을 받으니 기분이 좋았다. 경계심을 가졌던 마음의 빗장이 풀렸다. 이를 무장해제되었다고 하는 걸까.

고마운 마음에 차를 대접하려니 애들 때문에 밖으로 나가지는 못하고 집에서 같이 차를 마시는데 매니저가 잠깐 나갔다 오겠다면서 밖으로 나갔다. 그러나 30분이 지나고 1시간이 지나도 금방 오겠다고 하고 나간 사람이 돌아오지 않았다. 1시간 반 정도 지났을까, 매니저가 돌아왔는데 숨이 목까지 차 있었다. 한 손에는 피자 한 판을 들고서.

어떻게 된 거냐고 했더니 둘째 아이가 노는 모습을 보다가 피자를 사러 나갔는데, 주변에 피자집이 없어 한참 헤맸는데도 못 찾고 시내까지 나가서 사오느라 시간이 많이 걸렸다고 했다. 정말 감동이었다. 지금도 그날을 잊지 못한다. 그 일이 있고 1년 뒤 입사했다.

애경사 다이어리가 있는가

그를 리크루팅한 매니저가 리크루팅 대상자 카드를 만들 때 월별 다이어리에 리크루팅 대상자의 애경사를 적는 일을 제일 먼저 한다고 했다. "시간이 지나면 잊어버려요. 그래서 카드 만들 때 즉시 다이어리에 적는 거죠."

그는 책상 위에 있는 월별 다이어리를 보여주었다. 거기에는 사람들 애경사가 빼곡히 적혀 있었다. 그리고 빨간색으로 진하게 ☆(별표)가 되어 있는 사람도 있었다. 마치 드라마 등에서 다른 사람들에게 자기 생일을 기억하게 하려고 표시해둔 것처럼. 그래서 무슨 표시냐고 물었더니 다른 사람은 몰라도 반드시 챙겨야 하는 사람이라고 했다.

가장 좋은 날은 생일 전날이다

리크루팅 대상자의 생일을 챙기는 타이밍은 언제가 제일 좋을까? 바로 생일 전날이다. 생일에는 가족이나 회사 동료 또는 친구들과 약속이 잡혀 있을 확률이 높기 때문이다. 앞서 소개한 매니저가 리크루팅 대상자의 애경사를 관리하는 방법에 대해 이런 에피소드를 들려주었다.

리크루팅 대상자 생일에 점심이나 저녁식사 약속을 잡으려고 했더니 약속하기가 쉽지 않았다. 점심은 직장 동료나 주변의 친한 사람들과 약속이 잡혀 있고 저녁은 대부분 가족과 함께하기 때문이었다. 그래서 생각한 것이 생일 전날 약속하는 것이었다.

그랬더니 생일 당사자들 반응이 의외로 좋았다. 생각하지 못한 사람이 생일을 미리 챙겨주는 것에 신선한 느낌이 들 뿐만 아니라 친근함까지 느끼게 되었다. 그 뒤 이 매니저는 고객이나 리크루팅 대상자 생일에는 전날 찾아가는 것을 원칙으로 하고 있다.

■ 애경사에 찾아가는 타이밍

생일	애사
생일 전날	남들보다 빨리

애사에는 남들보다 빨리 찾아가라

그가 철저하게 지키는 행동 원칙이 하나 더 있다. 고객이나 리크루팅 대상자에게 슬픈 일이 있을 때는 전국 어디든 찾아간다는 것이다. 그가 특히 잘하는 것은 좋은 일이 있을 때보다 안 좋은 일이 있을 때 찾아가는 것이다. 이 방법으로 영업에 성공할 수 있었고 매니저인 지금은 이 방법으로 사람 관리를 효과적으로 하고 있다.

"제 고향은 전라도 땅끝마을인데 거기까지 찾아왔어요." 한 사원이 자기가 입사 결심을 굳힌 동기를 설명하면서 한 말이다. 3년 전쯤 매니저가 협력자에게서 땅끝마을이 고향인 사람이 모친상을 당했다는 소식을 들었다. 그때가 오후 5시경이었다.

리크루팅 대상자 리스트에 있는 사람이었다. 그는 지난번 한 번 찾아가 만났을 때 냉정하게 거절했다. 더군다나 찾아가야 할 곳이 땅끝마을이었다. 그럴 때 당신은 어떻게 하겠는가? 아는 사람에게 부조금을 담은 봉투를 전달한다고? 대부분 사람이 그렇게 한다.

그러나 그는 그렇게 하지 않았다. 리크루팅 대상자에게 슬픈 일이 있을 때 전국 어디든 직접 찾아간다는 것이, 그리고 남들보다 먼저 찾아간다는 것이 그가 지키는 철칙이다. 그는 곧바로 자동차 시동을 걸었다. 그리고 땅끝마을을 향해 달려서 밤 12시가 거의 다 되어 상가에 도착했다. 조문을 마치고 또 밤새 달려 새벽 동이 틀 때쯤 서울에 도착했다.

보름 정도 지났을까? 모친상을 마친 사람이 직접 찾아와 그 먼 땅끝마을까지 직접 찾아온 것에 감사 인사를 하면서 진지하게 고민해 보겠다고 했다. 그렇게 해서 그는 6개월 후 매니저의 식구가 되었다.

리크루팅 One Point Lesson

애경사 다이어리를 만들어라.
예상하지 못한 사람이 축하해주면 감동이 몰려온다.
슬픈 일이 있으면 남들보다 먼저 찾아가라.

주특기를 활용하라
취미를 즐기면 하수, 취미를 활용하면 고수

취미를 영업에 접목한 사람들

"자~ 여기를 보세요. 김치~ 하시고, 하나, 둘……, 에이~ 그게 뭡니까? 지금 증명사진 찍는 겁니까? 그래요. 그렇게 활짝 웃으세요. 하나, 둘, 셋! 찰칵." 한 매니저가 리크루팅 활동을 하는 장면이다. 그는 리크루팅에 카메라를 활용해서 좋은 결과를 얻고 있었다. 그의 취미는 사진 촬영이다. 자칭 아마추어 사진작가라고 한다.

그의 팀원은 아침에 모두 어깨에 카메라를 한 대씩 메고 출근한다. 카메라동호회 사람들 모임인가 착각할 정도다. 영업활동에 카메라를 활용하는 사람들이다. 자신들을 리크루팅한 매니저의 활동 모습을 영업활동에서 따라 한다.

"어느 날 신문에서 영정사진을 찍어주는 직장인에 대한 기사를 봤어요. 그 기사를 보고 영업에 카메라를 활용해야겠다는 생각을 하게 됐죠." 그가 카메라를 영업활동에 접목하게 된 동기를 이렇게 말했다.

그가 만나는 고객들 책상에는 활짝 웃고 있는 사진이 담긴 유리 액자가 하나씩 있다. 그가 고객들을 만날 때 카메라로 사진을 찍어 선물한 액자인데 모두 환하게 웃는 모습이다. 그의 사진 콘셉트(Concept)는 '행복'이다. 그를 만나는 사람들이 행복해졌으면 좋겠다는 의미에서 활짝 웃는 행복한 모습을 사진으로 남겨주려고 노력한다.

생일, 결혼기념일에 그가 선물하는 것이 사진 액자다. 생일에는 개인이 환하게 웃는 얼굴, 결혼기념일에는 부부가 환하게 웃는 얼굴이 담긴 사진을 액자에 넣어 선물한다. 이 액자를 받은 사람들이 감동하고 두고두고 보관하는 것은 두말할 나위도 없다. 이렇게 그가 사진 액자를 만들어 선물해준 사람이 300명이 넘는다. 그가 리크루팅한 팀원들은 모두 그의 사진 액자를 선물받은 사람들 중에서 나왔다.

■ 취미를 리크루팅에 활용하기

사진 찍기 → 행복한 사진액자

취미 활동 → 영업, 리크루팅에 활용

"일주일에 며칠 활동하세요? 월화수목금? 저희 팀은 월화수목금금금입니다. 토요일, 일요일이 없어요." 그가 이어서 팀원들의 활동 모습을 이렇게 설명했다. 그의 사무실에서는 매주 토요일에 사진촬영 강좌가 열린다. 직장 다니는 사람들 중 사진에 취미가 있는 사람들을 사무실로 초청해서 사진촬영 노하우를 공유하는 것이다. 처음에는 매니저가 팀원들에게 사진촬영 기법을 설명하는 것으로 시작했는데 지금은 이것이 주변 사람들을 초청해서 열리는 전문적인 사진 강좌가 되었다.

한 달에 한 번은 이렇게 모인 사람들로 구성된 동호회 활동으로 불우이웃을 위한 사진촬영 봉사활동도 한다. 또 1년에 두 번, 상반기·하반기로 나누어 팀원과 동호회 회원들이 참가하는 정기 사진전시회도 하면서 친목을 다지고 있다.

'취미 활용'이 최고 방법이다

재주꾼들로 뭉친 한 팀이 있다. 풍선아트 전문가, 종이접기 전문가, 손글씨 POP 전문가, 미니공예 전문가 등 다양한 사람이 모여 한 팀을 이루고 있다. 영업에서도 뛰어난 성과를 나타낼 뿐만 아니라 사회봉사활동도 즐겁게 하는 팀이다.

어떻게 이들이 한 팀이 되었을까? 그 실마리는 매니저에게 있었다. 이 팀 매니저는 전직이 백화점 문화센터 종이접기 전문강사였다. 그가 선배 매니저를 만나 영업활동을 하게 되면서 종이접기를 영업에 활용했다. 고객들을 만날 때 손수 접은 종이접기 작품을 선물했다. 액자나 꽃바구니, 각종 장식품 등 종이접기를 이용한 선물을 주었는데 이것이 고객들에게서 좋은 반응을 얻었고 영업실적도 좋은 성과를 나타냈다.

매니저가 된 후 그는 시간 날 때마다 팀원들에게 종이접기 강좌를 했다. 처음에는 자신의 종이접기 기술을 공유하는 차원이었다. 그런데 팀원 한 명이 "매니저님, 이것을 매주 토요일 리크루팅 강좌로 해보면 어떨까요?" 하는 아이디어를 냈다. 이렇게 해서 본격적으로 시작한 것이 종이접기 강좌다. 이후 좀더 다양한 강좌를 실시해보자는 차원에서 풍선아트 강좌, 손글씨 강좌 등으로 이어졌는데 그때 초청했던 강사들이 지금 팀원이 되어 같이 활동하는 것이다.

"오늘 만나는 사람들과의 관계에는 어떤 마음이 있는가?" 그가 리크루팅 활동을 하면서 자신에게 날마다 질문하는 것이다. 사람과 관계에서 마음을 공유하는 것이 중요하다. 마음이 사람과의 관계에서 온(On)과 오프(Off)를 연결하는 스위치 역할을 하기 때문이다.

공유할 수 있는 상생 거리를 찾아라. 앞에 소개한 사진촬영이 그렇고 종이접기, 풍선아트 등과 같은 강좌가 그렇다. 먼저 마음이 통해야 한다. 그러면 결과는 자연스럽게 연결된다. 취미 활동을 리크루팅에 접목해보라. 취미를 혼자 즐기는 것으로 끝나면 아무 도움이 되지 않는다. 취미도 리크루팅이나 영업에 연결하면 마음을 공유하는 좋은 프로그램이 될 수 있다.

리크루팅 One Point Lesson

취미를 리크루팅에 활용하라.
리크루팅 대상자와 함께할 수 있는 프로그램을 만들어라.
취미를 같이하면 리크루팅이 쉬워진다.

와서 보게 하는 작전
지렛대를 활용하라

'지렛대 이론'을 활용했다

"초등학교 때인가 지렛대 원리를 배웠습니다. 무거운 물체를 작은 힘으로 움직이게 하는 원리입니다. 제 리크루팅 비결은 지렛대 원리라고 할 수 있습니다." 20명이 넘는 조직을 이끄는 매니저가 한 말이다. 그가 리크루팅을 잘하는 비결은 지렛대 원리를 잘 활용했기 때문이다.

사람이 들 수 없는 무거운 물체가 있을 때 이것을 쉽게 움직이도록 하는 것이 지렛대다. 무거운 물체 밑에 지렛대를 꽂고 고정되어 있는 지렛목을 이용해 한쪽 끝에서 힘을 주면 무거운 물건도 쉽게 움직인다. 이를 영어로는 레버리지(leverage)효과라고 한다. 레버리지 효과는 지렛대 원리를 경제와 접목한 것인데 차입금으로 종잣돈을 만들어 높은 수익을 올리는 것이 그 대표적 예다. 집을 사려고 할 때 대출을 이용하는 것도 레버리지효과라고 할 수 있다. 이때 대출이 지렛목 역할을 한다.

"일할 때 지렛대를 이용하면 힘의 크기를 줄일 수 있어 같은 일도 적은 힘으로 할 수 있잖아요. 리크루팅 활동에서도 지렛대를 이용하면 남들은 어렵다는 리크루팅을 쉽게 풀어갈 수 있어요." 그 매니저는 과학의 지렛대 원리와 경제의 레버리지효과 그리고 리크루팅의 지렛대 원리가 크게 다르지 않다고 보았다.

회사 이벤트를 적극 활용하라

"우리 본부에서는 한 달에 한 번씩 리크루팅 후보자 초청 이벤트를 합니다. 저는 이것을 적극적으로 활용했어요." 매니저가 리크루팅에 접목한다는 지렛대 원리를 설명하면서 한 말이다.

회사마다 약간 성격은 다르지만 리크루팅 후보자를 초청하는 이벤트를 하는 것을 볼 수 있다.

학습지 회사에서는 '어머니 교실'을 운영한다. 고객이기도 하면서 잠재 교사 후보자인 어머니들을 초청해서 자녀 교육에 대한 강좌도 실시하고 회사 내부 사정도 볼 수 있게 하는 것이 어머니 교실이다. 화장품 회사에서는 '마사지 교실'을 운영한다. 고객이나 리크루팅 후보자를 초청해 마사지해주면서 자연스럽게 상품도 알리고 친분관계도 맺는 접근 방법이다. 보험회사에서는 '성공 나눔 콘서트'라는 것을 운영한다. 사람들이 관심이 많은 부자 되는 방법 또는 재테크 교육 등을 통해 리크루팅 후보자와 자연스럽게 접촉하는 것이다.

리크루팅이 무거운 물체라고 생각해보자. 우리는 이것을 성공적으로 수행해야 한다. 이때 지렛목 역할을 하는 것이 회사에서 실시하는 리크루팅 후보자 초청 이벤트다. 지렛목은 움직이지 않고 고정되어 있다. 회사에서 실시하는 초청 이벤트는 내가 마음대로 조정할 수 있는 것이 아니다. 움직일 수 없는 지렛목과 같은 이것을 활용하면 리크루팅을 쉽게 풀어나갈 수 있다.

"전 한 달 내내 리크루팅 후보자 이벤트에 초청할 사람을 찾는 데 모든 노력을 기울입니다. 초청 대상자를 골라 친분 쌓기에 주력하고 행사에 초청하는 일에 주력합니다." 월초에 초청 대상자를 종이 한 장에 정리해서 매일 이 사람들을 집중적으로 접촉한다. 전화를 하기도 하고 찾아가기도 하고 선물을 주기도 한다. 이번 달 행사에 참여하지 않은 사람에게는 다음 달 또는 그다음 달을 내다보고 친분 쌓기에 활동력을 집중한다.

와서 보게 하라

"제가 써먹는 방법은 아주 단순해요. 어떻게 하면 이 사람들이 우리 지점에 자주 오게 할까 하는 것이죠." 그가 고민하고 고민했던 것은 리크루팅 대상자를 어떻게 이벤트에 오게 할 것인가 하는 것이었다. 그래서 그가 찾아낸 방법이 '점심 한번 먹자'는 것이다. 부담 없이 오게 하는 핑겟거리를 찾은 것이다. 그리고 점심은 사무실 근처 식당에서 먹고 커피는 자연스럽게 사무실에서 마시는 작전으로 연결했다.

"제 경험으로 보면 세 번만 오면 100% 성공입니다. 한 번 와서 보고 가면 조금씩 달라집니다. 한 번 오고 두 번 오고 세 번만 오면 아무리 안 오겠다던 사람도 오더라고요." 그가 리크루팅 대상자 초청 이벤트를 활용하는 방법은 대상자를 이 행사에 세 번만 참석하게 하는 것이다. 와서 보면 스스로 변하기 때문이다.

"초청장을 받고 아무 생각 없이 이벤트에 참석했는데 행사가 끝나고 가면서 생각이 바뀌었어요." 행사에 참석한 것이 계기가 되어 입사한 한 신인이 들려준 말이다. 이벤트 행사에 참석하고 돌아가는데 '지금까지 내가 생각하던 그런 회사가 아니네' 하는 생각이 든 것이다. 와서 보게 하라(Come & See). 와서 보면 생각이 달라진다.

잡 설명회 활용방법 : 레버리지 효과

핸드폰 카메라를 열어 QR코드에 대면 동영상 강의를 볼 수 있다.

리크루팅 One Point Lesson

지렛대를 활용하라.
회사에서 실시하는 이벤트를 활용하는 방법이다.
와서 보면 생각이 달라진다.

리크루팅 이벤트 만들기
정식으로 초대장을 보내라

마당발에게서 배웠다

"우리가 마당발이라고 부르는 사람이 있어요. 마당발은 인맥이 넓은 사람을 말하잖아요. 언젠가 한 잡지에서 로비스트 세계에 대한 기사를 읽은 적이 있어요. 대표적인 마당발이죠. 로비스트가 인맥을 관리하는 방법에서 제가 지금 실시하는 리크루팅 아이디어를 얻었습니다." 매월 이벤트를 만들어 리크루팅에 접목하는 한 매니저를 만났다.

그가 잡지에서 읽었다고 하는 기사 내용을 정리하면 이렇다. 로비스트는 인맥관리에서 탁월한 네트워커다. 정보에 밝고 설득력이 있으며 자신만만한 태도를 보여준다. 그들이 어떤 식으로 사람들을 자기편으로 만드는가? 로비스트들은 반대편 사람들과도 친해지기 위해 편안한 분위기에서 만날 수 있는 칵테일파티나 저녁 모임을 자주 만든다.

지역 주민들을 설득해야 하는 일을 예로 들면 이렇다. 영향력이 강한 사람을 오랜 시간 전화로 설득하기도 하고 편지 등과 같은 유인물을 만들어 전달하기도 한다. 지역 주민을 위한 이벤트를 만들기도 하고, 대가 없이 도움을 주기도 하고, 문제를 해결해줄 전문가를 소개해주기도 한다.

"잡지 기사를 읽다가 '지역 주민을 위한 이벤트를 마련해준다'는 대목에서 눈이 번쩍 뜨였습니다. 이것을 한번 활용해보자는 생각을 하게 되었죠." 그러면서 그는 리크루팅에서 자신이 활용하는 이벤트를 소개했다.

이벤트를 만들어라

"저는 한 달에 한 번 이벤트를 합니다. 저희 팀원과 함께하는 이벤트죠. 팀 단합도 도모하고 리크루팅 행사도 하는 일석이조의 행사입니다." 월초가 되면 팀원과 함께 이벤트를 실시한다. 전월 마감에 대한 독려도 하고 리크루팅 대상자 관리도 하는 차원에서 실시하는 이벤트다. 경비도 적게 들면서 반응도 좋은 이벤트를 만들기 위한 아이디어를 찾는 데 많은 시간과 노력을 들인다.

■ 리크루팅 이벤트 만들기

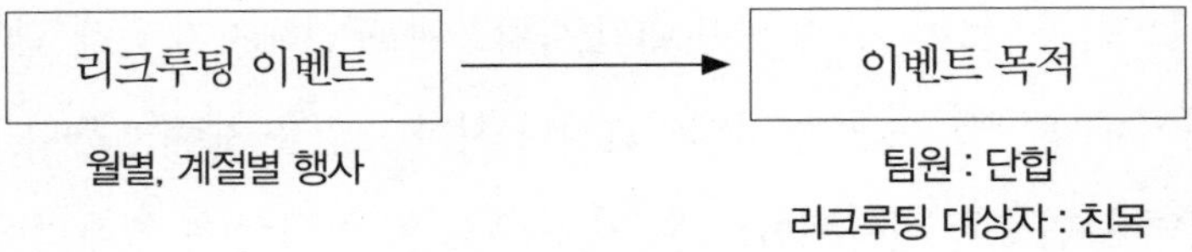

그가 실시해서 좋은 결과를 얻은 이벤트 몇 가지를 소개했다. 아니 자랑이라고 표현하는 것이 옳을 것이다. "여행 이벤트가 가장 효과가 좋았던 것 같아요. 빨리 친해지는 기회도 되었고요." 그가 여행 이벤트에 대한 자랑을 늘어놓았다.

지인이 소유하고 있는 동해안의 별장을 빌려 팀원, 리크루팅 대상자와 함께 1박 2일 여행을 떠났다. 별장에서 파티도 하고 밤새 즐겁게 보냈다. 다음 날 오전에는 강릉~삼척 간 해안 관광열차도 타고 유명한 맛집에 들러 맛있는 음식도 먹었다.

봄에는 진해 벚꽃 축제 이벤트, 여름에는 도자기 체험 이벤트, 가을에는 억새 축제 이벤트, 겨울에는 펜션 이벤트 등 계절에 따라 다양한 아이디어와 함께 이벤트를 전개했다. "이벤트를 통해 빨리 친해질 수 있다는 것이 가장 좋았어요." 리크루팅 대상자와 빨리 친해지는 방법으로 이벤트만큼 좋은 것은 없다.

초대장을 보내라

"저희는 이벤트 행사를 전개할 때 예쁘게 만든 초청장을 보냅니다. 직접 찾아가서 전달하는 것을 원칙으로 하고요." 그는 이벤트를 할 때 리크루팅 대상자에게 예쁘게 만든 초청장을 보낸다. 말로 하는 것이 아니라 초청장을 들고 직접 방문해서 전달한다. 여기에는 정식으로 초청한다는 의미가 들어 있다. 공식적 행사라는 것을 알리는 의미도 있다.

D-10일부터는 매일 참석 여부를 체크한다. 팀원들을 통해 참석 여부를 확인하기도 하고, 전화해서 참석 가능 여부를 묻기도 하고, 직접 찾아가서 설득하기도 한다.

"리크루팅 대상자가 참석하지 않겠다는 경우도 많아요. 그렇다 하더라도 상관없습니다. 제가 손해 보는 것은 없기 때문이죠. 이벤트를 구실로 리크루팅 대상자를 접촉하고자 하는 것이 주목적이니까요."

이벤트를 전개하는 목적은 리크루팅 대상자와 자주 접촉하기 위한 것이다. 행사를 알리면서 만나고, 참석 여부를 확인하면서 접촉하고, 설득하기 위해 만나고 또 만난다. 이벤트에 참석한 리크루팅 대상자와는 빨리 친해질 수 있어 좋다. 자주 접촉할 구실을 만들 때 이벤트만큼 좋은 것이 없더라는 것이다.

리크루팅 One Point Lesson

리크루팅 이벤트를 만들어라.
리크루팅 대상자에게 정식으로 초청장을 보내라.
리크루팅 대상자와 빨리 친해질 수 있는 방법이다.

집중 공략 대상자 100명 만들기
10·30·60 법칙을 따르라

리크루팅 집중 공략 대상자 100명을 만들어라

"세 종류 친구가 있다고 하죠? 밥 같은 친구, 빵 같은 친구, 약 같은 친구요." 자천타천 인맥관리의 달인이라는 매니저를 만났다. 그가 사람 관리하는 방법을 소개하면서 꺼낸 말이다. 세상에는 세 종류 사람이 있다.

첫째는 밥 같은 친구다. 기쁠 때도 슬플 때도 평생 같이할 가장 친한 친구다. 밥은 우리 주식이다. 한국 사람은 밥심으로 산다고 한다. 밥이 없으면 우리는 힘을 못 쓴다. 내 힘의 근원이 되는 친구가 밥 같은 친구다.

둘째는 빵 같은 친구다. 관계가 긴밀한 친구다. 날마다 먹는 것은 아니지만 가끔 먹는 것이 빵이다. 빵을 주식처럼 날마다 먹는 사람도 있다. 그러나 대부분 사람들은 빵을 가끔 먹는다. 날마다는 아니지만 주기적으로 긴밀한 관계를 갖는 사람이 빵 같은 친구다.

셋째는 약 같은 친구다. 급할 때 필요한 친구다. 몸에 이상이 생겼을 때 급하게 찾는 것이 약이다. 나에게 급한 상황이 생겼을 때 찾을 수 있는 친구가 약 같은 친구다.

"어떤 책에서 성공한 사람들이 휴먼 네트워킹하는 방법 중 '10:30:60 법칙'을 활용한다는 글을 본 적이 있습니다." 그가 구체적인 인맥관리 방법을 이야기하면서 한 말이다.

■ 인맥관리 10:30:60 법칙

10명	30명	60명
평생 함께할 친구	관계가 긴밀한 친구	급할 때 찾는 친구

평생 같이할 친구 10명을 만들어라. 기쁠 때나 슬플 때나 나와 함께할 친구들이다. 관계가 긴밀한 친구 30명을 만들어라. 평생은 아닐지라도 정기적으로 만나는 친구들이다. 급할 때 찾을 수 있는 친구 60명을 만들어라. 필요에 따라 모일 수 있는 친구들이다. 이것이 성공하는 사람들이 활용하는 '10:30:60 법칙'이다.

단계별로 구분 관리하라

"리크루팅 집중 공략 대상자를 최소한 100명은 만들어야 합니다. 그리고 그 공략 대상자를 단계별로 관리해야 합니다." 그는 리크루팅 자원 관리 방법을 이렇게 설명했다.

친구를 관리할 때 밥 같은 친구 10명, 빵 같은 친구 30명, 약 같은 친구 60명의 비율로 관리하는 것처럼 리크루팅 대상자를 관리할 때도 '10 : 30 : 60 법칙'을 활용해보라고 했다. 즉 이번 달에 집중적으로 면담을 추진할 사람 10명, 3개월 안에 면담이 가능하게 할 사람 30명, 친분관계 쌓기에 주력해야 할 사람 60명을 만드는 것이다.

■ **리크루팅 10 : 30 : 60 법칙**

10명	30명	60명
이번 달 면담 추진	3개월 내 면담 추진	친분 쌓기에 주력

"이번 달에는 10명을 집중 접촉해서 최소한 한 명을 도입하는 데 성공하는 겁니다. 나머지 90명은 다음을 위해 다양한 접촉 방법으로 친분관계 쌓기에 주력하는 것이죠. 이게 제가 세일즈와 리크루팅을 하면서 집중적으로 실천하는 사람관리 방법입니다." 이것이 타깃 리크루팅 방법이요, 배양 리크루팅 방법이라고 그는 힘주어 말했다.

리크루팅은 100명의 자원 중에서 나온다

먼저 매일 리크루팅 대상자를 찾는 활동을 게을리하면 안 된다. 리크루팅 대상자는 적어도 하루에 한 명은 꼭 찾아야 한다. 매일 리크루팅 대상자를 찾는 활동을 통해 후원자 자원을 100명 확보하는 것이 첫 번째 해야 할 일이다. 그래야 두 번째 단계로 넘어갈 수 있다.

집중 공략 대상자 100명을 3개월, 6개월 앞을 보면서 친분관계 쌓기에 주력하는 것이 두 번째 단계다. 세 번째 단계는 평상시 쌓아온 친분관계를 기반으로 이번 달 집중적으로 공략할 대상자를 10명 추려내 그들에게 모든 활동력을 집중하는 것이다.

"제 리크루팅의 힘은 여기에서 나옵니다. '10 : 30 : 60 법칙'을 따랐더니 사람을 체계적으로 관리하는 방법이 나오더라고요." 그가 결론적으로 한 말이다.

리크루팅 One Point Lesson

리크루팅 집중 공략 대상자 100명을 만들어라.
이번 달 집중 접촉할 사람은 10명이다.
10명 중 한 명을 리크루팅하는 것이 이번 달 목표다.

리크루팅 상담스킬

상담화법편

리크루팅 상담 1계명

칵테일파티 효과를 기억하라

칵테일파티 효과

리크루팅을 컨설팅하다 보면 많은 매니저한테 듣는 질문이 있다. "리크루팅 상담을 하다 보면 거절이 나오잖아요. 거절이 나오지 않게 하려면 어떻게 해야 해요?"라는 질문이다. 이 질문에 대답하기 전에 먼저 기억해야 할 것이 있다.

칵테일파티 효과(Cocktail party effect)라는 것이다. 칵테일파티 같은 연회장에서 사람들이 삼삼오오 어울려 대화한다. 그러다 보니 주변이 매우 소란스럽다. 앞에 대화를 나누는 사람 이야기가 잘 들리지 않는다. 이런 환경에서 되도록 주변 소음을 걸러내고 자신과 대화하는 사람 말에 집중하고자 한다. 이것을 '칵테일파티 효과'라고 한다.

리크루팅 대상자는 우리가 하는 말에 관심이 없다. 오로지 자기 문제에만 관심이 있다. 자기 문제와 관련된 이야기가 아니면 아무것도 들으려 하지 않는다. 자기 문제에만 관심이 있는 사람에게 어떻게 접근할 것인가? 상대방이 가장 듣고 싶어 하는 이야기를 하라. 이것이 거절을 방지하는 화법 전략이다.

듣고 싶어 하는 말이 무엇인가?

'1865 와인'이 있다. 1865 와인은 칠레산 와인으로 숫자를 브랜드명으로 사용하는 독특한 와인이다. '1865' 하면 어떤 생각이 드는가? 18세부터 65세까지 즐겨 마시는 와인? 생산연도가 1865년인 와인? 골프에서 18홀을 65타에 치게 하는 와인? 사람에 따라 1865에 대한 생각이 다양하다. 1865 와인은 칠레 와인 제조사 산페트로의 설립연도(1865)를 기념하기 위해 브랜드 이름으로 쓴 와인이다.

골퍼들의 로망(roman)은 싱글(single)이 되는 것이다. 싱글이란 골프에서 핸디캡이 한 자리 숫자(9 이하)인 사람을 일컫는 말이다. 즉 18홀의 기본타수가 72타인데 이 18홀을 70타대에서 경기하는 사람을 싱글이라고 한다. 골퍼들의 관심은 어떻게 하면 70타대 경기를 하는 싱글이 되느냐 하는 것이다.

한 팀이 라운딩을 마친 후 클럽하우스 식당에서 식사를 했다. 그냥 식사만 하는 게 그랬던지 오늘 운동을 주최한 사람이 셰프를 불러 식사와 함께 간단하게 한잔 할 수 있는 와인이 있느냐고 물었다. 그때 셰프가 이렇게 말했다. "18홀을 65타에 치게 해주는 기가 막히는 와인이 있는데 소개해드릴까요?"

이 한마디에 함께 식사하던 사람들 눈이 휘둥그레졌다. "어? 그런게 있어요? 어디 가져와 보세요." 1865 와인이 나오자 와인을 한 잔씩 따른 후 행사를 주최한 사람이 '18홀을' 하고 선창하자 나머지 사람이 와인잔을 부딪치며 '65타에'라고 한목소리로 외쳤다. 그러면서 대화의 중심이 1865라는 와인 이야기로 이어져갔다.

우리는 팔지 않습니다

외국계 보험회사에서 근무하는 매니저를 만났다. 그가 즐겨 쓰는 화법이 '우리는 보험을 팔지 않는다'는 화법이었다. 리크루팅 대상자들이 영업이라고 하면 상품을 파는 것이라는 고정관념이 있어 그가 개발한 화법이다. 주변 사람들에게 상품을 팔아야 한다는 부담감 때문에 '주변에 사람이 없다', '말을 잘 못한다' 등으로 거절하는 것을 해소해주기 위해 개발한 화법이다.

"우리는 보험을 팔지 않습니다." 보험회사가 보험을 팔지 않으면 무엇을 판단 말인가? "무슨 말이에요? 보험을 팔지 않는다고요?" 리크루팅 대상자가 묻는다. "옛날에는 보험을 팔았습니다. 그러나 지금은 보험을 팔지 않습니다." 그가 이렇게 말했다.

옛날에는 보험회사였는데 지금은 보험회사가 아니라는 말인가? 그게 아니다. 옛날에는 주변 사람들을 찾아다니며 보험이라는 상품을 팔았다. 그러나 지금은 주변 사람들을 찾아다니며 보험을 팔지 않는다. 아직도 주변 사람들에게 보험을 팔겠다고 덤비는 이들은 구석기시대 사람이다. 4차 산업혁명이라는 최첨단시대를 살면서도 생각은 아날로그시대에 머물러 있는 사람들이다. 오래전 없어져야 했던 사람들이 아직도 활동하는 것이다.

"그러면 도대체 무엇을 파는데요?" 리크루팅 대상자가 궁금하다는 듯이 다시 묻는다. "우리는 솔루션을 팝니다." 고객의 문제를 연구하고 그 문제를 해결해주는 솔루션을 파는 것이 우리가 하는 일이다. 상품을 파는 사람은 아마추어다. 솔루션을 파는 사람이 프로다. 우리는 상품을 파는 세일즈맨이 아니라 고객의 문제를 해결해주는 솔루션 컨설턴트다.

"우리는 날마다 고객을 연구합니다"라면서 100세시대에 고객의 행복을 어떻게 디자인해줄지, 고객의 노후를 어떻게 설계해드릴지, 고객의 소중한 자산을 어떻게 효율적으로 관리해드릴지 날마다 공부하고 또 공부한다고 강조했다. 그는 '우리는 보험을 팔지 않는다'는 말로 상대방에게 궁금증을 갖게 만든 다음 '솔루션 컨설턴트'를 강조하는 것으로 상담을 마무리했다.

리크루팅 One Point Lesson

칵테일파티 효과를 기억하라.
사람은 자기가 듣고자 하는 이야기만 듣는다.
리크루팅 대상자가 듣고자 하는 말이 무엇인지 연구하라.

리크루팅 상담 2계명

설득하지 말고 공감하게 하라

자존감 욕구

"이 세상에서 사람을 움직이게 하는 비결은 하나밖에 없다. 스스로 움직이고 싶도록 만드는 것이다." 데일 카네기가 한 말이다. "사람이 지닌 성정 가운데 가장 강한 것은 남에게 인정받기를 갈망하는 마음이다." 심리학자 윌리엄 제임스가 한 말이다. 자존감을 높여주는 방법이 가장 좋은 설득 방법이라는 것이다.

리크루팅을 잘하는 사람들은 자존감을 살려주는 데 명수들이다. 그들은 설득하는 화법보다는 상대방이 공감하게 하는 화법을 주로 사용한다. 그들을 만나는 사람들이 약해질 수밖에 없고 쉽게 마음을 여는 이유가 여기에 있다.

자존감을 높여주는 화법을 개발하라. 이런 화법은 설득화법이 아니라 공감화법이다. 설득화법은 강제로 변화시키려는 것이지만 공감화법은 스스로 변하게 하는 것이다.

설득하지 말고 공감하게 하라

《마케팅 황제 존 스컬리, 스티브 잡스를 만나다》라는 책이 있다. 애플 창업자 스티브 잡스와 마케팅 황제 존 스컬리의 만남을 다룬 책이다. 애플의 최고 CEO로는 흔히 스티브 잡스를 꼽는다. 그러나 존 스컬리가 없었다면 오늘의 애플은 없었을지도 모른다.

애플 창업자 스티브 잡스는 처음부터 CEO였을까? 정답은 '아니요'이다. 잡스는 애플의 여섯 번째 CEO였다. 스무 살에 애플을 창업한 잡스는 풋내기라는 인상을 주지 않으려고 자기보다 나이가 많은 전문 경영인을 앞세워 회사를 키워나갔다. 1대, 2대 전문 경영인을 통해 회사 규모가 3개월마다 두 배씩 성장하는 엄청난 발전을 했다. 창업 후 10년쯤 되었을 때 잡스는 3대 CEO를 찾는다. 그때 잡스가 주목한 사람이 펩시 신화를 만들고 혁신의 아이콘으로 불린 펩시콜라 사장 존 스컬리였다.

스컬리는 코카콜라에 뒤져 영원한 2등이었던 펩시콜라를 '펩시 챌린지'라는 광고 전략과 함께 블라인드 테스트(Blind Test, 공공장소에서 제품 브랜드를 붙이지 않고 소비자에게 두 가지 콜라를 마시게 한 후 더 맛있는 콜라를 선택해보라고 하는 테스트)를 통해 사상 처음으로 1등 자리에 오르게 했다. 그 공로로 그는 펩시 창사 이래 최연소 CEO가 되었다.

잡스가 스컬리에게 스카우트를 제의한 건 그즈음이었다. 애플에 마케팅 인재가 필요했던 잡스는 여러 경로로 스컬리에게 스카우트를 제의했지만 번번이 거절당했다. 콜라시장에서 이룰 건 다 이루었으니 이제 새로운 세상을 위해 함께 일해보자고 설득했으나 그럴 때마다 돌아오는 것은 거절뿐이었다. 그 당시 애플은 펩시에 비하면 구멍가게 수준밖에 안 되는 아주 작은 회사였기 때문이다.

그럼에도 잡스는 스컬리 영입을 포기하지 않았다. 하루는 잡스가 맨해튼에 있는 자신의 콘도에 스컬리를 초대해서 애플 CEO 자리를 권유했다. 하지만 스컬리는 단호하게 거절했다. 그때 잡스가 스컬리에게 결정적인 한마디를 던진다.

"남은 인생을 설탕물이나 팔면서 보내시겠습니까? 아니면 세상을 한번 바꿔보시겠습니까?(Do you want to spend the rest of your life selling sugared water, or do you want a chance to change the world?)"

무례하고 도발적인 질문이 아닐 수 없었다. 그러나 이 한마디를 들은 스컬리는 마치 망치로 뒤통수를 얻어맞은 것과 같은 충격을 느꼈다. 그날부터 스컬리 마음은 대혼란에 빠졌다. 호수처럼 평화로웠던 그의 마음은 태풍의 눈에 빨려 들어간 것처럼 엄청난 소용돌이에 휩싸였다. 절체절명의 인생 고민이 시작되었다. 얼마 지나지 않아 스컬리는 거대한 기업 펩시에 사표를 던지고 구멍가게 수준의 애플로 자리를 옮겼다.

설득하려고 덤볐을 때 존 스컬리는 마음에 변화가 없었다. 아니 완강하게 거절했다. 그러나 공감하게 했더니 급격하게 심경의 변화가 일어나 며칠 만에 구멍가게 같은 애플로 옮길 결심을 했다. 사람 마음을 움직이려면 설득하는 것이 아니라 공감하게 해야 함을 보여주는 단적인 예다.

10년 후에도 똑같을 겁니까?

한 세일즈맨을 만났다. 그는 2년 전까지는 대기업에서 과장으로 근무했다. 그가 지금 일로 전직한 사연을 이렇게 말했다. 2년 전 어느 날 지금의 매니저와 점심식사를 함께했다. 그리고 커피숍에서 이런저런 얘기를 하다가 매니저가 자리에서 일어나면서 이 한마디를 던지고 갔다.

"10년 후에도 똑같을 겁니까?" 이 한마디가 그의 가슴을 헤집고 들어왔다. 그동안 잠잠했던 그의 마음에 폭풍이 일었다. 지금까지 100m를 달리듯 앞만 보고 달려왔는데 이 한마디를 듣고 100m 트랙 한복판에서 멈춰선 선수처럼 그 자리에 멈춰 서서 미래를 고민하기 시작했다.

'10년 후?, 지금이 30대 초반, 10년 후에는 40대…….' 매니저가 던지고 간 한마디가 몇 날 며칠 머릿속에서 떠나지 않았다. 그래서 매니저에게 전화해 만나자고 했다.

그날 매니저에게서 다음과 같은 말들을 또 듣게 된다. '어린이의 10년 후를 생각합니다.' 한 학습지 회사 슬로건이다. 어린이의 10년 후를 생각하며 활동한다는 것이다. 나는 고객의 10년 후를 책임져주는 일을 한다. '10년 후 먹거리를 찾아라.' 모 그룹 회장이 한 말이다. 10년 후 무엇을 어떻게 먹고살지 고민하라는 말이다. "나는 10년 후에는 어떤 모습일지 생각하면서 오늘을 산다." 이 말을 듣고 그는 전직을 결심하게 되었다.

매니저는 설득하지 않았다. 단지 공감하는 한마디를 던졌을 뿐이다. 그런데 공감하게 하는 그 한마디가 사람 마음을 흔들어놓았다. '사람은 공감하면 90%가 바뀐다'는 말을 잊지 마라.

리크루팅 One Point Lesson

설득하지 말고 공감하게 하라.
설득은 강제로 상대방을 변하게 하려는 것이다. 그래서 힘들다.
공감은 스스로 변하게 하는 것이다.

리크루팅 상담 3계명

머리가 아니라 가슴을 공략하라

하수 엄마, 고수 엄마

"그렇게 하지 말랬지? 엄마가 하지 말라고 하면 하지 말아야지?" 초등학생 자녀에게 한 엄마가 야단을 치고 있었다. 엄마는 아이가 시키는 대로 하지 않아서 화가 난 모양이었다. 아이를 엄마 눈높이로 보고 있었다. 수직적 관계로 보는 것이다. 그러니 아이는 엄마가 지시하고 명령하고 통제하는 대로 따라야 하는 기계적 존재에 불과하다. 이것이 하수 엄마의 특징이다. 이성적인 방법으로 자녀에게 접근하면 하수 엄마다.

"우아, 잘했네! 어떻게 이런 걸 생각했어. 엄마도 생각하지 못했던 방법이네." 한 엄마가 아이의 조그만 행동에도 반색하며 칭찬해준다. 엄마 눈높이가 아니라 아이 눈높이로 아이를 바라본다. 아이 생각과 행동을 공감해주고 격려해주고 응원해주는 것이다. 아이는 자신감을 얻게 되고 더 좋은 것을 위해 계속 도전한다. 고수 엄마의 특징이다. 감성적인 방법으로 자녀에게 접근하는 엄마가 고수 엄마다.

하수 매니저가 있고 고수 매니저가 있다. 하수 매니저는 이성적인 방법으로 리크루팅 대상자에게 접근한다. 상대방을 변화시키기 위해 설득하려고 덤벼든다. 반면 고수 매니저는 감성적인 방법으로 접근한다. 설득하기에 앞서 공감하게 하는 데 더 집중한다. 결과만 얻으려 하면 하수다. 사람을 먼저 얻어야 고수다. 나는 하수 매니저인가, 고수 매니저인가?

이성적인 방법이냐, 감성적인 방법이냐?

사람을 변화시키기 위해 접근하는 방법에는 두 가지가 있다. 하나는 이성적인 방법이고, 다른 하나는 감성적인 방법이다. 이성적인 방법은 머리로 접근하는 것이다. 지시하고 명령하고 통제하는 방법이다. 리크루팅에서는 상대방을 설득하려고 덤비는 것이 대표적인 경우다. 목적을 달성하기 위해 수려한 언변으로 상대방을 설득하려고 한다. 그러나 이성적인 방법으로 접근하면 리크루팅은 대부분 실패한다.

반면에 감성적인 방법은 가슴으로 접근하는 방법이다. 공감하고 경청하고 격려하는 것이다. 기쁨과 슬픔을 같이하면서 항상 함께한다는 이미지를 심어주는 방법이다. 사람은 어떤 방법으로 접근해야 더 효과적일까? 결론부터 말하면 이성적인 방법보다 감성적인 방법이 더 효과적이다.

머리가 아니라 가슴을 공략하라

리크루팅 상담은 머리를 공략하는 것이 아니다. 머리를 공략하는 것은 이성적인 방법이다. 즉 설득하려는 것이다. 하지만 상대방 마음은 변하지 않는다. 머리에는 다음과 같은 특징이 있기 때문이다.

■ **머리의 특징**

- 머리는 차가운 것을 좋아한다.
- 머리는 긴장을 좋아한다.
- 머리는 따지는 것을 좋아한다.
- 머리는 앞서가기를 좋아한다.
- 머리는 받기를 좋아한다.

머리는 냉정하고 계산적이고 자기중심적이다. 그래서 머리는 주는 것보다 받는 것을 더 좋아한다. 리크루팅을 머리로 접근하지 말아야 하는 이유가 여기에 있다. 리크루팅을 설득하려고 덤비지 말아야 하는 이유가 여기에 있다.

설득이라는 단어를 보라. 그 안에는 변화라는 의미가 들어 있다. 상대방을 변화시키는 것이 설득이다. 다른 방향으로 가는 상대방을 내가 원하는 방향으로 변하게 만들고자 하는 것이 설득이다. 상대방이 스스로 변하게 하는 것이 아니라 내 쪽으로 강제로 변하게 하고자 하는 것이 설득이라는 말에 들어 있다. 그래서 설득하려면 힘들고 많은 에너지가 필요하다.

리크루팅은 머리가 아니라 가슴을 공략해야 한다. 가슴을 공략하려면 감성적인 화법으로 접근해야 한다. 감성적인 화법은 설득하는 것이 아니라 공감하게 하는 방법이다. 감성적인 방법으로 접근하면 상대방이 스스로 변한다. 가슴에는 다음과 같은 특징이 있기 때문이다.

■ **가슴의 특징**

- 가슴은 따뜻한 것을 좋아한다.
- 가슴은 여유를 좋아한다.
- 가슴은 이해하기를 좋아한다.
- 가슴은 같이 가기를 좋아한다.
- 가슴은 주는 것을 좋아한다.

가슴은 안아주려 하고 함께 가려 한다. 가슴은 나 중심이 아니라 상대방 중심이다. 그래서 받으려 하기보다는 주려고 한다. 리크루팅을 가슴으로 접근해야 하는 이유가 여기에 있다. 리크루팅을 설득하는 것이 아니라 공감하게 해야 하는 이유가 여기에 있다.

공감이라는 단어를 보라. 그 안에는 스스로 변화한다는 의미가 들어 있다. 밖으로부터의 강제적 변화가 아니라 내부로부터의 자발적 변화가 일어난다는 의미가 들어 있다. 사람은 공감하게 하면 쉽게 변한다. 스스로 변하기 때문이다. 그렇기에 공감이 설득보다 에너지가 적게 들어간다.

독일 철학자 헤겔은 “마음의 문을 여는 손잡이는 안쪽에만 있다”고 했다. 리크루팅을 머리가 아니라 가슴으로 접근해야 하는 이유다. 리크루팅을 설득하는 것이 아니라 공감하게 해야 하는 이유다.

리크루팅 One Point Lesson

어떤 방법으로 상담할 것인가?
설득하지 마라. 머리를 공략하는 방법이다.
공감하게 하라. 가슴을 공략하는 방법이다.

리크루팅 상담 4계명

카타르시스가 일어나게 하라

설득하려고 덤비지 마라

"상담할 때는 한 가지 원칙이 있어요. 내가 말을 많이 하면 안 된다는 것입니다. 그러나 사람들은 대부분 자기가 말을 많이 하려고 한다는 것이 문제입니다." 상담심리학을 전공했다는 한 매니저가 한 말이다. 그는 학교에서 학생들 문제를 해결해주는 상담교사로 오래 근무했다. 학교에서는 상담교사로, 평생교육원에서는 상담학을 강의하다가 지금은 매니저로 활동하고 있다.

"리크루팅 대상자와 상담할 때 꼭 잊지 말아야 할 것이 있습니다. 설득하려 덤비지 말고 상대방에게 카타르시스(정화작용)가 일어나게 해야 한다는 것입니다." 그는 이렇게 말하면서 어릴 적 경험한 일을 이야기했다.

초등학교 다닐 때 일이다. 엄마 손을 잡고 초등학교 정문 앞을 지나가는데 한 할머니가 연탄 화덕 위에 국자를 얹어놓고 설탕을 녹이고 있었다. '달고나'라는 설탕과자였다. 엄마에게 사달라고 했더니 불량식품이라며 안 된다고 했다. 엄마 손을 끌면서 사달라고 졸랐더니 엄마가 손을 놓아버렸다. 어린 마음에 땅바닥에 털썩 주저앉아 엉엉 울었다. 한 5분을 그렇게 울었는데 울다가 눈을 떠보니 이미 엄마는 가버리고 없었다. 그런데 한참 울었더니 하늘이 뱅뱅 돌고 노랗게 보이면서 별이 왔다 갔다 하는데도 속은 후련했다. 마음속에 카타르시스가 일어났기 때문이다.

카타르시스가 일어나게 하라

'카타르시스'라는 말이 있다. 이는 정화, 배설을 뜻하는 그리스어인데 '정화'라는 종교적 의미로 쓰일 뿐만 아니라 몸 안의 불순물을 배설한다는 의학적 용어로도 쓰인다. 성당에 다니는 사람은 마음속으로 지은 죄, 행동으로 지은 죄를 신부에게 다 털어놓는다. '고해성사'이다. 신부에게 마음속에 있는 것을 다 털어놓고 돌아서면 후련하다. 마음속에서 카타르시스가 일어났기 때문이다.

병원 정신과에서 환자들을 치료할 때 많이 쓰는 방법이 있다. 환자 마음에 카타르시스가 일어나게 하는 것이다. 요즘 40대 주부 중 정신과를 찾는 사람이 부쩍 늘었다고 한다. 경기가 어려워져 소득이 줄었는데 물가는 올라가고, 스트레스는 쌓이고……. 이런 것들이 쌓이고 쌓여 우울증으로 발전했기 때문이라고 한다.

그러면 정신과에서 우울증 환자를 치료하는 방법이 무엇일까? 우울증 환자에게 마음속에 있는 것을 다 털어놓게 하는 것이다. 시어머니 문제, 남편 문제, 자녀들 문제 등 마음속에 쌓인 문제들을 눈물, 콧물 흘리며 다 털어놓게 만든다. 마음속에 쌓인 것을 다 털어놓으면 속이 후련해진다. 카타르시스가 일어났기 때문이다.

시간을 투자해서 마음을 사라

"저는 당장을 보지 않습니다. 제가 리크루팅할 때 가장 중점적으로 추진하는 것은 상대방 마음에 카타르시스가 일어나게 하는 일입니다. 장기적으로 보면 이 방법이 더 효과적이던데요." 이렇게 말하면서 한 사원의 사례를 들려주었다.

그 사원은 입사한 지 3년 차 되었는데 그를 처음 만나서 6개월 만에 리크루팅했다. 다른 팀원이 1년, 2년 걸린 것에 비하면 짧은 기간에 리크루팅에 성공한 케이스다. 처음 그를 만났을 때는 얼굴색이 무척 어두웠고 얼굴에 수심이 가득 차 있었다. 시어머니와 갈등으로 마음고생이 심했기 때문이다. 시어머니가 일찍 남편을 사별하고 홀로 아들을 키워서 아들에 대한 집착이 강했다. 그러다 보니 사소한 것으로도 갈등을 빚었다.

상담학을 전공한 그는 이 사람을 만날 때마다 20분이고 30분이고 듣는 일만 했다. 마음속에 있는 것을 다 털어놓게 해주었다. 세 번째 만남부터는 누구에게도 털어놓지 않았다는 얘기도 털어놓으며 '언니'라 부르겠다고 했다. 만나면 친언니와 같은 포근함을 느끼게 된다면서 말이다. "저는 시간을 투자해서 그 사람 마음을 샀습니다." 이 매니저가 카타르시스의 중요성을 강조하면서 한 말이다.

시장 선점이 중요합니다

은행원 출신의 신인을 상담할 때 이야기다. 30여 분 동안 그에게 일어난 사건들 이야기를 다 들어주었다. 마음속에 있는 것을 다 털어놓게 했다. 카타르시스가 일어나게 한 것이다. 그런 후 마지막에 그에게 주특기가 뭐냐고 물었다. 은행에서 중점적으로 하는 업무가 무엇이냐고 물었다. VIP 고객들을 상대로 재무컨설팅을 한다고 했다. VIP 고객들에게 자산관리 컨설팅을 해주어 좋은 성적을 냈다고 했다.

"시장을 선점하십시오. 앞으로 시장의 중심은 금융입니다. 경제가 성장하고 소득이 올라가면 올라갈수록 금융이 세상의 중심이 됩니다. 당신 주특기는 재무 컨설팅이라 했고 또 그것을 접목해서 탁월한 성과를 만들어낸 경험도 있잖습니까? 두려워하지 말고 과감하게 결정하십시오. 하루라도 빨리 시장을 선점하는 것이 좋습니다." 이 말에 그는 용기를 얻어 전직했고 예상대로 입사 1년 만에 억대 연봉자 리스트에 이름을 올렸다.

리크루팅 대상자와 상담할 때 매니저가 갖추어야 할 제1조건은 공감지수다. 상대방을 설득하려는 설득지수가 아니라 상대방 마음속에 있는 응어리를 풀어주는 공감지수가 중요하다. 공감지수를 높이는 방법이 상대방 마음에 카타르시스가 일어나게 하는 것이다.

생각해보라. 내가 말을 많이 하면 카타르시스는 나에게만 일어난다. 그러면 달라지는 것은 아무것도 없다. 내가 말을 많이 하기보다는 리크루팅 대상자에게 말을 많이 하게 해야 한다. 그래야 리크루팅 대상자에게 카타르시스가 일어나게 되고 그러면 결정이 빨라진다.

기가 막히게 먹히는 화법 : 선수필승, 승자독식

핸드폰 카메라를 열어 QR코드에 대면 동영상 강의를 볼 수 있다.

리크루팅 One Point Lesson

카타르시스가 일어나게 하라.
마음속에 있는 응어리를 다 털어놓게 하라.
입이 큰 사람이 아니라 귀가 큰 사람이 되어야 한다.

리크루팅 상담 5계명

화법 다이어리를 만들어라

화법 냉장고

냉장고 종류는 일반 냉장고, 김치 냉장고, 화장품 냉장고, 와인 냉장고, 아이스크림 냉장고 등 보관하는 물품에 따라 다양하다. 그럼 냉장고의 용도는 무엇일까? 첫째는 신선한 상태를 유지하는 것이다. 냉장고에 식품을 저장하면 시간이 지나더라도 신선한 상태 그대로 보전할 수 있다. 둘째는 상하지 않게 하는 것이다. 냉장고 안에 있는 식품은 외부온도가 변하더라도 부패하거나 곰팡이가 생기지 않는다. 셋째는 숙성시키는 것이다. 냉장고에서 일정한 온도에 저장된 식품은 발효나 숙성이 일어나 몸에 좋은 식품으로 변한다.

리크루팅 화법 냉장고가 필요하다. 리크루팅 화법을 한곳에 보관하고 생각의 숙성이 일어나게 하는 화법 냉장고가 있어야 한다. 그것이 '리크루팅 화법 다이어리'다.

화법 다이어리를 만들어라

한 매니저를 만나기 위해 그가 근무하는 지점으로 찾아갔다. 리크루팅을 잘하는 노하우를 인터뷰하기 위해서였다. 만나자마자 그가 "저에게는 보물 1호가 있어요"라면서 책상 가운데 놓인 노트 한 권을 보여주었다. "5년 전 거금 2만 원을 주고 장만한 노트예요." 가죽 커버로 된 두툼한 노트였는데 얼마나 자주 사용하였는지 노트가 많이 낡아 있었다.

그는 노트가 자신이 가장 소중히 여기면서 날마다 끼고 사는 보물 1호라고 했다. 그 노트에는 다양한 형태의 생각이 메모되어 있었다. 어떤 생각은 그림으로 그려져 있고, 어떤 생각은 삼행시로 표현되어 있고, 어떤 생각은 알아볼 수 없는 글씨로 휘갈겨 있었다. 또 어떤 생각은 접착식 메모지로 붙여져 있었다.

이 노트를 장만하기 전에는 회사에서 준 다이어리를 사용했다. 회사 로고가 인쇄되어 있는 그 노트에 매일 이것저것 생각나는 대로 메모했는데 왠지 불편했다. 노트 안에 이런저런 내용들이 마구 섞여 있다 보니 정작 필요한 생각을 찾는 데 시간이 많이 걸리고 어떤 때는 원하는 것을 찾지도 못했다.

그래서 영업이나 리크루팅에 관련된 화법만 따로 모아놓는 노트가 필요하다고 느꼈다. 기왕에 장만하는데 좀 고급스러운 노트로 하자는 생각에 거금 2만 원을 주고 가죽 커버로 된 다이어리를 샀다.

그는 이 노트에 생각날 때마다 영업이나 리크루팅에 관련된 화법을 일기 쓰듯이 적어놓았다. 선배의 경험담을 듣다가 괜찮은 화법이다 싶으면 메모했다가 그날 저녁 이 노트에 옮겨놓았다. 신문이나 인터넷에 실린 광고를 보다가 괜찮은 문구가 있으면 이 노트에 적어놓았다. 그의 재치 있고 톡톡 튀는 화법은 이 노트에서 나온 것이었다.

성공의 반대말이 무엇인지 아세요?

그에게 화법 다이어리에 있는 것 중 유용하게 활용하는 리크루팅 화법을 하나 소개해달라고 했다. 그랬더니 주저하지 않고 "성공의 반대말은 실패가 아니다. 도전하지 않는 것이다"라는 화법을 소개했다. 그는 이 화법을 선배 경험담에서 발견했다.

한 교육장에서 선배 매니저가 리크루팅 성공담을 전해주고 있었다. 그가 경험담을 이야기하는 도중 불쑥 이런 질문을 했다. "성공의 반대말은 무엇인지 아세요? 실패? 아닙니다. 성공의 반대말은 '도전하지 않는 것'입니다." 이 한마디가 그의 마음을 후비고 들어왔다. 그래서 교육을 마친 후 '화법 다이어리'에 이 문구를 적어두었는데 지금은 이것이 그만의 리크루팅 화법이 되었다.

리크루팅 대상자와 상담할 때 미적대는 사람에게 그는 이렇게 말문을 띄운다. "성공의 반대말이 무엇인지 아세요?" 그러면 십중팔구 '실패'라고 대답한다. 그는 "땡! 틀렸습니다. 성공의 반대말은 실패가 아니에요"라고 한다. 실패는 도전했다가 목표에 도달하지 못한 것이다. 그런데 이는 실패한 것이 아니다. 목표에 도달하지 못한 이유를 배웠으니 그만큼 성장했다는 말이다. 진짜 100% 실패는 도전하지 않는 것이다. 도전하지 않으면 아무것도 얻을 수 없다. 실패한 이유조차 알지 못한다.

좌절을 딛고 일어선 테니스 여제 나브라틸로바는 시도하지 않은 것 자체가 실패라고 했다. 농구 황제 마이클 조던은 이렇게 말했다. "던지지 않은 슛은 100% 실패다." 공을 던져야 골인이 되든지 노골이 되든지 할 텐데 손에 들고만 있으면 100% 실패라는 것이다.

리크루팅을 잘하고 싶다면 반드시 갖추어야 할 장비가 하나 있다. 일명 '화법 다이어리'다. 영업 관련 화법, 리크루팅 관련 화법을 이 노트 한 권에 모아놓는 것이다. 여기저기 산만하게 흩어놓는 것이 아니라 화법 다이어리라는 어장에 가두어놓는 것이다. 어떻게 보면 바다에서 생선이나 전복 같은 것을 기르는 '가두리 양식장'과 같다.

리크루팅 / One Point Lesson

화법 다이어리를 활용하라.
주변에 떠돌아다니는 화법을 이곳에 모아 보관하라.
톡톡 튀는 화법은 이 화법 다이어리에서 나온다.

리크루팅 상담 6계명

혼이 담긴 화법을 만들어라

앵무새 화법은 쓰레기통에 버려라

표준화법이 있다. 이럴 땐 이렇게, 저럴 땐 저렇게 상황에 따라 적절하게 응대하라고 모범답안을 만들어놓은 것이다. 특정한 상황에서 적어도 이 정도 수준이라도 응답하라고 만들어놓은 것이 표준화법이다. 표준화법을 나는 앵무새 화법이라고 한다. 달달 외워서 앵무새처럼 응답하는 것이기 때문이다. 앵무새 화법에는 혼(soul)이 없다.

드라마에서 연기하는 배우들은 크게 두 부류로 나뉜다. 한 부류는 아마추어 연기자이고 또 한 부류는 명연기자다. 아마추어 연기자는 시청자들에게 비난을 받는다. "저것도 연기라고 하느냐?" 같은 욕을 먹는다. 교과서 읽듯이 연기하기 때문이다. 연기자와 극중 인물이 물과 기름처럼 따로 논다. 연기에 혼이 없다. 그러니 공감대가 일어나는 것이 아니라 반감이 먼저 일어나는 것이다.

반면에 명연기자는 시청자들에게서 찬사를 받는다. 그의 연기에 시청자들이 몰입하고, 때로는 손뼉을 치며 웃다가 때로는 훌쩍훌쩍 눈물을 훔친다. 연기자와 극중 인물이 혼연일체가 되어 혼을 담은 대사를 토해내기 때문이다.

아마추어 배우	명배우
혼이 없는 대사	혼이 담긴 대사

리크루팅 표준화법을 찾는가? 당신은 아마추어다. 아마추어는 표준화법에 충실하다. 그래서 혼이 없는 대사를 내뱉는다. 그러나 프로는 표준화법을 응용한다. 표준화법에 자신의 철학과 비전과 성공 스토리를 담아 나만의 화법으로 만든다. 그 안에 자신만의 혼이 담겨 있다. 그래서 울림이 있다.

리크루팅 표준화법은 쓰레기통에 버려라. 사람이 다르고, 상황이 다르고, 가치관이 다른데 표준화법이 통할 리 없다. 천편일률적으로 앵무새처럼 말하는 표준화법에는 혼이 없다. 아마추어 연기자가 교과서 읽듯이 연기하는 것과 같다. 그냥 있는 사실을 나열할 뿐이니 공감대가 일어나지 않는다. 그러나 프로들의 화법은 그 사람이 누구인가, 강점이 무엇인가, 가치관이 무엇인가 등에 따라 다르다. 그래서 말에 혼이 담겨 있고 상대방이 빨리 공감한다.

99%는 전적으로 제 책임입니다

한 매니저를 만났다. 그는 매뉴얼화된 표준화법을 자기만의 혼이 담긴 화법으로 만들어 사용한다면서 자신이 쓰는 화법을 하나 소개했다. "99%는 전적으로 제 책임입니다." 그가 리크루팅 상담을 할 때 자주 사용하는 화법이다. 그는 이 화법을 어떻게 만들었을까?

"하겠다는 마음만 가져오시면 그다음은 저희가 다 도와드립니다." 몇 년 전 교육장에서 배운 표준화법으로 다른 사람들이 많이 사용하지만 이 말에는 혼이 없다. 리크루팅은 한 사람의 일생이 오는 것인데 그의 인생을 책임지겠다는 신념과 열정이 없다. 그냥 설득하겠다고 덤비는 것일 뿐이다. 그는 이 화법을 이렇게 바꿔 사용했다. "1%의 가능성만 주세요. 99%는 전적으로 제 책임입니다."

가능성이란 0과 100 사이의 확률이 아니다. '할 수 있다'와 '할 수 없다'의 신념이다. 하겠다는 신념만 가지고 오라는 말이다. 그게 1%다. 그러면 성공할 수 있도록 99%는 자기가 책임지겠다는 말이다. 그러자 어떤 사람이 물었다. "책임지지 못하면 어떻게 할 건데?"

그런 마음이라면 신인을 리크루팅하면 안 된다. 한 사람 일생이 걸린 문제인데 되면 좋고 안 되면 할 수 없다는 무책임한 자세로 리크루팅한다면 그것은 요즘 많이 회자되는 모럴해저드(moral hazard)다. 자기 이익만 추구하고 다른 사람에게는 피해를 주는 도덕적 해이다.

"1%만 부족해도 100%가 아니다." 99%라 하더라도 1%가 부족하면 100%가 될 수 없다는 말이다. 그러면서 그는 물이 99도에서는 끓지 않는다고 했다. 1도가 더해져 100도가 되어야 비로소 끓는다. 리크루팅도 마찬가지다. 99% 노력했다 하더라도 신인이 중간에 탈락하면 그것은 100% 실패다. 내가 99% 도움을 주었다 하더라도 신인이 탈락하면 최선을 다했다고 할 수 없다. 신인의 인생을 책임지겠다고 했는데 그 책임을 다하지 못했기 때문이다. 그러니 신인이 성공하지 못한 99% 책임은 전적으로 나한테 있다.

"99%는 전적으로 제 책임입니다"라는 말에는 그의 혼이 담겨 있다. 어떻게든 100% 성공하게 만들고 말겠다는 열정과 신념이 그 안에 담겨 있다.

리크루팅 상담에서는 영혼이 없는 말을 하면 안 된다. 말에는 믿음이 있어야 한다. 한 사람 일생을 책임지겠다는 열정이 말에 들어 있어야 한다. 반드시 성공하게 만들겠다는 신념이 말에 담겨 있어야 한다. 혼이 담긴 말은 살아 움직인다. 리크루팅 대상자 마음을 움직이는 막강한 파워를 가진 생명체가 된다.

리크루팅 One Point Lesson

앵무새 화법을 버려라.
달달 외워서 하는 화법에는 혼이 없다.
내 말에 철학, 비전, 성공 스토리를 담아라.

리크루팅 상담 7계명

가장 좋은 화법은 내 성공담이다

1인칭 스토리

이야기를 전달하는 방법에는 두 가지가 있다. 하나는 1인칭 스토리이고 다른 하나는 3인칭 스토리다. 1인칭 스토리는 자기 자신에 대한 이야기다. 자기가 직접 경험하거나 체험해서 얻은 이야기다. 자기 스토리를 자기 입으로 전하는 직접적 이야기다. 3인칭 스토리는 다른 사람 이야기다. 다른 사람들에게서 전해 들은 이야기다. 다른 사람 이야기를 전달하는 간접적 이야기다.

그럼 리크루팅 상담에서는 1인칭 스토리와 3인칭 스토리 중 어느 것이 더 효과적일까? 물론 1인칭 스토리다. 사람들은 간접적인 이야기보다는 직접적인 이야기를 더 좋아하기 때문이다. 내가 경험하고 느낀 이야기가 더 생동감이 넘치고 신뢰감이 높기 때문이다. 리크루팅 상담에서는 1인칭 스토리로 말하라. 내 성공 스토리가 바로 1인칭 스토리다.

나만의 성공 스토리가 있나?

성공한 사람들을 만나서 이야기하다 보면 그들 입에서 공통적으로 나오는 말이 있다. 영웅담이다. 어려운 집안에서 태어나 어떻게 오늘 이렇게 성공하였는가, 남들은 경기가 어렵다고 하는데 그런 환경에서도 어떻게 성공하였는가 등에 관한 영웅담만 나온다. 그러나 실패한 사람들과 이야기하다 보면 항상 불평불만만 나온다. 변명거리만 나온다. 누구 때문에 안 되었다느니, 무엇 때문에 안 되었다느니 하며 안 된 이유만 늘어놓는다.

당신 입에서는 어떤 이야기가 나오는가? 성공 스토리인가, 변명거리인가? 프로와 아마추어의 차이점 중 하나는 성공 스토리다. 성공 스토리가 있느냐 없느냐에 따라 프로와 아마추어로 갈린다.

프로로 활동하는 사람들을 보라. 그들에게는 자기만의 성공 스토리가 있다. 아마추어로 활동하는 사람들을 보라. 그들에게는 성공 스토리가 없다. 특별한 사람에게는 성공 스토리가 있다. 그래서 그들은 특별한 삶을 사는 것이다. 그러나 평범한 사람들을 보면 성공 스토리가 없다. 그래서 평범한 삶을 사는 것이다.

당신에게는 성공 스토리가 있나? 성공 스토리가 없다면 빨리 만들어라. 꼭 거창한 내용일 필요는 없다. 소소한 일상 이야기도 괜찮다. 말도 못하는 내가 영업을 잘하게 된 이야기, 남들이 나는 영업 체질이 아니라고 했는데 오늘 내가 이렇게 영업을 잘하게 된 이야기 등 나에 대한 성공 스토리 하나쯤은 가지고 있는 것이 좋다.

내가 변했더니 다 변했어요

리크루팅 화법을 수집하기 위해 한 매니저를 만났다. "여기서 활동하기 전 제 별명이 무엇이었는지 아세요? '시때안'이었어요." 인터뷰를 시작하자마자 매니저가 대뜸 꺼낸 말이다. 그는 전에는 '시어머니 때문에 안 된다'는 말을 입고 달고 살았다. 그래서 붙여진 별명이다.

어느 날 친하게 지내던 선배 매니저가 찾아와 활동을 권유했다. 이날도 어김없이 '시어머니 때문에 안 된다'고 거절했다. 그랬더니 그 매니저가 "문제는 바로 너다. 너만 변하면 다 변한다"는 한마디를 던지고 돌아갔다. 시어머니도 아니고, 남편도 아니고, 자녀들도 아니고, 문제는 바로 나한테 있다는 것이었다. 내가 먼저 변해야 가족도 변하고, 세상도 변하고, 모든 것이 변한다는 말이었다.

충격이었다. 마치 전기에 감전된 것처럼 머릿속에서 스파크가 일어났다. 이 말이 계기가 되어 활동을 결심하게 되었다. 지금은 '문제는 바로 너다'라는 말이 그가 즐겨 쓰는 리크루팅 화법이 되었다. 그때 받았던 충격 때문에 이 말을 자주 쓰는 것 같다.

"군대에서 장군(스타)이 되면 변하는 것이 100가지가 넘는다고 하잖아요. 정말 100가지가 넘는지는 모르겠지만 승용차를 비롯해 전속부관까지 많은 것이 변하는 것은 확실해요. 제가 활동하면서 저에게 달라진 것들도 거짓말 조금 보태서 100가지가 넘는 것 같아요."

이런 핑계, 저런 핑계로 거절하는 리크루팅 대상자에게 그의 성공 스토리는 이렇게 시작된다.

우울증에 빠졌던 자기가 지금처럼 밝고 명랑한 사람으로 변하게 된 이야기, 경제적 여유를 찾으면서 마음의 여유도 함께 찾아왔다는 이야기, 자기 존재감을 찾은 것이 자기에게 주어진 가장 큰 선물이라는 이야기 등 자기 자신에게 변화를 가져온 이야기들을 했다.

다음으로 자녀들이 변한 이야기, 남편이 변한 이야기, 주변 사람들이 자신을 대하는 태도 등이 변한 이야기를 하다가 시어머니 이야기로 옮겨가자 잠깐 말을 멈추었다. 두 눈에 이슬이 맺혔다. 고개를 돌려 휴지로 눈가를 훔치더니 이렇게 말을 이어갔다.

"제 별명이 '시때안'이라고 했잖아요. 그런데 지금은 '시적응'으로 바뀌었어요." 이 일을 하면서 가장 크게 변한 사람이 시어머니라면서 한 말이다. 시어머니가 적극적인 응원자가 되었다는 말이다. 활동도 열심히 하고, 가정일에도 충실하고, 경제적 여유도 생기자 시어머니가 자기를 자랑스럽게 생각한다는 것이다. "문제는 바로 나였습니다. 내가 변했더니 다 변했어요." 그가 인터뷰를 마치면서 한 말이다.

리크루팅 상담을 할 때 상대방의 공감을 형성하려면 어떤 이야기로 접근하는 것이 좋을까? 1인칭 스토리가 좋다. 남 이야기를 하지 말고 자기 이야기를 하라. 자기 이야기가 훨씬 더 설득력이 있다. 나만의 스토리를 만들어라. 고난과 역경을 극복한 성공 스토리면 그게 좋다. 과거에는 힘들었지만 지금은 성공한 이야기가 울림을 준다. 하지만 꼭 성공 스토리여야 한다는 것은 아니다. 때로는 실패 이야기도 좋다. 아직도 해결하지 못하고 있는 고난의 이야기가 상대방에게 더 동질감을 느끼게 하는 경우도 있다. 중요한 것은 일상생활에서 겪을 수 있는 소소한 이야기를 지금 행복하게 살고 있는 자기 모습과 연결된 이야기로 만드는 것이다. 이것이 자기만의 스토리를 만드는 포인트다.

리크루팅 One Point Lesson

나만의 성공 스토리를 만들어라.
자신에게 일어난 소소한 일상 이야기가 더 좋다.
자기 일에 사명감이 담긴 이야기면 더 좋다.

리크루팅 상담 8계명

News 기법을 활용하라

능력을 인정해줘라

"이렇게 말하면 좀 뭐 하지만 저희 팀원 중 여우 같은 사원이 있어요. 시어머니를 기막히게 이용한다고 할까? 그 사람한테 배운 게 하나 있어요." 한 매니저가 리크루팅 대상자와의 상담기법을 소개하면서 한 말이다. 이 매니저는 팀원이 시어머니와 관계를 만드는 것을 보고 자신만의 리크루팅 상담화법을 만들어냈다.

38세인 이 사원은 김치를 담그거나 음식을 할 때 시어머니에게 "어머니, 저는 아무리 해도 어머니처럼 이 맛이 안 나요?"라고 한다. 그러면 시어머니가 알아서 김치를 담가다 준다. 또 시어머니에게 용돈을 드릴 때 "어머니, 이것은 '김치 연구비'예요."라고 하면 시어머니가 무척 좋아하며 백김치, 총각김치, 물김치, 갓김치 등 갖가지 김치를 담가준다. 시어머니 입장에서는 며느리가 자기 능력을 인정해주는 것이 기뻤을 테고 또 자기 존재를 인정해주는 용돈에 보람을 느꼈을 것이다.

"곰 같은 아내보다 여우 같은 아내가 낫다"는 말이 있다. 곰같이 무뚝뚝하고 미련한 아내보다는 여우처럼 상냥하고 지혜로운 아내가 낫다는 말일 것이다. 이 매니저는 시어머니와 관계를 지혜롭게 풀어가는 그 사원을 보면서 리크루팅에 활용할 수 있는 상담기법을 얻었다.

'News 기법'을 활용하라

"이 사원이 하는 행동에서 제가 배운 것이 'News 기법'입니다. 그냥 제가 붙인 이름이에요. News라고 하면 좋은 소식을 말하잖아요." 그가 웃으면서 이렇게 말했다. 그가 활용하는 'News 기법'을 들여다보자. News는 다음 첫 글자를 따서 만든 것이다.

New ability(새로운 잠재력을 찾아내라).

Energy(에너지를 불어넣어 줘라).

Work(일에 대한 비전을 줘라).

Start(새로 시작하게 하라).

리크루팅 대상자를 만나면 제일 먼저 그 사람의 장점을 찾아내야 한다. 사람마다 자기만이 잘할 수 있는 장점이 있기 마련이다. 대부분 이것을 묵혀두고 있을 뿐이다. 두 번째로 상대방 에너지를 충전해주는 일을 해야 한다. 장점을 집중적으로 부각하면서 특별한 사람이라는 것을 인식하게 해주는 것이다. 세 번째는 일에 대한 새로운 비전을 제시해주어야 한다. 장점을 썩히지 말고 새로운 삶의 에너지로 써야 한다는 것이다. 장점을 묵혀두는 것은 본인 손해일 뿐만 아니라 국가적으로도 손해라는 것을 부각해주어야 한다. 마지막으로 새롭게 일을 시작하겠다는 결심을 하도록 해야 한다.

기를 살려주는 것이 중요하다

"지금 활동하는 사원 중 풍선아트를 했던 사람이 있습니다. 아이디어도 좋고 솜씨도 참 좋아요." 그가 News 기법으로 리크루팅에 성공했다면서 한 사원 사례를 들려주었다.

풍선아트를 취미로 배워 동네에서 행사가 있을 때 풍선아트를 해주고 얼마씩 사례를 받는 사람이 있었다. 주변 사람에게서 그 사람을 소개받아 찾아갔는데 그와 30분 이상 풍선아트 이야기만 했다. 그 사람에게 풍선아트 솜씨가 대단하다면서 한 가지 제안을 했다. 한 달에 한 번씩 사원들에게 풍선아트를 가르쳐달라는 것이었다.

그것이 계기가 되어 그가 자연스럽게 사무실에 찾아왔고 그때 이얘기 저 얘기하다가 일에 대한 비전을 제시해주었다. 좀더 보람 있는 일을 해보자고 해서 결국 한 식구가 되었다. 지금은 고객들의 생일, 결혼기념일, 개업, 돌잔치 등에 풍선아트를 활용하면서 영업에 좋은 성과를 나타내고 있다.

리크루팅 대상자를 만나러 가기 전 그 사람에 대한 연구를 하라. 장점을 찾아내라. 그리고 그 장점을 집중적으로 칭찬하라. 이것이 News 기법의 핵심이다.

나는 당신을 믿어요

'평강공주와 바보온달' 이야기가 있다. 평강공주가 바보온달을 고구려 최고 장수로 만든 비결이 이 말 한마디였다고 한다. 평강공주는 바보온달 귀에 대고 날마다 이렇게 속삭였다. "난 당신을 믿어요. 당신이 최고야. 당신은 달라. 역시 당신뿐이야." 기를 살려주는 말을 한 것이다. 기를 살려주면 사람이 달라진다.

막무가내 정신이 필요할 때도 있다. 무조건 찾아가 부딪쳐 보는 것이다. 그러나 사람 마음을 얻는 일에서는 이것이 노력만큼 좋은 결과를 가져다주지 못한다. 리크루팅 대상자와 상담할 때는 치밀하게 준비하고 연구하는 자세가 더 중요하다.

리크루팅 One Point Lesson

상대방 장점을 집중적으로 부각해라.
기를 살려주는 방법이다.
기가 살면 결정하기가 쉬워진다.

리크루팅 상담 9계명

칭찬만 잘해도 50%는 성공이다

누가 먼저 해야 할까?

"사람을 만나면 누가 먼저 웃어야 할까요? 사람을 만나면 누가 먼저 칭찬의 말을 해야 할까요? 정답은 '내가 먼저'입니다." 대형조직을 이끌고 있는 한 매니저가 상담 과정에 대한 설명을 하면서 한 말이다.

리크루팅 대상자를 만나면 누가 먼저 웃어야 할까? 내가 먼저, 아니면 리크루팅 대상자가 먼저? 물론 내가 먼저 웃어야 한다. 웃음은 먼저 웃는 사람이 임자이기 때문이다. 내가 먼저 웃으면 관계의 주도권이 내게 온다. 리크루팅 대상자를 만나면 칭찬의 말을 누가 먼저 해야 할까? 내가 먼저 칭찬의 말을 해야 한다. 내가 먼저 칭찬하면 대화의 주도권이 내게 온다.

리크루팅 대상자를 만났을 때 대화의 주도권을 누가 쥐느냐가 중요하다. 대화의 주도권을 내가 쥐면 대화가 쉽게 풀려나간다. 그러나 상대방이 주도권을 쥐면 대화가 어려워진다. 대화의 주도권을 내가 갖는 방법이 먼저 웃고, 먼저 인사하고, 먼저 칭찬하는 것이다.

칭찬도 연습이 필요하다

"우리는 잘못된 고정관념을 가지고 있습니다. 내가 말을 많이 해서 상대방을 설득해야 한다는 것입니다. 말을 잘하려고 할 필요가 없습니다. 말을 잘하려고 고민할 것이 아니라 칭찬을 잘하는 방법을 공부하고 연습해야 합니다." 사람 마음을 얻는 방법으로 칭찬보다 더 좋은 약이 없다면서 한 매니저가 한 말이다.

우리는 흔히 한국 사람이 잘 걸리는 5대 인색병이 있다고 말한다. 인사하기에 인색하고, 인정해주는 데 인색하고, 격려하는 데 인색하고, 정을 주는 데 인색하고, 마지막으로 칭찬하는 데 인색하다는 것이다. 이 다섯 가지 인색병을 보면 한 가지 공통점이 있다. 모두 연습하면 극복할 수 있다는 것이다. "칭찬도 연습이 필요합니다. 미리 준비하고 연습하면 칭찬도 자연스럽게 잘할 수 있습니다." 그는 이렇게 정리하면서 칭찬하는 요령 세 가지를 소개했다.

■ 칭찬하는 방법 세 가지

대놓고 칭찬하기	과감하게 칭찬하기	과장해서 칭찬하기

먼저 칭찬할 때는 대놓고 칭찬하라. 남자들은 대놓고 칭찬하면 쑥

스러워 머리를 긁적이면서 딴소리를 하기도 하지만 대놓고 칭찬하는 것이 효과가 더 좋다. 특히 여성은 반드시 대놓고 칭찬해야 한다. 여성의 경우 부재중일 때 칭찬하면 자기가 없을 때 왜 자기 얘기를 하느냐고 기분 나빠하는 사람도 있기 때문이다.

둘째, 칭찬할 때는 과감하게 하라. 주저하거나 망설이지 말고 미리 준비하고 연습한 칭찬의 말을 과감하게 해야 한다. 날마다 똑같은 말이어도 괜찮다. 이 사람에게도 똑같은 말, 저 사람에게도 똑같은 말이어도 괜찮다. 20대 여성이든, 60대 여성이든 '예뻐지셨네요' 하면 좋아한다. 미리 준비하고 연습해서 과감하게 칭찬해야 효과가 좋다.

셋째, 칭찬할 때는 과장해서 하라. 조그만 것이라도 침소봉대(針小棒大)해서 과장해서 칭찬하는 것이 효과가 좋다. 입으로만 칭찬하는 것이 아니라 눈동자가 커지고 얼굴 표정이 환해지며 온몸으로 칭찬하면 리크루팅 대상자 마음이 달라진다.

세 가지 방법으로 칭찬하라

"칭찬만 잘해도 50%는 성공입니다. 인사말은 반드시 칭찬의 말로 해야 합니다. 전화할 때도 칭찬의 말을 잊으면 안 됩니다. 시도 때도 없이 칭찬의 말을 입에 달고 살아야 합니다." 그는 리크루팅 대상자에게 매일 세 가지 방법으로 칭찬한다.

첫째, 인사는 꼭 칭찬의 말로 한다. "안녕하세요?"라는 인사말에 한마디 덧붙인다. 늦겨울에 리크루팅 대상자인 여성을 만나면 "안녕하세요? 이제 완연한 봄이죠? 김○○님 얼굴에서 화사한 봄이 느껴지네요"라고 환하게 웃으며 칭찬해준다.

둘째, 전화통화할 때 마지막은 반드시 칭찬의 말로 마무리한다. "목소리에서 에너지가 넘치네요. 그 덕분에 저도 에너지 가득 충천했습니다." 그러면 상대방은 기가 살아난다고 한다.

마지막으로 시도 때도 없이 칭찬의 말을 입에 달고 산다. 리크루팅 대상자를 만나면 액자 속 가족을 칭찬하고 자녀들을 칭찬하고 주변 사람들을 칭찬한다. 상대방 주가를 높여주는 것이다.

"리크루팅 대상자를 만나면 가장 많이 듣는 말이 '못한다'는 것입니다. 다들 우리 일을 두려워하고 어려워합니다. 이것을 해결해주는 가장 좋은 방법이 칭찬이라고 생각합니다. 칭찬은 고래도 춤추게 한다죠? 칭찬에는 죽은 영혼을 살려내는 마력이 있습니다."

리크루팅 One Point Lesson

칭찬의 말을 입에 달고 살아라.
내가 먼저 칭찬하면 상담의 주도권이 내게로 온다.
칭찬의 말을 미리 준비해서 과감하게 하라.

리크루팅 상담 10계명

이익보다 손실을 부각하라

손실회피론

길 가는 사람을 붙잡고 가위바위보 게임을 하자고 제안해보라. 가위바위보에서 상대방이 이기면 내가 상대방에게 만 원을 주고, 내가 이기면 상대방이 내게 만 원을 주는 게임이다. 이길 확률과 질 확률은 50 : 50이다.

이때 제안을 받은 사람들은 어떤 반응을 보일까? 대부분 제안을 거절한다. 이겨서 만 원을 받는 것보다 져서 만 원을 내야 한다는 것이 더 크게 작용하기 때문이다. 즉 이익을 얻는 것보다 손실을 보는 것에 더 민감하게 작용한다. 이것을 손실회피론이라고 한다.

리크루팅 상담에서 손실회피론을 적극 활용해보라. 이익을 얻는 것보다 손해를 보는 것을 더 크게 부각하는 이른바 손실화법이다. 사람들은 손해에 더 민감하게 반응하기 마련이어서 리크루팅 대상자의 결정도 더 빨라진다.

손실 공포심을 이용하라

우리나라 교육제도의 문제점은 대학입시제도에 있다고 한목소리로 말한다. 입시 위주 경쟁체제가 문제라는 것이다. 이것이 사교육 시장을 팽창시키는 주범이라는 주장이다. 한 언론매체에서 '우리나라 교육의 고질적인 문제가 무엇이냐?'는 여론조사를 실시한 적이 있는데 제일 많이 나온 답이 사교육이었다.

왜 사교육이 문제일까? 입시학원에 가서 한 번만 상담해보면 그 이유를 금방 알 수 있다. 학원에 상담하러 온 학부모에게 학원은 은근히 겁을 준다. 그 나이 때 다른 아이들은 이미 상당 수준 선행학습이 진행되었다고 강조한다. 학부모에게 지금 학원에 등록하지 않으면 당신 자녀만 뒤처지게 된다는 두려움을 주는 것이다. 지금 당장 학원에 등록하도록 유도하는 공포 화법이다.

또 부모와 아이가 목표로 하는 대학에 입학하려면 '지금 시작해도 늦는다'는 식으로 상담을 진행한다. '우리 학원에 등록하지 않으면 원하는 대학에 갈 수 없다'는 공포감을 주는 것이다. 이익을 강조하는 것이 아니라 손실을 극대화하는 화법이다.

비슷한 예는 또 있다. 병원에서 수술을 받아야 할 환자가 있다. 환자에게 지금 수술을 받지 않으면 안 되는 이유를 설명할 때 어떻게 해야 할까? 수술 성공률로 설득해야 할까, 아니면 사망률로 설명해야 할까? 어느 방법이 더 설득력이 있을까?

의사 1 : 환자분이 지금 수술을 받으면 생존율이 10% 증가합니다.

의사 2 : 환자분이 지금 수술을 받지 않으면 사망률이 10% 올라갑니다.

의사 1은 수술 성공률로 설득하고 있다. 이익을 강조하는 화법이다. 의사 2는 사망률로 설득하고 있다. 손실을 강조하는 화법이다. 당신이 이런 경우라면 어떤 말에 더 영향을 받게 될까? 많은 사람이 의사 2의 말이라고 대답한다. 그 이유를 손실회피론에서는 이렇게 설명한다.

손실회피는 사람들이 이익보다 손해를 더 민감하게 느껴 본능적으로 최대한 손실을 회피하려는 경향이다. 사람들은 얻었을 때 기쁨보다 잃었을 때 고통이 더 크다고 느낀다. 이익이 생기는 상황에서는 당연히 받아야 할 몫으로 생각하지만 손실이 생기는 상황은 심각한 불안과 공포감을 느끼기 때문이다. 이익과 손실 중 어느 것을 강조하느냐에 따라 사람들 반응이 달라진다는 것을 보여주는 예들이다.

변화를 선점해야 한다

"제가 왜 보험 세일즈맨이 된 줄 아십니까?"라는 질문으로 리크루팅 상담을 시작하는 매니저가 있다. 4차 산업혁명시대에는 수많은 일자리가 없어진다고 한다. 그중 하나로 영업이라는 직종도 없어질 거라고 예상하는 사람들이 많다. 앞으로는 인공지능이, 사물인터넷이, 아니 핀테크(FinTech)가 영업을 대체하게 될 거라면서. 핀테크는 금융(financial)과 기술(technique)의 합성어로 정보기술(IT)을 기반으로 한 새로운 금융 유통채널을 말한다.

"한 가지 질문을 하죠. 4차 산업혁명시대에 과연 보험이 없어질까요?" 대부분 사람들이 "아니요"라고 대답한다. 근본적인 것은 없어지지 않을 것이라는 생각이다. 그런데 왜 영업사원이 없어진다는 걸까? 분명한 것은 보험이라는 근본적인 것은 없어지지 않는다는 사실이다. 단지 유통채널이 바뀔 뿐이다.

"3차 산업혁명시대에는 인터넷이라는 가장 큰 변화가 있었습니다. 그러면 인터넷 때문에 다 죽었나요?" 그가 이어서 질문을 던졌다. 3차 산업혁명시대에 인터넷 때문에 죽은 사람들이 많다. 특히 오프라인 매장이 치명적인 타격을 입었다. 인터넷이라는 새로운 유통채널이 가져오는 변화에 맥 놓고 있다가 죽은 것이다. 그러나 인터넷 때문에 성공한 사람들이 더 많다. 인터넷 쇼핑몰, 파워블로거, 인터넷 강좌, 웹마스터, 정보보안 전문가 등 인터넷을 활용한 이들이다. 인터넷이라는 새로운 변화를 적극적으로 활용한 이들이다.

'The first, the best!' 남들이 시작하기 전에 먼저 시작해야 그 시장에서 1등이 될 수 있다는 유명한 마케팅 격언이다. 남들이 시작하고 난 다음 따라가면 영원히 2등밖에 안 된다. "앞으로는 핀테크가 금융 유통의 중심이 될 것입니다. 그 변화를 빨리 선점해야 합니다."

그가 쓰는 화법은 기회손실화법이다. 기회를 놓쳤을 때 입게 되는 손실을 부각하는 화법이다. 지금 시작하지 않으면 이 기회를 다른 사람들이 선점하게 된다는 것이다. 그러면 기회가 기회가 아니게 된다는 것이 그의 결론이다.

리크루팅 One Point Lesson

이익보다 손해를 더 크게 부각하라.
사람들은 손해를 보는 상황은 적극적으로 피하려고 한다.
손해를 크게 느끼게 하면 결정이 빨라진다.

리크루팅 상담스킬

3·3·3 상담법을 활용하라

'3·3·3 화법'이란 무엇인가?

"리크루팅 상담을 할 때 기본적으로 익혀야 할 상담기법이 하나 있습니다. '3·3·3 화법'이라는 것입니다." 대형사원 8명으로 한 개 지점 이상의 실적을 거두고 있는 한 매니저가 한 말이다. 그의 팀은 학교 선후배들로 이루어져 있다. 8명이 서로 의기투합해서 영차영차 하는 분위기로 엄청난 에너지를 발산하고 있다.

"우리가 쓰는 '3·3·3 화법'을 소개해드릴까요?" 매니저는 자신들만의 비법이라면서 이야기보따리를 풀어놓았다. '3·3·3 화법'이란 고객과 상담할 때 3초 전략→30초 전략→30분 전략으로 연결하는 화법이다.

"리크루팅 대상자와 상담할 때는 첫마디가 중요해요. 죽이는 첫마디로 상대방 관심을 사로잡아야 합니다." 그가 3초 전략을 설명하면서 한 말이다. 리크루팅 대상자와 상담할 때 처음 던지는 한마디로 상대방 관심을 사로잡으라고 한다. 그는 이것을 '공감하는 한마디'라고 했다. 즉 아무 관심도 없는 사람에게 공감하는 한마디를 던져서 관심을 갖게 하는 것이 3초 전략이다.

상대방이 관심을 가지면 다음으로 풀어가는 방법이 30초 전략이다. 상대방이 흥미를 갖는 주제로 대화를 풀어가는 것이다. 상대방이 관심 있는 주제에 초점을 맞춰 질문하면 마음의 문이 열리게 된다. 이것이 30초 전략이다.

그리고 마지막으로 하는 것이 30분 전략이다. 상대방 문제를 해결할 수 있는 해결책을 소개해주는 것, 즉 구체적으로 설명하는 것이 30분 전략이다.

■ **리크루팅 3·3·3 화법**

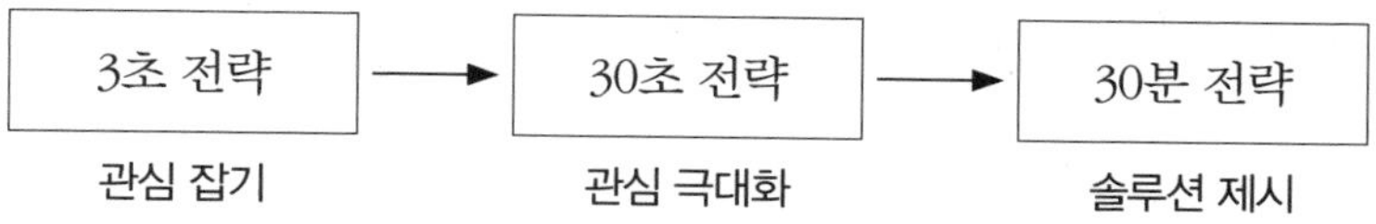

첫마디를 고민하라

"저희 팀원 중 은행 부지점장 출신이 있습니다. 그를 리크루팅할 때 이야기입니다." 매니저는 이렇게 말하면서 '3·3·3 화법'을 리크루팅에 활용했던 사례를 소개했다. 3년 전의 일이다. 은행 부지점장으로 근무하던 학교 선배를 찾아갔다. 대학생 시절 야구동아리 활동을 같이한 선배였다. 서로 형, 아우 하면서 지내는 막역한 사이였다. 그가 선배를 찾아가서 대뜸 던진 첫마디가 이랬다.

"형, 형은 왜 살아?" 이 질문에 선배가 어리둥절한 표정으로 "무슨 소리야?" 했다. "아니, 내가 질문을 잘못했어. 형은 명함 때문에 사는 거야, 아니면 일 때문에 사는 거야?" '명함 때문에'는 명예만 좇는다는 말이다. '일 때문에'는 일이 좋아서 한다는 말이다. 그는 이 한마디만 던져놓고 돌아왔다. 그런데 선배는 그가 던지고 간 한마디에 오만 가지 생각을 하게 되었다.

나중에 선배는 그때까지 오직 승진을 위해 앞만 보고 달려왔다고 했다. 자기가 하는 일이 어떤 것이냐는 생각해볼 겨를이 없었다. 그런데 후배가 던지고 간 한마디가 자기가 지금까지 걸어온 길을 다시 생각하게 만들었다. 며칠 후 선배가 매니저에게 자기 사무실에 와서 얘기 좀 하자고 전화했다.

해결책을 같이 찾아라

"선배에게 찾아갔더니 선배가 '너는 그 일이 재미있냐?'라고 물었습니다." 항상 밝고 명랑하게 하루하루 정신없이 사는 자기에게 주변 사람들이 가장 많이 하는 질문이 '그 일이 그렇게 재미있냐?'는 것이었다. 그러면서 그는 이렇게 말했다.

"나 자신도 하나의 상품이라는 생각을 잊어서는 안 됩니다. 주변 사람들이 항상 나를 지켜보고 있어요. 평상시 그 사람들에게 어떤 모습을 보여주느냐가 중요해요. 결정적인 순간 중요한 역할을 하게 됩니다."

선배 사무실에서 이런저런 얘기를 한참 했다. 그 후 전화로, 직접 만나서 자주 이야기했다. 1년이 지났을 때 선배가 이직을 결심했고, 은행에서 VIP 고객을 관리했던 경험을 살려 지금은 부자 고객들을 중점적으로 공략하는 대형사원이 되었다.

이 매니저가 사용한 '3·3·3 화법'을 분석해보자. 선배를 만나서 던진 첫마디가 공감하는 한마디였다. 이것이 3초 전략이다. 그 한마디가 선배를 고민하게 만들었다. 그래서 선배가 다시 찾아오라고 했고, 마음속에 있는 말을 털어놓기 시작한 것이 30초 전략이다. 마음의 문이 열린 것이다. 그 후 이런저런 얘기를 하면서 해결책을 찾기 위해 노력한 것이 30분 전략이다.

리크루팅 대상자와 상담할 때 '3·3·3 화법'을 잊지 마라. 어떤 말로 이야기를 시작하고, 어떻게 상대방 관심을 유도해내고, 어떻게 해결책을 제시하느냐는 것이 '3·3·3 화법'이다.

리크루팅 One Point Lesson

3·3·3 화법을 활용하라.
리크루팅 대상자의 거절을 방지하는 상담기법이다.
상대방이 적극적으로 따라오게 하는 상담 스킬이다.

리크루팅 상담스킬

3초 전략 : 3초 안에 상대방 관심을 잡아라

'엘리베이터 스피치'를 아는가?

엘리베이터를 타고부터 내릴 때까지 약 30초에서 60초 이내의 짧은 시간 안에 정곡을 찌르는 화법으로 최고결정권자에게서 오케이를 받아내는 상담기법을 말한다. 시간이 없는 최고결정권자와 엘리베이터를 타고 가는 1분 이내의 짧은 시간 안에 투자에 대해 오케이를 이끌어내야 했던 할리우드 영화감독에게서 시작된 상담기법이다. 말의 내용과 전달 방법에서 높은 설득력과 공감을 일으키게 하는 고도의 테크닉이 필요한 상담기법이다.

엘리베이터 스피치의 핵심은 짧은 시간에 상대방의 호기심과 관심을 어떻게 이끌어내느냐는 것이다. 상대방에게 던지는 첫마디에서 상대방으로 하여금 '어~' 하는 반응을 일으켜야 하는 것이 핵심이다. 엘리베이터 스피치에서 상대방에게 던지는 첫마디가 리크루팅 상담의 3초 전략이다. 리크루팅 대상자에게 던지는 첫마디에 상대방의 관심과 호기심을 불러일으키게 하는 것이 3초 전략이다.

'순간의 선택이 10년을 간다'는 한 가전제품의 유명한 광고 카피가 있다. 이 말을 리크루팅 상담에 접목해보면 '첫마디가 리크루팅 상담의 성패를 좌우한다'라고 할 수 있다. 첫마디를 어떻게 하느냐에 리크루팅 대상자의 관심을 잡을 수 있느냐 없느냐가 달려 있다는 말이다.

3초 전략의 핵심 두 가지

3초 전략의 핵심은 크게 두 가지다.

첫째는 마음 낚기다. 리크루팅 대상자에게 던지는 첫마디가 리크루팅 대상자의 관심을 낚아야 한다는 것이다. 신문을 보거나, 광고 문구를 보는 경우를 생각해보라. 헤드 타이틀을 보고 '어~' 하는 호기심이 생기는 경우가 있다. 그래서 무슨 내용인가 하는 호기심에 신문기사를 읽어 내려가거나 광고 문구를 자세히 보게 된다. 이럴 때 우리는 흔히 '낚였다'고 한다. 신문의 헤드 타이틀이나 광고의 헤드 카피에 마음이 낚인 것이다.

3초 전략이 바로 리크루팅 대상자의 마음을 낚는 전략이다. 내가 던진 한마디에 상대방이 '어~' 하는 호기심을 갖게 하고 앞으로 내가 하고자 하는 말에 관심을 갖고 따라오게 하는 전략이다.

둘째는 허 찌르기다. 즉 관점 전환이다. 리크루팅 대상자가 '어~' 하는 호기심을 갖게 하려면 관점을 바꿔줘야 한다. 리크루팅 대상자의 고정관념을 전혀 다른 방향으로 돌려버리는 것이다.

다시 말하면 상대방 허를 찌르는 것이다. 상대방이 이렇게 나올 것이라고 대비했는데 내가 전혀 다른 방향에서 공격했을 때 상대방이 당하고 나서 하는 말이 '허를 찔렸다'는 것이다. 3초 전략은 상대방의 고정관념을 전혀 다른 방향으로 바꿔주는 허를 찌르는 전략이다. 이것이 3초 전략의 두 번째 포인트다.

너무 이기적으로 사는 것 아니에요?

리크루팅 상담에서 '너무 이기적으로 사는 것 아니에요?'라는 화법으로 효과를 톡톡히 보는 매니저를 만났다. 리크루팅 대상자를 만나면 자주 듣는 말이 있다. '말을 못한다. 자존심이 상해서 영업은 싫다. 지금 하는 일이 잘된다' 등이다. 그는 이런 말을 하는 사람에게 "너무 이기적으로 사시는 것 아니에요?"라고 한다. 그러면 상대방은 황당하다는 표정을 짓는다. '내가 이기적이라고? 무슨 말도 안 되는 소리지?' 하는 반응이다. 지금까지 생각지도 들어보지도 못했던 말이기 때문이다.

누구에게 피해 주는 일 없이 열심히 성실하게 살아왔는데 이기적이라니 무슨 말인가? 왜 내가 이기적이라는 것인가? 그 이유를 듣고 싶다. 이것이 리크루팅 상담의 3초 전략이다. 상대방 허를 찌르는 한마디다. 상대방 호기심을 자극하고 관심을 낚아채는 화법이다. 이기적이라는 말은 자기중심적으로 산다는 말이다. 자기 입장에서 자기

것만 챙긴다는 말이다. 다른 사람 입장이나 상황을 신경 쓰지 않는다는 말이다. 그래서 우리는 이기적인 사람을 싫어한다.

"이 말을 할 때는 표정관리를 잘해야 합니다." 그가 이 화법을 활용할 때 주의해야 할 점을 알려주었다. 이 말은 웃으면서 해야 한다. 정색하는 표정으로 얘기하면 부작용이 생길 수 있기 때문이다. 우리 속담에 '웃으며 뺨 때린다' 하지 않았는가? 웃으면서 부드럽게 말해야 제대로 효과를 만들어낼 수 있다.

"제가 이 일을 시작하기 전까지 저도 이기적인 삶을 살았습니다." 그가 이어서 하는 말이다. 이 일을 시작하기 전까지 그도 자기만을 위해 살아왔다는 고백이다. 오로지 자신만을 위해, 내 가족만을 위해 살아왔다는 것이다. 그래서 이기적인 삶을 살았다는 것이다. 그러나 이제부터는 자기만을 위해, 자기 가족만을 위해 살지 않고 주변 사람도 챙기면서 살아가려 노력하고 있다고 한다.

오토바이의 명품 '할리데이비슨'을 아는가? "우리는 철학을 판다. 오토바이는 슬쩍 끼워팔 뿐." 할리데이비슨 회장 리치 티어링크가 한 말이다. 상품을 파는 것이 아니라 철학을 판다는 것이다. 즉 상품이 아니라 콘셉트가 할리데이비슨이라는 명품 오토바이를 만들었다는 것이다.

세상은 콘셉트와의 싸움이다. 점심식사를 하려고 김치찌개 식당에 들어갔다. 자리에 앉자마자 문구 하나가 눈길을 잡았다. '고기를 아끼면 우리는 망한다.' 이 문구를 보는 순간 '어' 하는 생각이 들었다. 3초 전략이다. 김치찌개는 뭐니 뭐니 해도 고기가 숭덩숭덩 많이 들어 있어야 제맛이지 하는 생각을 하게 했다. 나의 관심을 잡은 한마디다. 이 문구로 이 식당은 대박식당이 되었다.

리크루팅 상담은 콘셉트와의 싸움이다. 특히 3초 전략은 콘셉트와의 싸움이다. 리크루팅 대상자에게 새로운 콘셉트, 새로운 인식을 심어줘야 한다는 것이 3초 전략의 핵심이다.

리크루팅 One Point Lesson

3초에 상대방 관심을 잡아라.
허를 찔러야 한다.
새로운 콘셉트, 새로운 인식을 제시하라.

리크루팅 상담스킬

3초 전략 : 공감하는 한마디를 만들어라

'공감하는 한마디'를 만들어라

"사람은 책을 만들고 책은 사람을 만든다." 교보문고 입구에 있는 문구다. 이 한 줄 만큼 교보문고를 잘 설명하는 말이 없는 것 같다. 간단하면서 핵심을 보여주는 문구다. 그런데 한 가지 의문이 생겼다. 이 멋있는 말이 하늘에서 뚝 떨어진 것처럼 교보문고 직원 머리에서 창의적으로 만들어졌을까?

윈스턴 처칠은 이런 말을 했다. "사람은 건물을 만들고 건물은 사람을 만든다." 처칠의 말에서 한 단어는 바뀐 것이다. 나는 이것을 창조적 복사(copy)라고 한다. 창조적 복사는 주변에 떠돌아다니는 것을 응용하여 생명력을 불어넣는 것이다.

리크루팅 상담에는 창조적 복사가 필요하다. 즉 주변에 떠돌아다니는 평범한 것들에서 리크루팅 대상자 가슴을 파고드는 기막힌 한마디를 만들어야 한다. 리크루팅 대상자와 상담할 때는 공감할 수 있는 한마디가 필요하다. 상대방 마음을 강하게 후비고 들어가는 한마디를 만들어야 한다.

■ **공감하는 한마디 만들기**

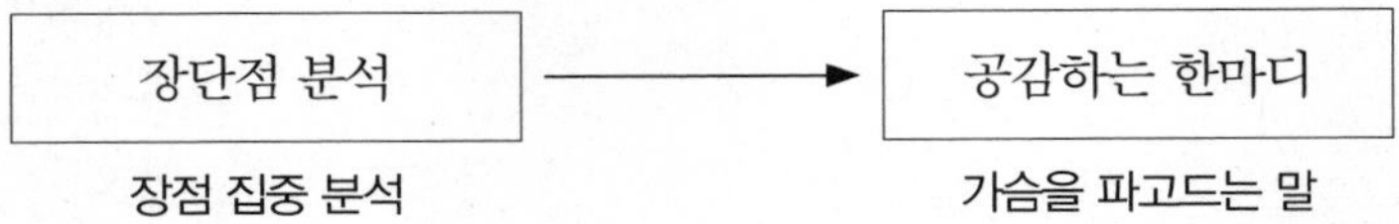

우리가 잘 아는 김춘수 시인의 〈꽃〉이라는 시가 있다.

내가 그의 이름을 불러주기 전에는
그만 다만
하나의 몸짓에 지나지 않았다.
내가 그의 이름을 불러주었을 때
그는 나에게로 와서
꽃이 되었다.

아무 존재감이 없던 것에 이름이라는 의미를 붙여주었더니 꽃이라는 특별한 존재감을 갖게 되었다. 아무 존재감을 느끼지 못하는 사람에게 특별한 존재라는 것을 알 수 있도록 하는 한마디를 만들어 주어야 한다.

꽃 얘기가 나왔으니 말인데, 한 사원이 입사하게 된 동기가 꽃과 연결된 한마디 때문이었다고 한다. 매니저가 어느 날 찾아와 이렇게 말했다. "가만히 들여다보니 당신도 꽃이다." 영업에 대한 선입관 때문에 자신이 없다면서 거절하자 매니저가 한 말이다. 그러면서 매니저가 부연해서 설명했다. 처음에는 몰랐는데 한 번 만나고 두 번 만나면서 친해지고 보니 '당신은 능력 덩어리'라는 것을 알게 되었다는 것이다.

그는 '당신도 꽃이다'라는 말에 용기를 얻어 입사를 결심하게 되었다. 입사하고 나서 매니저에게 그 말을 어떻게 만들었냐고 물었더니 어느 시구에서 따왔다고 했다. 그는 평상시 주변에 떠돌아다니는 말 중에서 리크루팅 상담에 쓰면 좋겠다 싶은 말들을 노트에 정리해 놓는다.

저에게 하나만 주세요

한 매니저의 공감하는 한마디 노트를 잠깐 들여다보았다. 그가 즐겨 쓴다는 화법 두 가지를 소개한다.

13개월 된 사원이 있다. 매월 판매 실적이 본부에서 상위 3위 안에 드는 대형사원이다. 그가 입사하게 된 동기는 이렇다. 처음 매니저를 만났을 때 거절하기 위해 '말을 못한다'고 했다. 그랬더니 매니저가 "저에게 하나만 주시면 돼요"라고 했다. 말을 못한다고 했는데 생뚱맞게 하나만 달라니 사오정인가? 말이 안 되고 화법도 맞지 않았다.

'하나만 달라'는 매니저 말에 그는 주춤했다. 그때 매니저가 웃으면서 종이에 글자를 하나 썼다. "Impossible(불가능)이라는 단어 아시죠? 여기에 점 하나만 찍어볼게요. 그러면 I'm possible(나는 가능하다)이 됩니다. 저에게 이 점 하나만 주시면 돼요."

리크루팅 One Point Lesson

첫마디가 중요하다.
첫마디는 공감하는 한마디로 시작하라.
상대방 가슴을 파고드는 한마디를 만들어라.

리크루팅 상담스킬

30초 전략 : 관심을 극대화하라

스토리텔러가 돼라

30초 전략은 이야기를 통해 리크루팅 대상자의 관심을 극대화하는 전략이다. 1단계 3초 전략에서 리크루팅 대상자의 관심을 잡았다면 2단계 30초 전략에서는 스토리를 이용해 리크루팅 대상자의 관심을 극대화할 수 있도록 분위기를 만들어야 한다.

30초 전략에서는 스토리텔러(storyteller)로 변신해야 한다. 스토리텔러는 이야기꾼이다. 전달하고자 하는 내용을 재미있고 생생한 스토리로 설득력 있게 전달하는 사람이 스토리텔러다. 사소하고 평범한 것을 스토리로 연결해서 쉽고 재미있게 전달하는 것이다. 영업을 잘하는 사람, 리크루팅을 잘하는 사람들은 대부분 스토리텔러다.

팩트에 스토리를 연결하라

대표적인 스토리텔러가 문화해설사다. 몇 년 전 경주 중앙박물관에서 관람할 때였다. 중학생들이 수학여행을 온 것 같았다. 그 중학생 사이에서 문화해설사가 학생들에게 이런 질문을 했다. "여러분, 성덕대왕신종을 먼저 보고 싶어요, 에밀레종을 먼저 보고 싶어요?" 그랬더니 학생들이 일제히 "에밀레종이요"라고 함성을 질렀다. 사실 성덕대왕신종이나 에밀레종은 같은 종을 일컫는다. 원래 이름은 성덕대왕신종인데 사람들이 일반적으로 에밀레종이라고 한다. 거기에는 다음과 같은 이야기가 있기 때문이다.

"지금은 보존을 위해 종을 치지 않는데 이 종을 치면 '에밀레~ 에밀레~' 하는 청아한 소리가 울려 퍼집니다."

문화해설사가 이 종이 왜 에밀레종으로 불리게 되었는지 이야기를 시작했다. 이 종을 만들 때 총 12만 근이라는 엄청난 양의 쇳덩어리가 들어갔는데 집집마다 종을 만들기 위해 시주를 했다. 그러나 어느 가난한 여자는 시주할 돈이 없어 아기를 시주했다. 맑고 아름다운 종소리를 내려면 세상의 때가 묻지 않은 어린아이가 필요하다는 소문을 들었기 때문이다. 쇳물에 아이를 넣고 종을 만들었는데 그 후 종을 칠 때마다 '에밀레~ 에밀레~' 하는 소리가 들렸다고 한다. 마치 아이가 엄마를 간절하게 찾는 소리처럼 들린다는 것이다.

이는 스토리로 학생들 관심을 극대화한 것이다. 리크루팅 상담에서 30초 전략은 이처럼 팩트를 스토리로 연결해 상대방 관심을 극대화하는 전략이다. 팩트로 설득하려 하지 마라. 팩트를 나열하는 화법을 버려라. 평범한 상품이라도 스토리가 더해지면 그 상품은 특별해진다. 똑같은 상황이라도 스토리가 더해지면 사람들 관심이 특별해진다. 스토리의 흡입력 때문이다.

1%의 끈만 놓지 않으면 됩니다

"우리는 날마다 마음속에서 공 하나를 꺼내어 살고 있습니다." 한 매니저가 자기 성공담을 이렇게 시작했다. 우리 마음속에는 공이 두 개 들어 있다. 하나는 흰 공, 하나는 검은 공이다. 흰 공은 '해보자' 하는 긍정적인 마음이고, 검은 공은 '할 수 없다'는 부정적인 마음이다. 어느 공을 꺼내느냐에 따라 하루가 달라진다. 흰 공을 꺼내면 긍정적인 결과가 만들어지고, 검은 공을 꺼내면 아무런 변화도 일어나지 않는다.

"제가 좋아하는 말 중 49%와 51%가 있는데 그 차이점이 무엇인지 아세요?" 그가 리크루팅 대상자에게 질문을 던졌다. 49%와 51%는 2% 차이일까? 아니다. 49%와 51%는 1% 차이다. 중간인 50%에서 1%가 부족한 것이 49%다. 중간인 50%에서 1%가 더해진 것이 51%다.

영업을 하다 그만둔 사람과 프로로 활동하는 사람의 차이는? 노력의 차이? 실력의 차이? 아니다. 1%의 차이다. 남들이 하는 것에 1%를 더한 사람이 성공한 사람이요, 남들이 하는 것에 1%를 안 한 사람이 실패한 사람이다. "우리 마음속에서는 50%의 마음에서 '못 한다'는 49%의 마음과 '할 수 있다'는 51%의 마음이 수시로 교차합니다."

그가 자신의 성공비결은 1%에 있다면서 한 말이다. 나를 잡아주는 것은 1% 마음이다. 그는 힘들고 어려울 때마다 '1%, 1%'를 속으로 외쳤다. 1% 마음이 그를 특별한 사람으로 이끌어주었다. "1%의 끈만 놓지 않으면 됩니다." 그가 결론적으로 한 말이다.

30초 전략에서 활용하는 것이 스토리텔링(storytelling)이다. 곧바로 본론으로 들어가는 것이 아니라 상대방의 호기심과 관심이 극대화되도록 스토리를 활용해서 관심을 끌고 가는 것이다. 말에도 맛이 있다. 말을 맛깔스럽고 재미있게 하면서 상대방 관심을 끌고 가는 사람이 스토리텔러요, 그런 사람이 진짜 프로다.

리크루팅 One Point Lesson

30초 전략에서는 스토리텔러가 되어야 한다.
팩트에 스토리를 연결하면 관심이 특별해진다.
스토리로 리크루팅 대상자의 관심을 극대화하라.

리크루팅 상담스킬

30분 전략: 해결책을 제시하라

보이지 않는 것을 보라

'빙산의 일각'은 대부분은 숨겨져 있고 겉으로 드러난 것은 극히 일부분에 지나지 않는다는 것을 비유적으로 표현할 때 쓰는 말이다. 빙산을 보라. 겉으로 드러난 부분은 일부분이다. 물속에 잠겨서 보이지 않는 부분이 대부분이다. 사람의 마음 또한 그렇다. 겉으로 보여주는 것은 극히 일부분에 지나지 않는다. 겉으로 드러내지 않고 가슴속 깊이 숨겨놓은 부분이 훨씬 더 많다.

리크루팅 대상자와 상담할 때 그렇다. 대부분 리크루팅 대상자는 자기가 안고 있는 문제를 쉽게 노출하려 하지 않는다. 완전히 믿고 터놓을 수 있는 친한 사이가 아니면 자기 고민이나 가정 문제는 쉽게 노출하지 않는다.

30분 전략에서는 리크루팅 대상자가 안고 있는 문제를 해결해주는 솔루션을 제시한다. 리크루팅 대상자가 밖으로 드러낸 고민은 빙산의 일각인데 거기서 어떻게 해결책을 찾아낼 수 있을까?

현안을 종이에 적어라

"리크루팅 대상자를 쉽게 설득하려면 니즈(Needs)를 보고 해결책(Solution)을 제시해야 합니다." 한 매니저가 리크루팅 상담스킬을 설명하면서 한 말이다. 리크루팅 대상자와 상담할 때 상대방이 내 말에 관심을 가지고 집중적으로 따라오게 하려면 상대방 고민, 즉 니즈를 찾아서 해결책을 제시하는 것이 효과적이라는 말이다.

이 매니저가 리크루팅 대상자의 니즈를 보고 해결책을 찾아내는 방법을 살펴본다.

■ **해결책 찾아내는 방법 3단계**

현안 체크 → 니즈 탐구 → 해결책 발견

먼저 현안을 체크한다. '돈을 벌어야 한다. 보람 있는 일을 해야 한다. 자기계발을 해야 한다. 활동하면 건강해진다.' 이런 것들이 현안이다. 밖으로 나타난 현상이다. 치약을 쓰는 이유가 '입 냄새를 없애려는 것이다'라는 것과 같은 말이다.

내가 만나려는 리크루팅 대상자는 이런 현안 중 어느 쪽에 더 관심이 많은지 체크한다.

두 번째는 니즈를 탐구한다. 니즈는 리크루팅 대상자의 고민이다.

1단계에서 리크루팅 대상자가 '돈을 벌어야 한다'는 현안을 찾았다면 2단계에서는 리크루팅 대상자가 왜 돈을 벌어야 하는지 이유를 찾는 것이다.

세 번째는 해결책을 찾는다. 리크루팅 대상자가 돈을 벌어야 하는 이유를 알았으면 돈을 벌기 위해 어떻게 해야 하는지 그 방법을 제시해주는 것이 해결책이다.

해결책을 제시하라

"아파트 중도금 때문에 고민하는 사람이 있었어요. 그 사람에게 '3년 2억 프로젝트'를 제시해서 성공했어요." 이 매니저가 리크루팅 대상자의 니즈를 보고 해결책을 제시해서 리크루팅에 성공했다면서 한 사원의 사례를 들려주었다.

리크루팅 대상자를 한 사람 소개받았다. 30대 후반 여성이었다. 아파트 분양에서 당첨되었는데 중도금을 마련하는 것 때문에 고민한다는 정보를 소개자에게서 들었다. 그래서 그를 만나러 가기 전에 어떻게 해결책을 제시할 수 있을지를 먼저 연구했다.

종이 한 장을 꺼내 중앙에 선을 그었다. 왼쪽에는 리크루팅 대상자의 현안인 '아파트 분양'이라고 적었다. 그리고 오른쪽에는 그 현안에 접근하는 방법인 '아파트 중도금'이라고 적었다. 이렇게 적은 종이를 책상 앞에 붙여놓고 시간이 될 때마다 들여다보면서 문제점을 해결해줄 방안을 고민했다. 그렇게 해서 찾은 솔루션이 '3년에 2억 만들기 프로젝트'다.

■ **솔루션을 발견하는 방법**

현안	해결해야 할 솔루션
아파트 당첨	아파트 중도금

리크루팅 대상자를 만나서 '3년 2억 프로젝트'를 설명했다. "3년 2억 프로젝트'라는 말에서 아파트 중도금을 해결할 방법을 찾았어요. 그래서 이 일을 시작하게 되었어요." 신입사원이 활동을 결심하게 된 동기를 설명하면서 한 말이다. 3년 2억 프로젝트에서 활동의 명분을 찾게 된 것이다.

30분 전략은 리크루팅 대상자의 문제점을 파악하고 그 문제에 대한 해결책을 제시하는 과정이다. 이 단계에서는 리크루팅 대상자가 안고 있는 문제나 고민거리를 찾아서 그 문제를 툭 건드리는 것이 중요하다. 리크루팅 대상자의 문제를 해결할 방법을 제시해주면 활동하겠다는 결심이 빨라진다.

리크루팅 One Point Lesson

리크루팅 대상자의 고민거리를 찾아내라.
그 고민을 해결해주는 방법을 제시하라.
그러면 활동하겠다는 결심이 빨라진다.

리크루팅 상담스킬

30분 전략: 핵심 내용을 3가지로 압축하라

30분 전략은 해우소 과정이다

다음 단어들의 공통점은 무엇인가? 변소, 측간, 뒷간, 정낭, 통시, 해우소……. 문제를 해결해주는 곳을 일컫는 말이다. 이곳을 지금은 화장실이라고 한다. 화장실(化粧室)은 한자어 그대로 화장을 하는 방이다. 이곳에서 세면을 하거나 얼굴 화장을 한다 해서 붙여진 일종의 신종 문화어다. 옛날에는 뒷간이라고 했다. 주거 공간에서 멀리 떨어진 뒷마당 한구석에 마련해놓은 별도의 공간이라는 말이다. 변소라는 용어도 있다. 배설물을 처리하는 장소라는 것이다. 통시라는 용어도 있다. 강원도와 경상도 방언인데 대변을 보면 '통'하는 소리가, 소변을 보면 '시'하는 소리가 난다고 해서 그렇게 불렀다는 얘기가 있다.

절에서는 화장실을 해우소(解憂所)라고 한다. 근심을 푸는 곳이라는 뜻이다. 번뇌가 사라지는 곳이라고도 한다. 꽉 막혀 있어 답답했던 것들이 뻥 하고 뚫렸을 때 그 시원한 기분을 아는가? 해우소라는 것이 그런 뜻이 아닐까? 근심과 걱정이 일순간에 사라지는 것이다. 30분 전략은 솔루션을 제시하는 단계다. 상대방의 근심과 걱정에 대한 해법을 제시함으로써 상대방의 답답함이 일순간에 뻥 뚫리게 해주는 단계이다. 일종의 '해우소' 과정이라 할까?

핵심 내용을 3가지로 제시하라

솔루션 제시는 어떻게 하는 것이 효과적일까? 해법을 3가지로 압축해서 설명하는 것이 좋다. 3이라는 숫자에는 완전이라는 의미가 들어 있기 때문이다. 숫자 3이 있다. 우리나라 사람들이 유난히 좋아하는 숫자가 3인 것 같다. 오래전부터 내려오는 속담들을 보라.

'세 살 버릇 여든까지 간다'고 한다. 세 살은 온전한 인격체로 살아가기 시작하는 시작의 나이라고 한다.

'서당 개 삼 년이면 풍월을 읊는다'는 속담도 있다. 삼 년은 충분한 시간을 의미한다.

'세 사람이 우기면 호랑이도 만들 수 있다'고 한다. 여기서 3은 어떤 일을 도모할 수 있는 사람의 수를 의미한다.

'은혜를 갚은 까치'에서 까치가 선비를 위하여 머리로 종을 세 번 울리고 죽었다는 설화도 있다. 여기서 3은 완전함을 의미한다. 3이라는 숫자에는 완전함, 충분함의 의미가 있다.

의사봉은 왜 '땅! 땅! 땅!' 세 번 두드릴까? 의사봉은 한 번을 두드리든 두 번을 두드리든 상관없다. 꼭 세 번 두드려야 한다는 규정이 있는 것도 아니다. 그런데 왜 의사봉을 '땅! 땅! 땅!' 세 번 두드리는가? 3에는 '완전함'이라는 의미가 들어 있기 때문이다.

실제로 의사봉을 들고 연습을 해보자. 의사봉을 '땅!' 하고 한 번만 두드려보라. 너무 가볍다는 생각이 든다. 의사봉을 '땅! 땅!' 하고 두 번 두드려보라. 뭔가 부족하다는 느낌이 든다. 그럼 의사봉을 '땅! 땅! 땅!' 하고 세 번 두드려보라. 느끼겠는가? 안정감이 들고 충만하다는 생각이 든다. 이번에는 네 번, 다섯 번을 두드려보라. 너무 많고 복잡하다.

만세 삼창을 보라. 만세를 세 번 부른다. 한 번은 빈약하고 두 번은 부족하니 세 번이 적당하다. 가위바위보 게임에서 삼세판을 한다. 한 번으로 게임이 끝나면 허망하고, 두 번은 승부가 나지 않고, 세 번은 해야 이긴 사람도 진 사람도 불만이 없다. 모두 3이라는 숫자의 완전함이 작용하기 때문이다.

제 급여는 누가 주는지 아세요?

"군인, 경찰 그리고 우리. 이 세 사람의 공통점이 무엇인지 아십니까?" 한 매니저가 즐겨 쓰는 리크루팅 화법 중 하나다. "정답은 지키는 사람들이라는 것입니다."

군인은 적으로부터 나라를 지킨다. 나라의 안녕을 지키는 사람이 군인이다. 군인이 있기에 국민은 평안히 자기 일을 하며 살 수 있다.

경찰은 범죄로부터 사회를 지킨다. 사회의 안녕을 지키는 사람이 경찰이다. 경찰이 있기에 국민은 안심하고 사회생활을 할 수 있다. 우리는 위험으로부터 가정을 지킨다. 가정의 행복을 지켜주는 사람이다. 우리가 있기에 고객은 걱정 없이 자기 생활을 할 수 있다.

"이 세 사람의 두 번째 공통점이 무엇인지 아십니까? 정답은 국민이 급여를 준다는 것입니다."

군인의 급여는 국민이 준다. '적으로부터 나라를 지켜주어 우리가 이렇게 평화롭게 살 수 있게 해줘 고마워요' 하는 마음으로 국민이 세금을 모아 군인에게 급여를 준다.

경찰의 급여도 국민이 준다. '범죄로부터 사회를 지켜주어 우리가 이렇게 안심하고 살 수 있게 해줘 고마워요'라는 마음으로 국민이 경찰에게 급여를 준다.

우리 급여도 국민이 준다. 엄밀히 말하면 고객이 준다. '불의의 사고를 예방하고 우리 가족의 행복을 지켜줘 고마워요' 하는 마음으로 고객이 우리에게 급여를 준다.

"마지막으로 이 세 사람의 공통점이 무엇인지 아십니까? 사명감이 없으면 못한다는 것입니다."

군인은 사명감으로 복무한다. 나라를 지키겠다는 사명감이 없으면 군인은 목숨을 던지지 못한다. 경찰은 사명감으로 근무한다. 사회를 지키겠다는 사명감이 없으면 경찰은 헌신하지 못한다. 우리는 사명감으로 활동한다. 고객의 행복을 지키겠다는 사명감이 없으면 우리는 자기를 불사르지 못한다. 군인은 나라를 지킨다는 사명감으로, 경찰은 사회를 지킨다는 사명감으로, 우리는 가정을 지킨다는 사명감으로 활동한다.

이 매니저가 리크루팅 대상자에게 전달하고 싶은 메시지를 정리하면 이렇다. '우리 일은 고객의 행복을 지켜주는 일이다. 그래서 우리 급여는 고객에게서 나온다.' 그러므로 우리 일은 단순한 직업이 아니라 고객의 행복을 지켜주겠다는 사명감으로 해야 하는 일이다.

이런 메시지를 3가지로 압축해서 전달하는 것이다. 리크루팅 3·3·3 화법에서 30분 전략, 즉 솔루션을 제시하는 단계에서는 숫자 3을 활용하라. 해법 제시는 3가지로 압축하라.

리크루팅 One Point Lesson

30분 전략은 해법을 제시하는 단계다.
핵심 내용을 3가지로 압축하라.
3이라는 숫자의 마법 때문이다.

리크루팅 상담스킬

거절응대 : 관점을 180도 확 돌려라

거절에는 일정한 패턴이 있다

리크루팅 상담을 하다 보면 꼭 따라오는 것이 거절이다. 따라오지 않으면 좋겠지만 어쩔 수 없이 따라온다. 그래서 나는 거절을 필요악이라고 한다. 거절이란 무엇인가? 활동하지 못하는 이유를 대는 것이 거절이다. 그런데 그 거절을 가만히 분석해보면 몇 가지 유형이 있다. 많은 사람 입에서 비슷한 이유가 반복된다는 것이다. 대표적인 거절 유형을 10가지만 찾아보자.

1. 영업은 힘들다.
2. 말을 못한다.
3. 주변에 아는 사람이 없다.
4. 주변 사람이 반대한다.
5. 자존심이 상한다.

6. ________________________

7. ________________________

8. ________________________

9. ________________________

10. ________________________

이러한 거절 이유는 누구나 예상할 수 있는 것들이다. 리크루팅 상담에 약방의 감초처럼 꼭 튀어나오는 것이다. 그런데 이런 거절들이 왜 나올까? 불안감 때문이다. 영업에 대한 불안감, 성공에 대한 불안감 때문에 거절이 일어난다. 확신이 없기 때문이다.

리크루팅 대상자가 거절하는 경우 그 이유에 집착하지 마라. 그 대신 관점을 다른 곳으로 돌려줘라. 마치 TV 중계 카메라가 기존의 중계하던 곳에서 다른 곳으로 카메라를 돌려버리는 것처럼 이야기의 관점을 다른 것으로 돌려버려라. 그러면 전혀 다른 그림이 그려진다.

상담 방법 중 하나가 '관점 전환법'이다. 상대방이 긍정적인 이야기를 하면 상대방 말에 적극적으로 호응해주고, 상대방이 부정적인 말을 하면 관점을 다른 곳으로 바꿔주는 상담기법이다.

리크루팅 대상자가 거절할 때 그 말에 집착하여 반대 논리로 설득하려 하지 마라. 시시비비를 따지지도 마라. 상대방이 긍정적인 이야기를 하면 그 이야기에 적극적으로 호응해주고, 상대방이 거절하면 관점을 다른 곳으로 바꿔주면 그만이다.

연습해보자. 많은 사람이 기억의 반대말은 '망각'이라고 한다. 일반적인 관점이다. 어찌 보면 고정관념일 수도 있다. 그런데 나는 기억의 반대말은 망각이 아니라고 주장한다. 기억의 반대말은 '상상'이다. 말이 안 되고 상식에도 맞지 않는 것처럼 보이겠지만 이것이 무슨 말인지 한번 생각해보자.

기억은 생각을 끌어오는 것이다. 과거의 생각을 끌어오는 것이다. 미래의 생각을 끌어오는 것 또한 기억이다. 과거에 일어났던 일을 끌어와야 하는데 과거 일을 잊어버린 것이 망각이다. 미래에 일어날 일을 끌어오는 것이 상상이다. 기억의 반대말을 과거의 관점에서 보는 것이 망각이다. 그러나 이를 미래의 관점에서 보는 것이 상상이다. 과거를 보느냐 미래를 보느냐의 차이다.

독립운동을 하자

40대 여성을 만나면 '독립운동을 하자'고 외치는 매니저가 있다. 독립운동이라니 웬 뚱딴지같은 소리일까? 지금이 일제강점기도 아닌데 무슨 독립운동이냐고 할 것이다. 그런데 독립운동을 해야 한다. 특히 40대 여성이라면 더더욱 그렇다.

정신과 병원을 찾는 사람들 중 40대 여성의 비율이 높아지고 있다. 다름 아닌 우울증 때문이다. 경제 문제, 자녀 문제, 남편 문제, 갱년기로 인한 자존감 문제 등이 우울증으로 발전해 이를 치료하려고 정신과 병원을 찾는 것이다. 그도 그럴 것이 인생에 대해 가장 많이 고민하는 시기가 사춘기와 갱년기다.

40대 여성의 하루를 살펴보자. 아침에 일어나 식사 준비를 하고 자녀들을 학교에 보내고 남편도 일터로 배웅한다. 집 안을 청소하고 나서야 커피 한잔을 마시며 쉴 수 있는 혼자만의 시간이 주어진다. 그런데 가만히 앉아 커피를 마시는데 고민이 머릿속을 가만두지 않는다. 자녀들은 제각기 자기 삶이 있고, 남편은 가족을 위해 정신없이 사는데 정작 자신은 지금 무엇을 하고 있는가 하는 생각이 많아지게 된다.

'내가 왜 이렇게 살아야 하지? 이러다 내 인생 이렇게 허무하게 끝나는 것 아닐까?' 자식도 남편도 떠난 빈집에서 자신의 존재감에 대해 고민하는 시간이 많아지는 '빈둥지증후군'이 몰려온다. 이런 고민에 빠진 40대 여성 가운데 밖으로 나와 활동하는 사람들이 많아지고 있다. 돈을 벌기 위해서라기보다는 자신의 존재감을 찾기 위해서다.

그러나 밖으로 나왔더니 마땅히 갈 곳이 없다. '우리 회사로 오세요' 하고 양팔 벌려 환영해주는 곳이 없다. 그렇다고 많은 자본금을 들여 장사를 할 수도 없다. 이런 40대 여성에게 리크루팅 상담을 하면 한결같이 '남편이 반대하고 주변 사람들이 반대한다'고 한다. 영업은 못한다는 고정관념에서 나오는 거절이다. 이럴 때 어떻게 해야 할까? '괜찮다, 잘할 수 있다'는 자신감 논리로 설득해야 할까?

이럴 때 관점을 돌려주는 게 제일 좋다. 영업은 못한다는 사람에게 '독립운동을 하자'고 제안하는 것이다. 영업은 힘들다는 고정관념이 있는 사람에게 '독립운동을 하자'는 전혀 다른 관점으로 방향을 바꿔주는 것이다. 자녀로부터 독립, 남편으로부터 독립, 어려운 경제 여건으로부터 독립, 다람쥐 쳇바퀴 도는 따분한 일상생활로부터 독립, 현실에 안주하는 나태함으로부터 독립, 우울증으로부터 독립하자는 것이다.

리크루팅 One Point Lesson

거절에는 일정한 패턴이 있다.
거절에 대해 반대 논리로 설득하려 하지 마라.
관점을 전혀 다른 곳으로 돌리는 것이 좋다.

거절응대 1

성격이 내성적이다? "D형 혈액형을 찾습니다"

D형 혈액형을 찾는다

"리크루팅 대상자를 만나면 '성격이 내성적이어서 못한다'고 하는 이들이 있습니다. 그런 사람에게 저는 혈액형을 바꾸라고 합니다." 서울에서 한 매니저를 만났더니 리크루팅 대상자와 상담할 때 즐겨 쓰는 화법이 3가지 있다면서 한 말이다.

■ **'성격이 내성적이다'에 대한 응대 화법 3가지**

혈액형 화법	행복한 사람 화법	꿈틀 화법
우리가 찾는 사람은 D형입니다	당신은 행복한 사람입니다	꿈은 꿈틀꿈틀의 약자입니다

그가 즐겨 쓰는 화법 중 첫 번째가 '혈액형 화법'이다. 정리하면 이렇다.

A형 혈액형인 사람은 성실한 성격이다. 이런 사람에게는 D형으로 바꾸라고 한다. D는 Dream(꿈)의 약자다. 꿈이 다르면 인생이 달라진다고 말한다.

B형 혈액형인 사람의 특징은 낙천적이다. 이런 사람에게는 D형으로 살라고 한다. D는 Dynamic(활력)의 약자다. 활력이 넘치면 인생이 달라진다고 말한다.

O형 혈액형인 사람은 목적이 뚜렷하다. 이런 사람에게는 D형을 키우라고 한다. D는 Desire(욕망)의 약자다. 욕망이 큰 사람이 빨리 성공한다고 한다.

AB형 혈액형인 사람은 명예를 소중히 하는 경향이 크다. 이런 사람에게는 D형에 올인하라고 한다. D는 Development(자기계발)의 약자다. 자기계발에 매달리면 내일이 달라진다고 말한다.

그의 혈액형 화법을 종합하면 혈액형이 D형인 사람은 꿈을 가진 사람, 적극적으로 사는 사람, 목표가 뚜렷한 사람, 내일을 생각하는 사람이다.

당신은 행복한 사람이다

"당신은 행복한 사람입니다. 오늘 제가 이렇게 찾아와서 같이 일하자고 하니 참으로 행복한 사람입니다."

그가 즐겨 쓰는 화법 중 두 번째가 '행복한 사람' 화법이다. 나를 만난 것이 행복이라는 것이다. 나에게 새로운 제안을 받게 된 것도 행복이라고 한다. 누군가에게 인정받는 것 자체가 행복이라고 말한다. 더욱이 일부러 찾아와 같이하자는 제안을 받는 사람은 행복한 사람이다. 인정받고 싶어도 인정받지 못하는 사람이 허다하기 때문이다.

"당신은 행복한 사람입니다. 이 화법으로 리크루팅에 성공한 대표적인 사람이 한 명 있습니다." 그가 이렇게 말하면서 한 사원의 예를 들려줬다. 30대 중반인 그는 다른 직장에서 일하고 있었는데 회사의 경영난으로 구조조정이 시작되었다. 어떻게 할까 고민하던 차에 이 매니저가 찾아와 '당신은 행복한 사람입니다'라는 말을 했다. 이렇게 찾아와 같이 일하자는 사람이 있다는 것이 행복한 일 아니냐는 이 매니저 말에 마음이 움직였다. 그래서 전직을 결심하게 되었다.

우리는 B→C→D 공식으로 살고 있다. 우리는 B(Birth, 출생)부터 D(Death, 사망)에 이를 때까지 날마다 무엇인가를 C(Choice, 선택)하면서 산다. 먹을 것을 선택하고, 탈것을 선택하고, 갈 곳을 선택하면서 산다. 무엇을 먹을지를 고민하며 먹을 것을 선택한다. 어떻게 출근할 것이냐를 고민하며 탈것을 선택한다. 어떻게 살 것이냐를 고민하며 일자리를 선택하면서 살아왔다. "제가 오늘 누군가를 선택하러 왔습니다. 바로 당신입니다. 선택받은 당신은 행복한 사람입니다." 이렇게 말하면 대상자의 결심이 빨라진다고 그는 웃으며 말했다.

꿈틀거리는 사람이 꿈을 이룹니다

"꿈은 꿈틀꿈틀의 약자입니다. 꿈이 있는 사람은 꿈틀댑니다. 무엇인가를 만들기 위해 꿈틀대죠." 그의 화법 중 세 번째 화법이 '꿈틀 화법'이다. 사람은 누구나 꿈을 가지고 있다. 그것이 어떤 꿈이냐 하는 것은 사람마다 다르다. 하지만 그 꿈을 내 것으로 만드느냐 못 만드느냐는 어떻게 하느냐에 따라 달라진다. 그러면서 그는 다음과 같은 예를 들어 설명했다.

여기 산나물이 있다고 생각해보라. 산나물은 삶아서 먹을 수 있지만 맛은 없다. 여기에 소금을 조금 넣어 버무리면 맛이 살아난다. 인생을 맛있게 버무리는 방법이 있다고, 꿈을 맛있게 버무리는 방법이 있다고 그는 말한다.

인생을 맛있게 버무리는 소금과 같은 일이 우리 일이라는 것이다. 인생을 맛있게 버무리기 위해 우리와 함께 일하자고 하면 리크루팅 대상자 얼굴에 미소가 떠오른다.

"내일이라는 주머니에는 행복과 불안이라는 두 가지가 들어 있습니다. 그중에서 우리는 행복을 꺼내기 위해 이렇게 꿈틀댑니다. 행복은 꿈틀대는 사람만이 꺼낼 수 있습니다." 그가 마지막으로 한 말이다.

리크루팅 One Point Lesson

내성적이라는 사람에게는 자신감을 심어줘라.
유능한 사람이어서 스카우트하러 온 것이다.
이런 제안을 받는 당신은 행복한 사람이다.

거절응대 2

뭔가 하긴 해야 하는데? "당신 시간은 11시 24분입니다"

뭐라고 쓸 것인가?

《노인과 바다》로 노벨문학상을 받은 미국의 소설가 헤밍웨이 묘비명에는 이렇게 쓰여 있다. "일어나지 못해 미안하다."

《적과 흑》을 쓴 프랑스 소설가 스탕달 묘비명에는 이렇게 쓰여 있다. "살고, 쓰고, 사랑했다."

우리나라 배재학당을 설립한 선교사 아펜젤러 묘비명에는 뭐라고 쓰여 있을까? "나는 섬김을 받으러 온 것이 아니라 섬기러 왔습니다." 영국의 유명한 극작가 버나드 쇼 묘비명에는 "우물쭈물하다가 내 이럴 줄 알았다"라고 쓰여 있다. 걸레스님으로 유명했던 중광스님의 마지막 말은 "괜히 왔다 간다"였다.

버나드 쇼 묘비명과 중광스님의 마지막 말이 특히 가슴을 찌른다. 우물쭈물하는 사이 인생은 끝나버린다는 것이 버나드 쇼의 말이다. 열심히 살았다고, 치열하게 살았다고 생각했는데 인생의 마지막에서 지나온 삶을 돌아보니 아무것도 남긴 게 없다는 것이 중광스님의 말이다.

그러면 내 묘비명에는 뭐라고 쓸까? 인생을 마감하면서 그동안 내가 이렇게 살았노라고 한마디로 말할 때 뭐라고 할 것인가?

허송세월할 시간이 없다

"리크루팅 대상자와 이야기할 때 자주 인용하는 말이 있습니다. 한 식당에 걸려 있던 액자 이야기입니다." 한 매니저가 열심히 살아야 하는 이유를 설명하면서 한 말이다. 한 식당에 액자가 하나 걸려 있다. 〈우리네 인생은〉이라는 제목으로 다음과 같은 내용이 적혀 있다.

일백 살을 살아야 36,500일,
구십 살을 살면 32,850일,
팔십 살을 살면 29,200일,
칠십 살을 살면 25,550일,
육십 살을 살면 21,900일입니다.

"백 살을 살면 장수라고 호들갑을 떠는데 기껏 해봐야 36,500일밖에 안 됩니다. '인생 팔십'이라고 하는데 팔십 살을 살아야 29,200일밖에 안 됩니다."

그러면서 그가 강조하는 말이 팔십 살을 살아야 29,200일밖에 안 되는데 이 짧은 인생 우왕좌왕하면서 살기에는 시간이 너무 부족하지 않느냐는 것이다. 더욱이 허송세월하면서 살기에는 시간이 너무 아깝지 않느냐고 강한 어조로 말한다. '삶을 산다'에서 '산다'는 말은 원래 '사르다'에서 왔다고 한다. 무엇인가 태워 없앤다는 말이다. '삶을 산다'는 말은 정해진 삶을 조금씩 태워 없앤다는 말이다. 우리는 하루하루를 조금씩 태워가고 있다.

"예를 들어 지금 나이 40이라고 해보죠. 팔십 세를 산다고 하면 29,200일 중에서 벌써 반인 14,600일이 태워지고 없다는 말입니다. 앞으로 남은 날이 14,600일밖에 없는데 의미 없이 보낸 오늘은 14,600일 중 하루가 빠져나가고 있다는 말입니다."

그는 오늘도 무엇인가 의미 있게 살아야 하지 않겠냐면서 목청을 높인다.

당신 시간은 11시 24분입니다

"한창 일할 나이인데 하는 일 없이 노는 사람을 만나면 '인생 시계법'을 이야기합니다. 그러면 효과 백배입니다." 이렇게 말하면서 그는 다음과 같이 설명했다. 김난도 교수는 《아프니까 청춘이다》라는 책에서 인생 시계법을 소개한다. 사람이 태어나서 죽을 때까지를 24시간에 비유한다면 나는 지금 몇 시쯤의 인생을 사는 것인가 하는 내용이다.

하루 24시간은 1,440분에 해당하는데 이것을 80세로 나누면 18분이 된다. 1년에 18분씩 가는 것이다. 만약 지금 나이가 24세라면 아침 7시 12분이다. 지금 막 집을 나서려는 시간이다. 그럼 나이가 40세라고 한다면 12시다. 해가 중천에 떠 있는 정오다. 가장 활발하게 활동할 시간이다. 그렇다면 은퇴하고 노년을 준비하는 60세는 오후 6시다. 일을 마치고 퇴근하는 시간이다. "김○○님 나이가 38세이니까 지금 11시 24분입니다. 하루 중 가장 정신없이 일하는 시간이네요"라고 하면 다들 공감한다.

사람에게는 신이 내려준 금이 3개 있다고 한다. '황금, 소금, 지금'이다. 황금은 경제적 여유를 말한다. 소금은 건강을 말한다. 지금은 시간을 말한다. 이 중에서 가장 중요한 것이 '지금'이라는 것이다.

'어제는 지나간 오늘이요, 내일은 다가올 오늘이다'라고 한다. 어제, 오늘, 내일 중 가장 중요한 것은 오늘이다. 오늘에 충실해야 어제가 아름다운 과거가 되고, 오늘에 충실해야 내일이 행복한 미래가 된다. 오늘이 중요하다. 지금이 중요하다. 그냥 흘려보내지 마라.

리크루팅 One Point Lesson

지금의 중요성을 느끼게 한다.
현재 나이를 하루 시간으로 전환해서 설명해준다.
시간의 효용성으로 접근하는 방법이다.

거절응대 3

지금은 안 된다? "딱 1년만 참고 기다리겠습니다"

지금은 일하는 단계다

"인생을 90세까지 산다고 하면 '준비 단계→일하는 단계→휴식 단계' 3단계로 구분할 수 있습니다." 한 매니저가 리크루팅 대상자와 상담할 때 '인생 3단계론'을 즐겨 쓴다면서 이렇게 말을 시작했다.

■ **인생 3단계론**

준비 단계	활동 단계	휴식 단계
0~30세	30~60세	60~90세

의학의 발달과 생활환경의 개선으로 사람들 평균 수명이 늘어났다. 사람의 기대 수명을 90세라고 한다면 준비 단계 30년→일하는 단계 30년→휴식 단계 30년 이렇게 3단계로 구분할 수 있다(여기에는 ± 5년 편차가 있다).

태어나서 초등학교, 중학교, 고등학교, 대학교를 거쳐 사회 초년생이 되는 30년을 인생 준비 단계라고 할 것이다. 내 인생을 가치 있고 풍요로우며 행복하게 만들기 위해 열심히 공부하고 준비하는 단계다. 30세에서 60세까지는 일하는 단계다. 내가 세운 삶의 목표와 꿈을 달성하기 위해 열심히 일하는 단계다. 이후 60세에서 90세까지는 일이라는 무거운 짐을 내려놓고 인생을 즐기는 휴식 단계라 할 것이다. 지금은 60세도 젊은 나이라 하고 또 놀기에는 아까운 나이라 하지만 이때부터 일반적으로 골든 에이지(golden age)라고 한다. 치열한 삶의 현장에서 벗어나 인생을 여유 있게 즐기는 기간이라는 것이다.

"사람에게는 일할 때가 있고 쉴 때가 있습니다. 지금은 일하는 단계잖아요. 내일의 편안한 휴식을 위해 오늘은 열심히 일해야죠." 그는 30~40대를 만나면 지금은 열심히 일하는 단계라면서 이렇게 말한다고 했다.

지금이 세 번 중 한 번의 기회다

사람에게는 살면서 기회가 세 번 주어진다고 한다. 그러나 이 말은 틀렸다. 사람에게는 수없이 많은 기회가 주어진다. 지금 이 순간에도 기회가 찾아왔는지 모른다. 우리가 순간순간 만나는 기회는 인연의 기회, 재물의 기회, 성공의 기회 같은 것이라고 생각한다. 그러나 대부분 사람들은 그것이 기회인지 모르고 흘려보낸다.

"사람에게 기회가 세 번 주어진다는 것은 그 사람 인생을 바꿔놓는 결정적 기회를 말합니다." 그 매니저가 기회는 주어질 때 잡아야 한다면서 한 말이다. 우리가 자주 말하는 것 중 돌이킬 수 없는 것이 네 가지 있다.

■ 돌이킬 수 없는 것 4가지

1. 활시위를 떠난 화살
2. 입 밖에 내뱉은 말
3. 흘러간 세월
4. 놓쳐버린 기회

활시위를 떠난 화살, 입 밖에 뱉은 말, 흘러간 세월, 놓쳐버린 기회는 돌이킬 수 없다. 다시 돌아오게 할 수 없다는 말이다. 그래서 화살이 활시위를 떠나기 전에 목표를 정확하게 겨냥해야 한다. 말은 신중하게 생각한 뒤 해야 한다. 청춘은 다시 돌아오지 않는다. 시간을 아끼고 아껴서 보람 있게 보내야 한다. 일할 수 있을 때 해야 한다. 기회는 주어졌을 때 꽉 잡아야 한다. 우물쭈물하다가는 훌쩍 떠나버린다. "오늘 저를 만난 게 행운입니다. 지금 이 순간이 세 번의 기회 중 한 번일지도 모릅니다." 그는 리크루팅 대상자에게 웃으며 당당하게 이렇게 말한다.

딱 1년만 참고 기다리겠습니다

"기회가 누구에게서 전해지는 줄 압니까? 결정적 기회는 가까이 있는 사람에게서 전해집니다." 그가 이어서 한 말이다. 기회는 신비롭게 오는 것이 아니라 주변의 누군가에 의해 전해지는 것이라고 한다. 기회는 멀리서 찾아오는 것이 아니다. 요란한 꽹과리 소리와 함께 오는 것도 아니요, 이슬이 내리듯 은밀하게 조용히 오는 것도 아니다. 결정적 기회는 바로 가까이 있는 주변 사람에게서 평범하게 전해진다. 이 기회를 소홀히 하면 안 된다.

"딱 1년만 참고 기다리겠습니다. 저를 만난 지 9개월 되었으니까 이제 3개월 남았네요. 그다음은 후회해도 소용없습니다." 마지막 결정 단계에서 그가 즐겨 쓰는 화법이다. 이렇게 말하면 처음에는 시큰둥하던 사람도 마음이 급해진다고 한다. '웃기네' 하면서 속으로 비웃던 사람도 다음에 만나면 결정이 빨라지더라는 것이다.

지나간 버스에 손을 흔들어봐야 소용없다고 한다. 기회를 놓치고 발을 동동 구르지 말라는 것이다. 기회는 잡는 사람이 임자라고 한다. 눈을 부릅뜨고 있다가 기회다 싶으면 얼른 잡아야 한다는 말이다.

리크루팅 One Point Lesson

지금이 결정해야 하는 순간임을 강조한다.
기회는 잡는 사람이 임자다.
버스 지나간 다음 손 흔들어봐야 소용없다.

거절응대 4

나 도와줄 수 있어?
"당신의 30대를 책임지겠습니다"

한 사람이 오는 것은?

"리크루팅은 한 사람 인생을 책임지는 일입니다. 한 사람의 삶의 방향을 바꾸는 일이기 때문입니다." 한 매니저가 한 말이다. 리크루팅은 한 사람이 걸어가는 인생의 길을 지금과 다른 길로 바꾸어주는 것이다. 지금까지 걸어온 길보다 더 보람 있고 의미 있는 길로 말이다. 리크루팅은 그만큼 책임이 막중한 일이다.

한 사람을 리크루팅한다는 것은 실로 어마어마한 일이다. 그 사람 인생을 책임지는 일이기 때문이다. 그러니 엄숙하고 책임감 있게 접근해야 한다. 이러한 마음을 잘 표현한 시가 있다. 정현종 시인의 〈방문객〉이라는 시를 보자.

사람이 온다는 것은
실은 어마어마한 일이다.

그는

그의 과거와

현재와

그리고

그의 미래가 함께 오기 때문이다.

한 사람의 일생이 오기 때문이다.

누군가를 만난다는 것은 실로 어마어마한 일이다. 더욱이 누군가를 오게 한다는 것은 어마어마한 일이다. 그 사람의 일생이 오기 때문이다. 리크루팅은 그 사람의 일생을 오게 하는 일이다. 그 사람의 과거와 현재와 미래가 오게 하는 것이다. 이렇게 엄청난 일을 대충대충해서는 안 되는 것 아닌가? 소홀히 해서는 안 되는 것 아니냐는 말이다.

인생을 책임지는 자세로 임하라

"제가 ○○○님의 30대를 책임지겠습니다." 한 매니저가 30대 리크루팅 대상자와 상담할 때 자주 사용하는 화법이다. "이렇게 말하면 대부분 사람들이 어떻게 책임질 거냐고 따지죠." 그가 웃으면서 이렇게 말했다.

한 사람의 30대를 책임지겠다는 말은 자신감의 표현이다. 기어코 성공시키고 말겠다는 강한 의지의 표현이기도 하다. 매니저는 이런 강한 소명의식을 가지고 있어야 한다. 한 사람의 삶을 책임지겠다는 강한 소명의식이 있어야만 리크루팅 대상자에게 자신 있게 말할 수 있기 때문이다.

확실한 믿음을 줘야 한다

"꼭 따져봐야 할 것은 어느 회사에서 근무하느냐가 아니라 어떤 매니저와 근무하느냐입니다." 그가 이어서 한 말이다. 그는 리크루팅 대상자와 면담할 때 회사를 고르기에 앞서 매니저를 먼저 고르라고 강조한다. 어떤 회사이냐는 것도 따져봐야 하겠지만 함께 일하게 될 매니저가 어떤 사람이냐는 것이 더 중요하다는 말이다.

사람이 성공하려면 어느 회사에서 근무하느냐는 것이 중요한 요소일 수도 있다. 그러나 그보다 더 중요한 요소는 자기 삶의 일정 기간을 함께할 매니저가 어떤 사람이냐는 것이다. 아무리 좋은 회사를 골랐다 해도 매니저를 잘못 만나면 그 사람 앞길은 가시밭길이요, 험난한 여정이 될 것이기 때문이다.

한 번 선택한 회사를 바꿀 수도 없지만 한 번 선택한 매니저도 바꿀 수 없다. "저의 팀원들이 입사를 결심할 때 가장 크게 작용한 것이 제가 '책임지겠다'고 한 말이었다는 것입니다." 이는 헛말이 아니다.

그는 지금도 신인이 입사하면 처음 3개월간 날마다 갈 곳을 만들어주고 구체적으로 어떻게 접근할지 집중적으로 훈련한다. 하루에 아침, 저녁 두 번 면담한다. 아침에는 오늘 누구를 어떻게 찾아갈지

지도해주고, 저녁에는 오늘 활동한 결과를 놓고 앞으로 어떻게 할지 지도해준다. 이렇게 갈 곳을 찾아주는 신인 육성 프로그램이 오늘의 조직을 만들었다.

잊지 마라. 매니저는 함께하는 식구들의 삶을 책임지는 사람이다. 그들의 30대와 40대라는 인생의 일정 기간을 책임지는 사람이 매니저라는 말이다. 매니저를 잘 만난 덕분에 도입한 신인의 삶이 더 나아졌다면 그 매니저는 성공한 사람이다. 하지만 매니저를 잘못 만나서 도입한 사람이 중간에 실패하고 그만두게 되었다면 그 사람의 30대 또는 40대를 헛되게 만들었으니 그 매니저는 실패한 사람이다.

이를 성경을 빌려 표현하면 이런 사람은 '연자 맷돌을 목에 매어 바다에 빠뜨리는 것이 낫다'고 할 것이다. 그만큼 매니저는 리크루팅한 사람의 인생을 책임지겠다는 강한 소명 의식을 가지고 있어야 한다는 말이다.

리크루팅 One Point Lesson

책임지는 자세로 임하라.
성공을 위해 확실하게 도와줄 것임을 약속하라.
항상 함께할 것임을 확신하게 하라.

거절응대 5

잘할 자신이 없다?
"당신의 요정이 되어줄게요"

파워는 정체성에서 나온다

"제가 원래는 미운 오리새끼였어요. 아무것도 할 수 없을 줄 알았던 제가 오늘 이렇게 변할 줄 누가 알았겠어요? 제 남편도 놀란답니다." 한 매니저가 '영업은 자신이 없다'는 리크루팅 후보자에게 자기 과거를 이야기하면서 한 말이다.

안데르센의 동화 〈미운 오리새끼〉가 있다. 유난히 큰 알에서 태어난 새끼오리는 형제 오리들과 다르게 생겼다는 이유로 다른 오리들에게 괴롭힘을 당한다.

"너는 왜 이리 못생긴 거야? 저리 가. 너 같은 게 우리 식구라는 게 싫어."

처음에는 어미오리가 다독이지만 나중에는 어미오리마저 미운 오리새끼가 없어져 버렸으면 좋겠다며 구박한다. 이에 상처받은 미운 오리새끼는 집을 나오게 되고, 어느 마음씨 좋은 할머니 집에서 지내게 된다. 하지만 그곳에서도 고양이와 닭에게 괴롭힘을 당하게 되고 결국 미운 오리새끼는 또 도망쳐 나온다.

춥고 외로웠던 겨울이 지나 봄이 온 어느 날 새끼오리는 우연히 자신이 하늘을 날 수 있음을 알게 된다. 못생긴 오리인 줄 알았던 미운 오리새끼는 아름다운 백조였던 것이다. 그날 이후 미운 오리새끼는 백조 무리 속으로 들어가 우아하게 하늘을 날며 행복한 삶을 살게 된다.

■ 정체성을 찾는 것이 성공의 제1조건

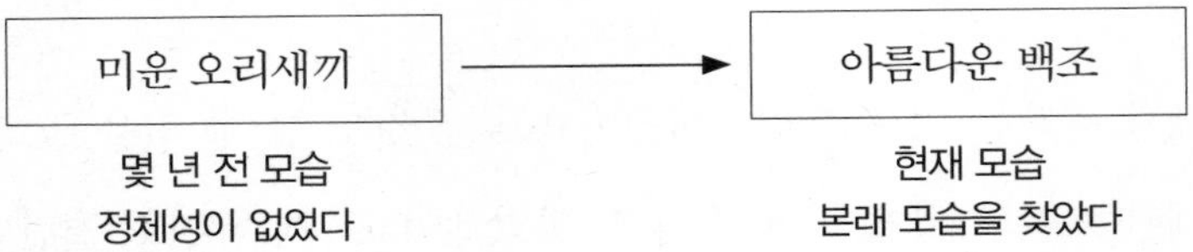

"몇 년 전까지만 해도 내가 누구인지 정말 몰랐어요. 아니 내가 백조라는 사실은 꿈에도 생각하지 못했어요. 남편에게 구박만 당하는 미운 오리새끼였죠." 이렇게 말하면서 그는 자기 정체성을 찾는 것이 중요하다고 강조했다.

많은 사람이 자기가 누구인지도 모른 채 하루하루를 살아간다. 그냥 미운 오리새끼라고 생각하면서. 몇 년 전 그도 그랬다. 그러다 자신이 미운 오리새끼가 아니라 백조라는 사실을 알게 된 다음부터 생활이 180도 달라졌다. 지금처럼 활발하게 활동하게 된 것도 자기가 백조라는 사실을 알게 된 다음부터였다. "당신은 미운 오리새끼가 아니에요. 원래 백조였어요. 당신의 원래 삶을 찾으세요. 높은 하늘을 우아하게 나는 백조의 삶을요."

신데렐라에게 필요했던 사람은?

"동화 〈신데렐라〉 이야기 아시잖아요. 신데렐라에게는 요정이 있었어요." 한 매니저가 자신이 즐겨 쓰는 상담화법 하나를 소개했다. 동화에서 신데렐라는 계모와 새언니들에게 온갖 구박을 받으면서 청소, 빨래 등 궂은일을 다 한다. 어느 날 계모와 언니들이 파티장에 간다고 하자 자기도 가고 싶다고 하지만 "못생기고 예쁜 옷도 없으면서 파티는 무슨 파티"라는 핀잔과 함께 집에서 빨래나 하라는 구박을 들었다.

혼자 남은 신데렐라에게 요정이 나타나 파티장에 가라고 권한다. 그러나 신데렐라는 고개를 가로저으며 "못생기고 교양도 없고 드레스도 없고" 하면서 파티장에 갈 수 없다고 한다. 계모와 언니들에게서 들었던 말을 그대로 되풀이한 것이다. 요정이 아름다운 드레스를 신데렐라에게 입혀주고 마차를 만들어주었지만 신데렐라는 파티장에 가는 것에 용기가 나지 않았다. 하지만 요정의 도움으로 결국 파티장에 간다. 파티장에서 왕자를 만나 신나게 춤을 추다가 12시까지 돌아와야 한다는 요정과의 약속 때문에 급히 돌아오다 유리구두를 잃어버리게 되고……. 그다음 이야기는 잘 알고 있으리라고 본다.

"몇 년 전까지만 해도 동화 속 신데렐라처럼 저도 열등감에 사로

잡혀 있었어요. 내가 뭘 할 수 있겠는가? 다들 어렵다고 하는 것을 내가 어떻게 해. 이런 생각이었죠. 이랬던 제가 인생의 요정을 만난 후 오늘처럼 달라졌답니다."

■ 신데렐라를 만들어준 사람

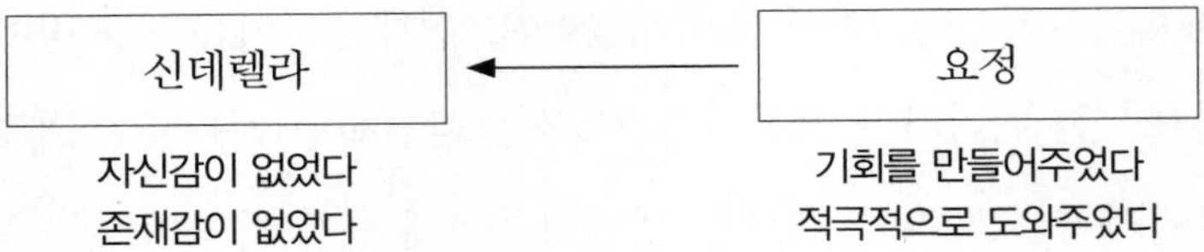

그녀를 오늘의 신데렐라로 만들어준 요정이 있었다. 결혼하고 두 아이를 출산했는데 아이들 양육 때문에 직장을 그만두었다. 아이들이 어느 정도 자라자 다시 취업하려 했으나 일자리 찾기가 쉽지 않았다. 경단녀들이 겪는 어려움이다. 그럴 때 그녀에게 요정이 나타났다. 지금의 그를 있게 해준 선배 매니저다. 그녀의 가능성을 봐주고 힘과 용기를 준 사람이다.

당신의 요정이 되어줄게요

"잃어버린 유리구두를 찾으세요. 제가 요정이 되어줄게요. 당신의 요정으로서 말하는데 당신은 못생기지 않았고 능력이 없는 것도 아니에요. 당신은 분명히 신데렐라가 될 수 있어요. 당신 안에 신데렐라가 있잖아요. 안 보여요?"

리크루팅 대상자와 상담할 때 그녀가 즐겨 쓰는 화법이다. 그녀의 선배 매니저가 그녀에게 했던 말이다. 이 한마디에 그녀 마음이 움직였듯이 이제는 다른 사람들 마음을 움직이게 하는 데 유용하게 사용하고 있다.

리크루팅 One Point Lesson

자신감을 갖게 하는 것이 중요하다.
신데렐라에게는 요정이 있었다.
신데렐라의 요정이 되겠다고 하라.

거절응대 6

소득이 불안정하다?
"이건 1급 비밀인데 이것 한번 보실래요?"

뭐니 뭐니 해도 머니가 최고다

"이건 1급 비밀인데, 이것 한번 보실래요?" 서울에서 연도 챔피언상을 받은 매니저가 비닐로 코팅한 첫 급여명세표를 보여주면서 한 말이다. 그는 7년 전 입사해서 처음 받은 급여명세표를 지금도 가지고 다닌다. 리크루팅 대상자가 "영업은 소득이 안정적이지 않잖아요"라고 할 때 보여주는 상담 자료다.

"이게 제가 7년 전 받은 487만 원짜리 첫 급여명세표예요." 지금도 월급여가 480만 원이면 큰 금액인데 7년 전 입사 첫 달에 487만 원을 받았다면 그의 활동이 어떠했는지 짐작하고도 남는다. 지금은 얼마를 받는지 말해줄 수 있느냐고 했더니 웃으면서 영업비밀이라고 했다. 다만 7년 전 금액보다 훨씬 많다고 했다.

필자가 주변 사람에게서 들은 바로는 그의 연봉이 여느 대기업 사장 연봉보다 많다고 했다. "저는 리크루팅 대상자를 만나면 제 첫 급여명세표를 보여줍니다. 뭐니 뭐니 해도 머니가 설득에는 최고입니다." 그가 급여명세표 활용 방법을 설명하면서 한 말이다.

백문이 불여일견이라고 한다. 백 번 듣는 것이 한 번 보는 것만 못하다는 뜻이다. 간접적으로 듣기만 하기보다는 직접 보는 것이 더 확실하다는 것이다. 무엇이든 직접 보고, 만지고, 느끼고, 경험해보아야 확실히 알 수 있다. 리크루팅 대상자에게 백 번 설명해주는 것보다 급여명세표 한 번 보여주는 것이 훨씬 더 설득력이 있다는 것이다.

급여명세표를 활용하라

"제 급여명세표 말고 제가 하나 더 만들어놓은 것이 있습니다." 그가 다른 급여명세표를 몇 장 보여주었다. 팀원들 급여명세표라고 했다. 입사 3차월, 6차월, 13차월 된 사원의 급여명세표였다. 입사 3차월에 250만 원으로 시작해 매월 꾸준히 급여가 올라간 사원의 급여명세표였다. 그 급여명세표 상단에는 성명과 나이를 알 수 있는 정보도 있었다.

"보세요. 여기 이 사람 이름이 ○○○라고 적혀 있죠? 현재 나이 33세입니다. 3개월에 250만 원 받았죠? 6개월 되었을 때는 급여가 이렇게 올랐습니다. 1년 되었을 때는 급여를 이만큼 받았습니다." 눈으로 급여명세표를 보여주면서 설명하면 처음에는 관심 없다던 사람도 눈을 동그랗게 뜨면서 가까이 다가와 앉았다.

샘플로 보여줄 수 있는 급여명세표를 준비하라. 급여가 들쭉날쭉하는 사람의 명세서가 아니라 매월 꾸준히 올라가는 모범적으로 활동하는 사람의 급여명세표를 준비하는 것이 좋다. 특히 현재 활동하는 사원의 급여명세표로 준비하면 더 효과적이다.

리크루팅 대상자가 지점을 방문하면 그 사람을 직접 대면해주면서 이 사람이 그 급여명세표의 주인공이라고 할 수 있기 때문이다. 이렇게 하면 좀더 확실한 믿음을 줄 수 있다고 그는 설명했다.

팀원 이야기를 담은 자료를 만들어라

"말로만 설명하지 말고 눈으로 보여줄 수 있는 자료를 만들어 활용해야 합니다. 회사에서 만들어준 브로셔보다는 내가 직접 만든 우리 팀과 관련된 자료가 더 설득력이 좋습니다." 그는 또 다른 얘기를 들려주었다.

회사에서 만들어 배포해준 자료보다 매니저가 직접 만든 자료가 더 효과가 좋다. 회사에서 만든 자료는 설득력이 떨어지고 피부에 와닿지 않기 때문이다. 나와 관련된 이야기, 우리 팀원과 관련된 이야기가 훨씬 더 현실적이고 호소력이 강하다.

책을 봐도 그렇다. 외국의 유명한 작가가 쓴 책을 번역서로 읽다 보면 사례를 설명하면서 '미스터 존슨', '다나카' 등과 같이 미국인 이름, 일본인 이름을 접하게 된다. 외국인 이름을 접하는 순간 그 사례는 더 이상 우리 사례로 와닿지 않는다. 미국 풍토나 일본 문화가 우리와는 다르다고 생각하기 때문이다. 우리가 접하고 싶은 사례는 한국 사람의 생생한 모습을 찾고 싶은 것이다.

눈으로 볼 수 있는 자료를 준비하라. 우리 팀원들 이야기를 담은 자료를 만들어라. 소득을 설명할 때는 앞에서 설명했던 급여명세표를 활용한다. 친목이나 여행과 관련된 이야기를 할 때는 단풍 구경 갔던 사진, 시상으로 해외여행을 갔을 때 사진 등을 보여준다. 기타 상생의 사회활동을 설명할 때는 각종 봉사활동을 하는 사진 등을 보여준다. 말로 설명하는 것보다 눈으로 보여주는 것이 설득력이 강하다는 사실을 잊지 마라.

리크루팅 One Point Lesson

급여명세표를 활용하라.
꾸준히 급여가 상승하는 사원의 급여명세표를 활용하라.
눈으로 한번 보여주는 것이 더 효과적이다.

거절응대 7

영업은 싫다?
"영업은 블루오션입니다"

가지 않은 길

로버트 프로스트의 〈가지 않은 길〉이라는 시가 있다.

노란 숲속에 두 갈래 길이 있었다.
두 길을 동시에 갈 수 없었기에
오랫동안 서서 길이 구부러져
숲속으로 사라지는 곳까지 바라보았다.

하나의 길을 선택했다.
아직 사람들의 발길이 닿지 않은
수풀이 우거진 길이었기에
더 좋은 길이라 생각했다.
(중략)

오랜 시간이 지난 후

나는 이렇게 말할지 모른다.

숲속에 두 개의 길이 있었다고.

그리고 나는 사람들이 적게 간 길을 선택했고

그 길이 내 인생을 바꾸어 놓았노라고.

숲속에서 두 갈래로 갈라진 길을 만난다면 오른쪽 길로 갈까, 아니면 왼쪽 길로 갈까 망설이게 된다. 하나는 쉽고 편해 보이는 길, 다른 하나는 힘들고 어려워 보이는 길이라면 어떤 길을 선택해야 할까?

어떤 일을 선택하겠는가?

50세 이상 남녀 1,000명에게 물었다. '만약 당신이 다시 청춘으로 돌아간다면 다음 두 직종 중 어느 것을 선택하겠는가? 연봉 3,000만 원의 편안한 직종과 연봉 1억 원의 힘든 직종 둘 중 어느 것을 선택하겠는가?' 연봉은 적지만 몸과 마음이 편한 일을 하겠느냐, 아니면 몸과 마음이 힘들고 어렵지만 돈을 많이 벌 수 있는 일을 하겠느냐를 묻는 것이다.

당신 자신에게 물어보라. 당신이라면 어느 것을 선택하겠는가? 당연히 몸이 힘들고 어렵더라도 연봉 1억 원을 받는 일을 하겠다고 할 것이다. 이 설문 결과도 그랬다. 연봉 3,000만 원에 편한 일을 하겠다고 응답한 사람이 36.8%였다. 반면에 연봉 1억 원에 힘든 일을 선택한 사람은 63.2%였다. 특히 남성 응답자는 71.2%가 저소득의 편한 일보다 고소득의 힘든 일을 하겠다고 응답했다.

■ 두 가지 중 하나를 선택하라고 한다면?

편한 일	힘든 일
연봉 3,000만 원의 편한 일 (36.8%)	연봉 1억 원의 힘든 일 (63.2%)

아르바이트와 직업의 차이점이 무엇인지 아는가? 한마디로 쉬운 일이냐, 힘든 일이냐의 차이다. 아르바이트는 쉬운 일, 직업은 힘든 일이다. 아르바이트는 누구나 할 수 있는 단순 업무, 즉 아마추어가 하는 일이다. 그러나 직업은 오랜 훈련을 통해 전문적인 지식이나 기술을 갖춰야 할 수 있는 전문 업무, 즉 전문가가 하는 일이다.

뒷동산에서 '야호' 하시나요?

여기 두 사람이 있다. 한 사람은 뒷동산에 오르는 것을 좋아하고, 다른 한 사람은 높은 산에 오르는 것을 좋아한다. 뒷동산에 오르는 사람은 편하고 쉬운 일을 하는 아르바이트생과 같고, 높은 산에 오르는 사람은 힘들고 어려운 일을 하는 전문가와 같다.

뒷동산에 올라 '야호' 하고 소리치는 사람은 아무도 없다. 누구나 오를 수 있는 산이기 때문이다. 산책 삼아 오르는 산이기 때문이다.

간혹 뒷동산에 올라 '야호' 하는 사람이 있다. 그러면 사람들이 뭐라고 하는가? 미친놈이라고 한다. 그것도 산이라고 올라서 '야호' 하느냐는 것이다. 그러나 높은 산에 오르는 사람을 보라. 힘들고 어렵다. 땀이 나고 숨이 차다. 찾는 사람도 많지 않다. 고난과 역경을 이겨내고 어렵게 정상에 오르면 너도나도 있는 힘을 다해 '야호' 한다. 해냈다는 성취감 때문이다. 남들이 하지 못한 것을 해냈다는 기쁨 때문이다.

"뒷동산에 올라 야호를 하시겠어요?" 한 매니저가 리크루팅 대상자에게 한 말이다. 그러면서 그가 이렇게 말했다. 누구나 할 수 있는 쉬운 일이면 이렇게 찾아와 권하지도 않는다. 당신이니까 강권하는 것이다. 우리가 찾는 사람은 아무 일이나 하는 아르바이트생이 아니라 전문적인 일을 하는 스페셜 리스트다.

영업은 블루오션입니다

"스마트시대에 영업은 블루오션입니다." 매니저가 영업은 싫다는 사람에게 한 말이다. 블루오션(Blue Ocean)이라는 말이 있다. 경쟁이 치열한 레드오션(Red Ocean)에서 땅 짚고 헤엄치려 하지 말고 경쟁자가 없는 새로운 시장, 즉 블루오션을 찾아야 한다는 이론이다. 경쟁자가 너무 많아 서로 물고 뜯는 바람에 핏빛으로 변한 레드오션이 아니라 아직 경쟁자가 없어 맑고 깨끗하고 푸른 블루오션을 찾아야 한다는 것이다.

자기 경영에서 잊지 말아야 하는 것이 블루오션을 찾는 일이다. 나는 지금 많은 사람이 가는 길, 쉽고 편한 일에 자리 하나 깔고 남들과 똑같은 삶을 살고 있지 않은지 생각해보라. 남들이 가지 않는 길, 새로운 가치를 찾는 일을 하는 것이 아니라 남들이 하니까 미투(Me too)전략으로 생각 없이 따라가는 것은 아닌가?

리크루팅 One Point Lesson

쉽고 편한 길이 레드오션이다.
많은 사람이 가는 경쟁력이 치열한 길이다.
영업은 남들이 가지 않는 블루오션이다.

거절응대 8

직장인이 좋아요?
"혹시 뻥을 맞고 있지 않으세요?"

당신의 유통기한은?

우유 한 팩을 사러 마트에 갔다. 우유를 고를 때 반드시 확인하는 게 있다. 유통기한이다. 유통기한이란 무엇인가? 이 제품은 이때까지만 사용하고 날짜가 지나면 폐기하라는 것이다. 상품마다 유통기한이 다른데 우유는 유통기한이 짧다. 칼국수에도 유통기한이 찍혀 있는데 우유보다는 유통기한이 길다. 라면에도 유통기한이 적혀 있는데 유통기한이 우유, 칼국수보다 길다. 통조림에도 유통기한이 찍혀 있는데 우유, 칼국수, 라면보다 유통기한이 훨씬 더 길다.

제품에 유통기한이 있는 것처럼 사람에게도 유통기한이 있다. 제품마다 유통기한이 다른 것처럼 사람마다 유통기한이 다른 것 같다. 어떤 사람은 유통기한이 짧다. 우유의 유통기한이 얼마 되지 않는 것처럼. 어떤 사람은 유통기한이 길다. 통조림의 유통기한이 긴 것처럼.

■ **유통기한이 다르다**

제품	사람
제품마다 유통기한이 다르다	사람마다 유통기한이 다르다

당신은 유통기한이 언제까지인지 생각해보았는가? 제품의 수명은 유통기한에 달려 있다. 사람의 수명 또한 유통기한에 달려 있다. 30대가 유통기한이라고 생각하는 사람은 아무도 없을 것이다. 그러면 40대, 아니 50대가 유통기한일까? 아니다. 누구나 유통기한이 80세 이상 되기를 원할 것이다. 유통기한을 늘려야 하는데 내 유통기한은 어떻게 늘릴 것인가?

직업을 선택해야 합니다

직장을 찾지 말고 직업을 찾아라. 직장은 기한이 정해져 있다. 직장에 따라 정년이 달라서 어떤 회사는 55세가 정년이고, 어떤 회사는 62세가 정년이고, 어떤 회사는 65세가 정년이다. 이렇게 회사마다 정년이 다르다 보니 이제 법률적으로 60세를 정년으로 보장하고 있다. 그렇다 하더라도 내가 이 직장에서 정년까지 가겠다고 생각하는 사람은 없는 것 같다. 마음속으로는 정년까지 갔으면 좋겠다고 생각하지만 현실은 그렇지 않다. 그래서 '직장을 보지 말고 직업을 보라'고 하는가 보다.

나에게 유통기한이 평생인 직업은 무엇일까? 내가 일할 수 있을 때까지 평생 할 수 있는 직업은 무엇일까?

■ **유통기한을 늘리는 방법**

직장	직업
정년이라는 유통기한이 있다	정년이 따로 없다

'뻥'을 맞고 있지 않으세요?

언젠가 친구들과 저녁식사를 하고 있었다. 소주도 한잔하면서 직장 이야기, 자녀들 이야기, 세상 사는 이야기를 했다. 그러다가 이야기의 종착역이 나이에 도달했다. 대기업 임원인 친구가 입을 열었는데 폭탄 발언이 터졌다.

"나는 한 달에 한 번씩 뻥을 맞아. 필로폰 말이야." 그 친구 말에 운행 중이던 에스컬레이터가 갑자기 멈춰 선 것처럼 입으로 달려가던 친구들 술잔이 일제히 멈춰 섰다. 모두 놀란 표정으로 그를 쳐다보면서 무슨 말이냐고 했더니 그가 하는 말이 이랬다.

"매월 월급날 필로폰을 한 대씩 맞아. 매월 정해진 날짜에 어김없이 월급을 꼬박꼬박 받다 보니 1년, 2년 세월만 보내게 되었고 이제는 경쟁력이 없어져 폐차 날짜만 기다리는 신세가 된 것 같아."

오늘만 보면서 살아온 결과라고 했다. 나름대로 하루하루 최선을 다하며 살았다고 자부했는데 세월이 지나고 보니 길들여진 삶을 살았고 그 결과 경쟁력이 없어졌다는 것이다. 이렇게 되지 않으려면 자신과 싸워야 한다. 길들여지려는 자신과 현실에 안주하려는 자신과 싸워야 한다.

박수 칠 때 떠나라고 했습니다

〈박수 칠 때 떠나라〉는 영화가 있다. 잘나갈 때 떠나라는 말이다. 봄, 여름, 가을, 겨울 사계절이 있듯이 사람에게는 유아기, 성장기, 전성기, 쇠퇴기가 있다. 쇠퇴기가 언제 올지는 모른다. 그러나 누구에게나 쇠퇴기가 반드시 온다는 것은 다 알고 있다.

'기생 환갑은 서른'이라는 말이 있었다. 서른이면 기생의 생명도 끝이라는 말이다. 지금 있는 직장에서 당신 환갑은 언제인가? 30대? 너무 빠른가? 그러면 40대? 그것도 너무 빠르다고 할 것이다. 박수 칠 때 떠나라고 했다. 박수 칠 때 떠나 새로운 황금기를 만들 것인가, 아니면 가는 데까지 가다 쇠퇴기를 맞을 것인가?

직장인을 리크루팅할 때 사용하는 화법 3가지
핸드폰 카메라를 열어 QR코드에 대면 동영상 강의를 볼 수 있다.

리크루팅 / One Point Lesson

직장이 아니라 직업을 선택해야 한다.
유통기한 때문이다.
당신의 유통기한은 언제까지인가?

거절응대 9

변화가 필요하다?
"허물을 벗지 않으면 죽습니다"

터닝 포인트가 세 번 있다

가만히 돌이켜보면 인생의 방향을 정하는 결정적 순간이 세 번 있었던 것 같다. 대학교 들어갈 때, 첫 직장 선택할 때 그리고 새로운 일을 시작할 때. 인생의 방향을 결정짓는 첫 번째 결정적 순간이 대학교 들어갈 때다. 어느 대학을 들어가고 어떤 전공을 선택하느냐에 따라 앞으로 인생 방향이 결정된다.

두 번째 결정적 순간은 첫 직장을 선택할 때다. 어떤 직종의 어떤 회사를 선택하느냐에 따라 앞으로 그 사람 인생 진로가 결정된다. 여기서 기억해야 할 것이 대학의 전공 선택보다 첫 직장의 선택이 그 사람 인생에 더 큰 영향을 준다는 사실이다.

이구백(이십대 구십 프로가 백수)시대, 청년실업의 시대라는 말이 유행하는 것처럼 대학을 졸업한다 해도 직장 구하기가 하늘의 별 따기다. 그러다 보니 자기 전공과 전혀 다른 직장을 선택하기도 한다. 취업하는 것이 급하다 보니 많은 사람이 전공과 전혀 다른 직장에서 전공과 무관한 일을 하며 자기 가치관과 전혀 다른 세계의 삶을 살고 있다.

세 번째 결정적 순간이 다니던 직장을 그만두고 새로운 일을 시작할 때다. 이때가 중요하다. 어떤 일을 선택하느냐에 따라 앞으로 행로가 행복의 길이냐, 고난의 길이냐가 결정되기 때문이다. 그러나 대부분 사람들은 자기가 앞으로 어떤 길을 가야 할지 결정하지 못한다. 짙은 안개 속에 갇혀 있는 것처럼 막막해한다.

■ **세 번의 결정적 포인트**

대학 진학	첫 직장	새로운 출발
전공 선택	인생 선택	가치관 선택

이제는 결정해야 한다. 이제부터는 내가 추구하는 가치 있는 삶을 선택해야 한다. 지금까지 먹고사는 게 우선이었다면 이제부터는 내가 추구하는 가치를 우선으로 하는 삶을 선택해야 한다. 무엇을 할 것이냐가 아니라 어떻게 살 것이냐를 고민해야 한다.

가치 중심의 삶으로 전환해야 합니다

스위스 종치기 이야기가 있다. 교회에서 40년 동안 종을 치다가 늙어서 죽을 때가 되었다. 병석에 누워 있다가 시간을 보니 종을 칠 시간이었다. 그는 모기만 한 소리로 말했다. "나를 일으켜줘." 그는 부축을 받으며 종을 치러 갔다. 종을 치고 나서 그 자리에서 쓰러져 죽었다. 종치기는 종을 치는 일을 자기 생애 최고의 가치로 살다 죽은 것이다.

"나는 부자로 살았다는 말보다 가치 있게 살았다는 말을 듣고 싶다." 벤저민 프랭클린이 한 말이다. 돈을 위해 사는 것도 중요하지만 무언가 가치 있는 삶을 살다가 죽는 것이 더 중요하다. 바람같이 나타나 이슬처럼 사라지는 인생일 수는 없지 않은가?

허물을 벗지 않으면 죽습니다

"뱀이 허물을 벗지 못하면 죽는다." 독일의 대문호 괴테가 한 말이다. 뱀은 보통 10년을 산다. 1년에 2~3번 허물을 벗으니 평생 20~30번 허물을 벗는다. 뱀은 반드시 허물을 벗어야 한다. 그렇지 않으면 피부가 딱딱해져 성장하지 못하고 결국 허물 안에서 죽고 만다. 성장기 뱀이 허물벗기를 자주 하는 것은 이런 이유에서다.

사람도 허물을 벗지 못하면 죽는다. 변화가 없는 인생은 죽은 것이나 다름없다. 지금 당신이 허물을 벗을 타이밍이다.

지금이 그 타이밍이에요

잘못 들어선 길은 빨리 유턴해야 한다. 가면 갈수록 돌아올 수 있는 길은 멀어진다. 흔히 '위기는 기회다'라고 한다. 귀에 딱지가 앉을 정도로 많이 들어온 말이다. 이제는 듣기만 해도 역겨워지려고 한다. 그러나 한 번만 더 들어라. 세상이 어렵다. 지금 경기가 불황이다. 지금의 당신을 위해 오래전부터 준비된 말이 '위기는 기회'라는 것이다. 그러나 오해하지 마라. 세상이 어렵다고 해서, 경기가 불황이라고 해서 기회가 저절로 온다는 뜻은 아니다. 미리 준비하고 대비한 사람에게만 위기가 기회가 된다는 말이다.

리크루팅 One Point Lesson

허물을 벗지 않으면 죽는다.
가치 중심의 삶으로 전환해야 한다.
지금이 변화해야 할 타이밍이다.

거절응대 10

영업은 힘들다고 하던데?
"다들 힘들다고 해서 도전했습니다"

다들 힘들다고 해서 도전했습니다

'기록의 사나이'라고 불리는 매니저가 있다. 입사 후 5년 동안 실적과 건수, 급여 등에서 계속 신기록을 만들어내고 있기 때문이다. 그가 리크루팅 대상자에게 즐겨 쓰는 화법을 소개했다.

리크루팅 대상자들과 상담하다 보면 '영업은 싫다', '세일즈는 자신이 없다'고 말하는 사람들이 있다. 그러면서 '차라리 사업을 하려 한다'는 식으로 말하는 사람들이 있다. 그럴 때 그는 이렇게 말한다. "가장 힘든 일을 먼저 해야 합니다."

상대방이 무슨 뜻이냐고 물으면 "저는 혈액형이 A형입니다. 그것도 소심한 A형입니다"라면서 자기 이야기를 시작한다. "여기에 입사하기 전 저는 영업은 못한다고 생각했습니다. 소심한 A형이니까요. 그래서 영업 말고 사업을 할 것이라고 생각했죠."

자기도 영업에 대한 거부감, 세일즈는 어렵다는 인식이 있었다는 것을 인정하는 것이다. 상대방 생각에 공감을 표하는 것이다. 동지의식을 느끼게 하는 것이다. '사업을 하는 것이 낫다'는 말은 거절을 무장해제하는 방법 중 하나다. "그런데 사업하는 선배가 저에게 사업하려면 쉬운 것부터 접근하면 안 된다. 힘든 일부터 시작해야 한다고 하더라고요." 그러면서 자기가 영업을 선택한 이유를 설명했다.

선배 말을 듣고 몇 날 며칠을 혼자 곰곰이 생각했다. 나에게 가장 힘든 일은 무엇일까? '가장 힘든 일은 영업 아닐까?'라는 결론에 이르게 되었다. 그래서 앞으로 자기가 목표로 하는 사업을 하기 위해 첫 단추로 영업부터 해보기로 하고 이 일을 선택했다는 것이다.

"저에게 이런 재능이 있는 줄 저도 몰랐습니다. 제가 영업을 이렇게 잘할 것이라고는 생각지도 못했죠. 이제 저는 무엇을 하더라도 성공할 수 있다는 자신감을 얻었어요. 가장 어렵다고 생각하는 영업에서 성공했으니 다른 무엇을 하더라도 이보다는 쉬울 것 아닙니까?"

그가 상담을 마무리하며 한 말이다.

달에는 무엇이 살까?

"달에 무엇이 사는지 아세요? 옛날에는 토끼가 살았어요. 그런데 지금은 로봇이 산답니다." 시대가 변하면서 사람의 인식과 가치관이 변하고 있다. 그 대표적인 예가 〈흥부와 놀부〉라 할 것이다. 옛날에는 흥부 하면 착한 사람, 놀부 하면 나쁜 사람으로 이야기했다. 흥부처럼 착하게 살아야 하고 심술 많고 욕심 많은 놀부처럼 살면 안 된다고 했다.

그러나 지금은 해석이 정반대다. 흥부는 무책임하고 무능한 사람, 놀부는 책임감과 자립심이 강한 사람으로 해석한다. 흥부는 능력도 없으면서 무책임하게 자식만 잔뜩 낳아놓고, 노력도 하지 않고 형님에게 빌어먹을 궁리만 하는 노숙자 같은 사람으로 표현된다. 그러나 놀부는 어떠한 역경도 강한 의지로 혼자 헤쳐나가는 CEO와 같은 사람으로 해석된다.

세일즈가 뜨고 있다

"이렇게 시대가 변하면서 가치관이 달라진 것처럼 세일즈에 대한 인식도 변하고 있습니다." 그가 세일즈에 대한 사람들의 가치가 옛날과 108도 달라졌다면서 한 말이다.

요즘 직장인은 30세가 넘으면 제일 먼저 가고자 하는 부서가 영업 파트라고 한다. 옛날에는 인사부, 기획부, 관리부 등에서 근무하고 싶어 했는데 지금은 영업 파트에서 일하고자 자원하는 사람들이 많아졌다. 세상에 나가면 장사 아닌 게 없다는 인식을 하게 된 것이다. 그래서 현직에 있으면서 영업 노하우를 익혀 독립하는 기반을 미리 익히겠다고 영업 파트를 자원하는 사람이 늘고 있다는 말이다.

"이제는 영업에 대한 사람들의 인식이 달라졌습니다. 자기가 노력하는 만큼 정당한 대가를 받고 능력에 따라 성공하는 직업이 세일즈밖에 없다는 인식이 강해졌습니다." 이렇게 말하면서 사람들이 세일즈를 좋아하는 이유를 다음과 같이 말한다고 했다.

■ 세일즈가 뜨는 이유

① 자본금이 없어도 가능하다.

② 특별한 기술이 필요 없다.

③ 노력한 만큼 보상을 받는다.

④ 실패에 대한 위험이 없다.

⑤ 성장 가능성이 무한하다.

"지금은 근익빈 창익부(勤益貧 創益富)시대라고 합니다. 근면하게 살면 가난하고 창조적으로 살아야 부자로 사는 시대라는 뜻입니다." 지금은 착하게 사는 사람은 가난하게 산다. 근면하게 열심히 사는 사람은 가난하게 산다.

"지금의 세일즈는 옛날처럼 아는 사람들을 찾아다니거나 무조건 열심히 활동하는 게 아닙니다. 창조적으로 활동하는 사람만이 성공합니다. 창조적으로 활동하는 방법을 제가 가르쳐드립니다." 그는 이렇게 말하면서 상담을 마무리했다.

리크루팅 One Point Lesson

시대가 바뀌면서 가치관도 바뀌었다.
지금은 창조적으로 활동해야 성공한다.
영업은 성장 가능성이 무한하다.

거절응대 11

40대 직장인?
"마흔에 독립만세를 불렀습니다"

안전지대가 가장 위험하다

'안전지대(safety zone)'라는 게 있다. 도로의 교차로 등에 보행자 안전을 위해 만들어놓은 일정한 공간을 말한다. 승용차나 화물차 등과 같은 위험한 교통수단으로부터 보행자를 보호하려고 만든 것이다. 안전지대는 잠시 머무르는 곳으로 다음 신호등을 기다릴 때 이용한다. 신호등이 떨어지면 안전지대를 떠나 목적지를 향해 나선다. 그게 일반적인 사람들의 행동이다. 그런데 안전지대를 떠나지 않으려는 사람들이 있다. 다음 신호등이 떨어졌는데도 안전지대에 그대로 있겠다는 사람들이 있다. 이들이 정상적일까?

이와 비슷한 행동을 하는 사람들이 있다. 직장은 안전지대라고 할 것이다. 바람 부는 세상으로부터 나를 안전하게 지켜주는 안전지대가 직장이다. 직장은 잠시 머물다 가는 곳이다. 인생이 끝날 때까지 머물러 있을 곳이 아니라는 말이다. 아니 머물러 있고 싶어도 머물

수 없는 곳이 직장이다. 도로에서 안전지대에 잠시 머물렀다가 다음 신호등이 떨어지면 목적지를 향해 안전지대를 떠나야 하는 것처럼, 직장은 잠시 안전하게 머물다가 다음 신호가 떨어지면 떠나야 하는 곳이다.

지금은 1인 기업가 시대다

지식융합시대가 되면서 새롭게 떠오른 것이 '1인 기업'이라는 직종이다. 평생직장에서 평생직종으로 개념이 바뀌면서 등장한 현상이다. '능력 있는 1인'이 곧 기업이 되는 시대가 온 것이다. 1인 기업가는 자기 분야에서 전문성과 CEO 마인드를 가지고 활동하는 사람을 말한다. 자신이 좋아하는 일의 가치를 알고 자신이 추구하는 삶을 사는 전문가를 일컫는다.

세계적인 경영컨설턴트 톰 피터스는 1인 기업가를 'Me Inc.(나 주식회사)'라고 정의했다. 평생직장 개념이 사라지고 무한경쟁시대가 된 오늘과 같은 상황에서 개인이 살아남을 수 있는 유일한 길은 1인 기업가로 변신하는 것이라고 했다. 세일즈맨은 1인 기업가다. 전문적인 지식으로 자기 이름의 브랜드를 가지고 활동하는 1인 기업가다.

혹자는 묻는다. "세일즈맨은 1인 기업가라면서 왜 사무실에 여러 사람이 같이 모여 활동하는가?" 뭉치면 살고 흩어지면 죽는다고 했다. 외로운 늑대처럼 혼자 사는 것이 아니라 1인 기업가들끼리 네트워크를 만들어 시너지효과를 높이고자 해서 뭉친 것이다. 직장에서 자신이 좋아하는 일에 대한 비전을 찾지 못하고 꿈을 잃어간다면 적극적으로 1인 기업가에 도전해보는 것이 좋다.

5년만 더 빨리 독립했더라면

"제가 두 가지 질문을 드릴 겁니다. 맞혀보세요. 첫 번째 질문입니다. '위험은 변하지 않는 자에게 찾아온다.' 이 말을 누가 했을까요? 두 번째 질문입니다. '가장 큰 위험은 위험 없는 삶이다.' 이 말은 누가 했을까요?"

한 매니저가 직장에 다니는 리크루팅 대상자에게 던진 질문이다. 상대방 관심을 잡기 위한 질문이다. 위험은 변하지 않는 자에게 찾아온다는 말은 고르바초프가 소련이 몰락하기 전 유럽에서 마지막으로 남긴 말이다. 오늘 변하지 않으면 내일이 위험하다는 말이다. 가장 큰 위험은 위험 없는 삶이라는 말은 성공학의 대부 스티븐 코비가 한 말이다. 편안한 것에 안주하려는 지금이 가장 위험하다는 말이다.

"저는 마흔 되던 해에 독립만세를 불렀습니다." 그가 이어서 리크루팅 대상자에게 한 말이다. 변하지 않으면 위험하다는 것을 스토리로 연결해서 상대방 관심을 극대화하는 것이다.

그가 하는 말을 들어보자. 그는 잘나가던 직장을 마흔에 그만두고 바람 부는 세상으로 뛰쳐나왔다. 그는 30대부터 어디로 가야 하는지 인생을 고민했다. 지금 가는 이 길이 제대로 가는 것일까? 전공도 버리고 가치관도 버리고 먹고살기 급급해서 무작정 이렇게 달려가는 것이 정말 잘하는 일인가? 이런 고민을 하다가 회사에서 가장 인정받던 마흔에 안전지대를 버리고 1인 기업가의 길로 독립했다.

"안전지대를 떠나온 지 얼마 안 되었을 때 후회를 했습니다." 그가 이어서 하는 말이 이랬다. 안전지대를 떠나 바람 부는 세상으로 나왔는데 곧 가슴을 치며 후회했다는 말이다. '5년만 더 빨리 나왔더라면…….' 직장에 있을 때는 뛰쳐나올 생각을 못했다. 안전지대를 떠나면 죽는 줄 알았기 때문이다. 바람 부는 세상에서 어떻게 살아갈지 두려웠기 때문이다. 그러나 그것은 기우였다.

"지금 생각해보면 제 안전지대는 월급이었어요." 안정적으로 매월 통장에 꼬박꼬박 들어오는 급여에 안주하며 살았다는 애기다. 그러다가 개구리가 냄비 속에 있다가 점점 뜨거워지는 물속에서 죽어가는 것처럼 자신도 그 꼴이 되겠다 싶어 마흔에 안전지대를 박차고 뛰쳐나왔다.

리크루팅 One Point Lesson

안전지대가 가장 위험하다.
지금은 1인 기업가 시대다.
때가 되면 안전지대를 떠나야 한다.

5장

리크루팅 별책부록

활용자료편

월별 리크루팅 이슈 만들기

이런 리크루팅 이슈 어때요?

리크루팅을 쉽게, 다르게, 재미있게!

월	리크루팅 이슈	슬로건	활동 포인트
1월	New Year New Start	새해, 새 사람, 새 출발	• 새해, 새 각오로 힘차게 출발 • 새해에는 V자를 그리세요
2월	Date합시다!	둘이 됩시다!	• 2월에는 모든 것을 두 배로! • 활동도 두 배, 실적도 두 배 리크루팅도 두 배!
3월	March 행진하라!	새봄맞이 대행진	• 활동하기에 가장 좋은 계절 • 새봄 새 식구, 우리 모두 리크루팅
4월	Hit & Run	조직 치고 생산 달리자!	• 프로야구 시즌 개막 • 조직 치고 실적 달리는 공격적인 활동 전개
5월	Hero	영웅을 찾아라!	• 5월의 영웅을 찾아라 • 리크루팅 영웅, 실적 영웅, 건수 영웅, 활동량 영웅
6월	6 · 10만세!	6월 10명 도입 만세!	• 6월 활동은 신나게, 재미있게! • 6월 리크루팅 목표 10명
7월	십시일반 (十匙一飯)	1인 1명 리크루팅	• 백지장도 맞들면 낫다 • 1인 1명 리크루팅으로 최강 지점 만들자!
8월	夏夏好好	리크루팅으로 하하! 실적으로 호호!	• 날씨야, 더워져라 • 여름에 입사하면 정착률도 좋아!
9월	Two by Two (2 X 2)	리크루팅도 두 배! 실적도 두 배!	• 가을 리크루팅 대행진의 달 • 조직 배가하여 실적을 배로 늘리자
10월	Fall in Fall 페스티벌	리크루팅 축제, 영업 축제	• 10월은 결실과 감사의 달 • 리크루팅으로, 실적으로 알찬 결실을 맺자
11월	'1 + 1' 이벤트	11월은 1 + 1 사랑의 빼빼로	• 11월 빼빼로 활동 캠페인 • 1인 1명 리크루팅하자
12월	All Court Pressing	전원 공격, 전원 수비 최고 기록 도전	• 한 해를 최고 기록으로 마무리 • 리크루팅도, 실적도 최고 기록 갱신

New Year
New Start

새해
새사람
새출발

New Year, New Start!

1월은 특별한 달이다. 한 해를 시작하는 달이기 때문이다.
새해에는 새 마음으로 출발한다.
새해에는 새로운 목표, 새로운 비전을 가지고 출발한다.
이런 통계가 있다.
새해가 되면 41%가 새해 계획을 세우는데 약 9%만 성공한다.
계획을 세웠다 하더라도 실행이 없으면 용두사미에 불과하다.
100m 육상경기에서는 스타트가 중요하다.
스타트가 좋아야 결승선에 빨리 도착할 수 있다.

■ **New Year, New Start!**

- 새해, 새 출발, 새 사람
- 새해에는 승리를 외치자.
- 새해 첫 리크루팅 : 새로운 사람이 희망이다.

Date
합시다!

활동도 두 배!
리크루팅도 두 배!

Date합시다!

2월은 1년 중 활동일이 가장 적은 달이다.

특히 2월 중에 설날 연휴가 끼어 있는 경우가 많다.

그렇지 않아도 날짜가 적은데 설날 연휴까지 끼면 활동량이 더 줄어들게 된다.

2월의 핵심은 활동량을 늘리는 데 있다.

평월에 비해 2월에는 1일 활동량을 두 배로 늘려야 한다.

그러기 위해 'Date 캠페인'이 필요하다.

둘이 있어야만 좋은 것 중 대표적인 것이 물이다.

물은 $H_2 + O$로 이루어져 있다. 수소와 산소가 결합되어야 물이 된다.

수소가 산소 싫다고, 산소가 수소 너랑은 절대 함께 못한다고 한다면 물이 될 수 있겠는가?

물론 수소나 산소나 각자 나름대로도 의미가 있지만, 각자 별개로 있을 때와 합쳐져 물이 되었을 때와 어느 쪽이 더 의미가 있을까?

'혼자 가지 말고 함께 가자.'

2월에는 두 사람이 뭉쳐서 활동량 두 배, 리크루팅 두 배를 이루어내는 시너지효과를 만들어야 한다.

March
행진하라!

새봄맞이
리크루팅 대축제

March 행진하라!

3월 날씨는 '이제 초여름 날씨구나' 하고 느낄 만큼 따뜻해진다.

창문에 화사한 봄 커튼을 걸고, 꽃집 앞에 나온 예쁜 꽃 화분을 한 아름 사다가 집 안 곳곳을 꾸미고 싶은 달이 3월이다.

3월부터는 여기저기에서 봄맞이 대축제가 시작된다.

매화축제, 튤립축제, 산수유축제 등 본격적으로 꽃축제가 시작된다.

동화작가 신복순의 〈이월과 삼월〉이라는 시가 있다.

봄을 빨리 맞으라고
2월은
숫자 몇 개를 슬쩍 뺐다.

봄꽃이 더 많이 피라고
3월은
숫자를 꽉 채웠다.

3월을 March라고 한다. 영어 단어 march에는 '행진'이라는 뜻도 있다.

그래서 3월의 이슈를 '행진하라'로 연결한 것이다.

새봄, 새 식구 맞이 대행진!

4월 BASEBALL 축제
Hit & Run
조직 치고 생산 달리자
Hit 리크루팅
Run 영업실적

Hit & Run

4월에 야구 시즌이 시작된다.

야구의 공격 전술 중 'Hit & Run'이 있다.

치고 달리는 작전이다.

감독으로부터 Hit & Run 사인이 나면 주자는 혼신의 힘을 다해 다음 루에 안착해야 하고,

타석에 있는 타자는 공의 구질에 상관없이 어떠한 공도 쳐내 안타를 만들어야 한다.

그야말로 감독과 타자와 주자의 입체적인 공격 작전으로 야구의 전략 중 가장 공격적인 공격 방법이다.

리크루팅을 스포츠와 연결하면 재미있고 역동적이 된다.

4월은 리크루팅을 야구 전술과 연결하여 재미있고 다이내믹하게 풀어 보자.

HERO

영웅을 찾습니다!

리크루팅 영웅
활동량 영웅
실적 영웅

Hero(영웅을 찾아라)

5월은 계절의 여왕이라 한다.

그래서 오래전부터 May Queen(5월의 여왕) 축제들이 열렸다.

May Queen 축제를 만들어도 좋고, 이것을 응용해 5월의 영웅(May Hero) 찾기 이벤트를 만들어도 좋다.

'영웅을 찾아라.'

우리 주변에는 숨은 영웅들이 많다.

'오른손이 하는 일을 왼손이 모르게 하라'는 말처럼 자신을 드러내지 않고 선을 행하는 영웅들이 많다.

오늘의 우리 지점이 있기까지는 묵묵히 자기 일을 담당해온 숨은 영웅들이 있다.

5월에는 우리 지점의 숨은 영웅을 찾는 이벤트를 해보자.

리크루팅 영웅

실적 영웅

건수 영웅

활동량 영웅 등

"당신이 우리의 영웅입니다."

6.10
만세
6월
리크루팅 10명 만세!
우리는 역사를 만듭니다

6·10만세!

6월 10일에는 역사적으로 큰 사건이 두 개 있었다.

하나는 1926년 '6·10만세운동'이고,

다른 하나는 1987년 '6·10민주화 운동'이다.

일제강점기에 국내에서 일어난 3대 독립운동은

3·1운동(1919), 6·10만세운동(1926), 광주학생운동(1929)이다.

1926년 '6·10만세운동'은 조선의 마지막 임금이자 대한제국 황제였던 순종 장례일에 일어난 독립만세 운동이다.

1987년 '6·10민주화 운동'은 군사정권의 독재에 항거하여 민주화를 이루어낸 시민운동이다.

6월은 보훈의 달이다.

또한 6월은 성취의 달이다. 불의에 저항하여 진리를 얻어낸 역사적 의미를 기억하는 달이다.

"6·10만세!"

우리 지점에서 '6·10만세'의 의미는 무엇일까?

6월 10일 리크루팅을 성공적으로 마무리하여 만세를 부르자는 의미다.

또 있다.

6월에는 리크루팅 10명을 달성하여 만세를 부르자는 의미도 있다.

十匙一飯

십시일반

전국1등, 최강 지점

리크루팅 1인 1명
함께하면 쉬워진다!

十匙一飯(십시일반)

십시일반, 열 사람이 한 술씩 보태면 한 사람이 먹을 분량이 된다는 뜻이다.

십시일반이라는 말에는 匙(숟가락 시) + 飯(밥 반)이라는 글자가 들어 있다.

먼저 숟가락 匙(시)자를 보라.

'옳다'는 뜻의 是(시)자와 '비수'를 의미하는 匕(비)자가 결합되어 있다.

이 글자는 무언가를 여는 열쇠라는 뜻이다.

우리 지점 사원들이 리크루팅을 여는 열쇠라는 것이다.

다음으로 밥 飯(반)자를 보라.

먹을 食(식)자와 돌이킬 反(반)자로 되어 있다.

이 글자는 리크루팅 대상자를 뜻한다.

주변을 돌아보면 리크루팅할 대상자가 있다는 뜻이다.

즉, 십시일반은 리크루팅을 풀 열쇠는 사원들에게 있는데 사원 열 명이 힘을 합치면 리크루팅을 1명 할 수 있다는 뜻이다.

'백지장도 맞들면 낫다'고 한다.

여러 사람이 힘을 합하면 힘든 일도 쉽게 할 수 있다는 말이다.

리크루팅은 혼자가 아니라 모두가 힘을 합치면 쉽게 이루어낼 수 있다.

"1인 1명 리크루팅."

夏夏好好

날씨야 더워져라!

리크루팅으로 하하!
실적으로 호호!

夏夏好好(하하호호)

벌써 여름인 양 다들 '덥다, 덥다' 난리다.

여름에는 사원들의 활동량이 떨어진다.

또 리크루팅도 비수기로 접어든다.

그러나 생각해보라.

리크루팅에 어디 성수기가 따로 있고, 비수기가 따로 있는가?

리크루팅이든 영업이든 활동량에 따라 결과가 달라진다.

무더위를 느낄 시간이 없게 해야 한다.

그 한 가지 방법이 7~8월 활동량 증대를 위한 이벤트 '夏夏好好' 캠페인이다.

우리가 기분 좋아 큰 소리로 웃을 때 의성어가 '하하호호'다.

이 의성어를 여름 하(夏)자와 좋을 호(好)자를 사용하여 '夏夏好好' 캠페인으로 만든 것이다.

날마다 지점에 웃음소리가 끊이지 않게 하자.

리크루팅해서 하하!

영업해서 호호!

2x2

Two by Two

리크루팅도 두 배!
영업도 두 배!

2×2(Two by Two)

추석 하면 풍요로움을 연상케 한다.

추석 하면 함께 나누는 마음의 여유로움이 떠오른다.

9월 또는 10월에는 추석 명절이 끼어 있다.

미국에서는 'Thanks Giving Day(추수감사절)'가 가장 큰 축제라고 한다면, 우리에게는 추석이 가장 큰 축제의 날이다.

한 해의 풍요로움과 함께 마음까지도 같이 풍요로워지는 달이 9월, 10월이다.

그래서 9월의 리크루팅 이벤트가 '2×2운동'이다.

추석 전에는 '추석 마케팅'으로, 추석 후에는 '추수 마케팅'으로 활동하자는 것이다.

■ **Two by Two(2 × 2)운동**

- 마감은 두 번
- 리크루팅은 두 배
- 영업은 200%

가을은 리크루팅 계절
Fall in Fall
페스티벌
Fall in 리크루팅
Fall in 영업

Fall in Fall 페스티벌

설악산에서 시작한 단풍은 점차 남으로 남으로 내려오면서 한반도 전체를 붉은 비단처럼 물들여놓더니 이제는 단풍 여행을 떠나는 사람들 얼굴도 울긋불긋 물들여놓는다.

가을은 단풍의 계절이다.

천고마비의 계절 가을이다.

축제의 계절이다.

Fall in Love, 사랑에 빠졌다는 말이다.

Fall in fall, 가을에 빠졌다는 말이다.

가을을 축제의 장으로 만들어보자.

- **Fall in Fall 페스티벌(가을 대축제)**
  - Fall in Recruiting 리크루팅 축제
  - Fall in Sales 영업 축제

Fall in Recruiting 리크루팅으로 지점을 살찌우고 Fall in Sales 영업으로 소득을 살찌우게 하자.

지점도 살찌고 개인 소득도 살찌우자는 것이 'Fall in Fall Festival'이다.

가을에는 모두 거둬들이는 기쁨에 푹 빠지게 하자.

1+1 EVENT!

사랑의 빼빼로

리크루팅
1인 1명

1+1 이벤트(사랑의 빼빼로)

11월에 제일 먼저 생각나는 이벤트가 '빼빼로 데이'일 것이다.

과자 모양이 '11'과 비슷하다고 하여 붙여진 이름이 '빼빼로 데이'인데 11월을 상징할 정도로 상업적으로 성공한 대표적 이벤트가 되었다.

'빼빼로 데이'가 성공한 가장 큰 이유는 비교적 싼값으로 마음을 전할 수 있다는 것이다.

가족마저 바라볼 여유가 없는 현대인에게 이날은 기회가 되는 날이다.

'11'은 마치 두 사람이 함께 걸어가며 담소를 나누는 모습 같기도 하다.

우리 사원이 리크루팅 대상자와 나란히 걸어가면서 세상 살아가는 이런저런 이야기를 나누는 모습을 '11'이라는 숫자에서 보게 된다.

그래서 만든 이벤트가 '1 + 1'이다.

11월에는 지금까지 생활 현장에서 나란히 함께 걸어온 리크루팅 대상자를 적극적으로 터치하여 우리 식구가 되게 하자는 것이다.

그래서 이름이 '사랑의 빼빼로'이다.

'빼빼로 데이'는 서로를 생각하는 마음을 나눔으로써 성공했다.

11월에는 리크루팅 대상자에게 사랑의 마음을 나눠보자.

최고 기록 도전
All Court Pressing
전원 공격!
전원 수비!
전원 참여, 총력 터치, 총력 면담

올 코트 프레싱(All Court Pressing)

농구의 작전 중 'All Court Pressing'이 있다.

이 작전은 경기 초반에는 사용하지 않는다.

경기 초반과 중반에는 보통 '맨투맨(Man to man)', '지역방어(Defense zone)' 같은 작전으로 임한다.

그러다가 경기가 끝나기 전, 이제 한 골 내지 두 골로 승부를 가리게 되는 아주 긴박한 상황에 쓰는 작전이 바로 'All court pressing'이다.

공격할 때는 전원 공격하고, 수비할 때는 전원 수비하는 작전이다.

12월은 한 해를 마무리하는 달이다.

가슴 벅찬 설렘으로 시작했던 한 해가 이제 마지막 잎새처럼 달력이 달랑 한 장 붙어 있다.

한 해를 마무리하면서 올해 최고 기록을 남기자는 것이 'All Court Pressing'이다.

최고의 리크루팅 기록을 위하여 총력 터치, 총력 면담을 하자는 것이 All Court Pressing 작전이다.

리크루팅
화법 자료

리크루팅 한 줄 화법

기회

1 기회는 눈 깜박할 사이에 지나간다. 순간적으로 잡아야 한다.

2 기회는 없어지지 않는다. 당신이 놓친 것을 다른 사람이 잡는다.

3 기회가 왔을 때 잡아야 한다. 그렇지 않으면 행운을 놓치게 된다.

4 돌다리만 두드리지 마라. 그사이에 남들은 결승점에 가 있다.

5 누구나 마음속에 생각의 보석을 지니고 있다. 다만 캐내지 않아 잠들어 있을 뿐이다.

6 내일이라는 주머니에는 행복의 구슬, 불안의 구슬 두 개가 들어 있다. 우리는 둘 중 하나를 꺼내야 한다.

7 Change에서 하나만 바꾸면 Chance가 된다.

8 인생은 B(Birth)와 D(Death) 사이에 C(Choice)가 있다.

9 헤매는 하루하루가 인생이다. 시간은 당신을 기다려주지 않는다.

10 빛은 항상 어둠의 끝에 있다. 당신의 빛도 지금 당신이 서 있는 어둠의 끝에서 기다릴 것이다.

11 좋은 기회를 만나지 못했던 사람은 아무도 없다. 단지 그것을 붙잡지 않았을 뿐이다.

12 실패하는 사람은 기회를 기다린다. 그러나 성공하는 사람은 기회를 만든다.

13 기회는 새와 같은 것이다. 날아가기 전에 꽉 잡아라.

14 당신이 회피하고 무시하고 도망치고 싶은 것이 바로 당신을 진정으로 성장시켜주는 것이다.

15 변화는 두렵다. 하지만 더 두려운 것은 변하지 않는 것이다. 용기를 내라.

16 세상에 절대적으로 좋거나 절대적으로 나쁜 것은 없다. 다만 우리 생각이 그렇게 만들 뿐이다.

17 자기 생각을 바꾸지 못하는 사람은 결코 현실을 바꿀 수 없다.

18 지금 이 순간에도 망설이고 주저하다 좋은 기회를 놓쳐버리고 만다.

19 알 상태일 때는 둥지가 좋다. 그러나 날개가 자라나면 둥지는 더 이상 좋은 곳이 못 된다.

20 '난 못해'라는 말은 아무것도 이루지 못하지만 '해볼 거야'라는 말은 기적을 만든다.

도전

1 알에서 스스로 깨고 나오면 병아리가 되지만 남이 깨주면 달걀프라이밖에 안 된다.

2 인생은 언제나 스스로 부딪쳐 경험하고 도전하는 사람에게 더 큰 영광을 안겨준다.

3 할 수 있다고 생각하면 할 수 있고, 할 수 없다고 생각하면 할 수 없다.

4 하늘은 시련과 행운을 같이 준다. 시련에 오래도록 아파하고 있다면 행운의 포장을 아직 뜯지 못했을 뿐이다.

5 시련 다음에 행복이 온다는 것을 아는 사람은 행복 표를 예약한 것과 같다.

6 사람이 가장 조심해야 할 것은 자기 안에 있는 두려움이다.

7 가치 있는 것은 대부분 부딪쳐야 얻을 수 있다.

8 내 인생은 내가 주도하라. 내 인생의 열매는 내가 맺는 것이라야 그 맛이 황홀하다.

9 의지, 노력, 기다림은 성공의 주춧돌이다.

10 과거를 바꿀 수는 없지만 미래는 아직 당신 손안에 있다.

11 성공하는 사람은 실패하는 사람이 가지 않은 길을 기꺼이 가는 사람이다.

12 실패는 성공을 위한 리허설일 뿐이다.

13 패자로서 잠들지 마라. 언제나 승자로서 일어나라.

14 불행을 고치는 약은 오직 도전밖에 없다.

15 인생에서 가장 통쾌한 일은 '너는 할 수 없다'고 세상 사람이 말한 것을 해내는 일이다.

16 불안이 문을 두드렸다. 신념이 나가보니 해결할 수 없는 문제는 없었다.

17 심호흡을 하라. 자신감을 크게 들이마시고 불안감은 남김없이

내뱉으라.

18 일은 사람을 세 가지 악에서 구해준다. 지루함, 좌절감 그리고 빈곤으로부터.

19 자신의 한계를 짓지 말라. 많은 사람이 자신이 할 수 있는 것에 대해 한계를 정한다.

20 내가 그 일을 함으로써 내게 그 일을 할 능력이 생긴다.

긍정

1 항상 기뻐하라. 그래야 기뻐할 일들이 줄줄이 따라온다.

2 남이 잘됨을 축복하라. 그 축복이 메아리처럼 나를 향해 돌아온다.

3 힘들어도 웃어라. 절대자도 웃는 사람을 좋아한다.

4 마음의 무게를 가볍게 하라. 마음이 무거우면 세상이 무겁다.

5 적극적인 언어를 사용하라. 부정적인 언어는 복이 나가는 언어다.

6 요행의 유혹에 넘어가지 마라. 요행은 불행의 안내자다.

7 자신감을 높여라. 기가 살아야 운이 산다.

8 세상에 우연은 없다. 한 번 맺은 인연을 소중히 하라.

9 말이 씨앗이다. 좋은 종자를 골라서 심어라.

10 절망 속에서도 희망을 잃지 마라. 희망만이 희망을 싹틔운다.

11 기쁨이 넘치는 노래를 불러라. 그 소리를 듣고 사방팔방에서 몰려든다.

12 있을 때는 겸손하라. 그러나 없을 때는 당당하라.

13 부지런하라. 부지런은 절반의 복을 보장한다.

14 어려운 일은 언제나 쉬운 데서 일어나고 큰일은 언제나 작은 데서 시작된다.

15 신은 우리가 행복하기를 바란다. 그래서 우리 마음속에 행복해지고 싶어 하는 욕구를 심어두었다.

16 자기 자신을 충분히 신뢰한다면 무엇이든 못할 게 없다. 당신을 믿어라.

17 불가능이란 노력하지 않는 자의 변명이다.

18 웃음소리 나는 집은 행복이 와서 들여다보고, 고함소리 나는 집은 불행이 와서 들여다본다.

19 사람에게 놀랄 만한 특성 중 하나는 마이너스(-)를 플러스(+)로 바꾸는 힘이 있다는 것이다.

20 당신 자신을 믿어라. 그러면 어떤 것도 당신을 막지 못할 것이다.

성공

1 성공이란 언제나 고된 일의 대가로 온다.

2 얼마나 열심히 일하는지를 말하지 말고 얼마나 많이 해냈는지를 이야기하라.

3 진짜 성공의 뿌리는 나는 정상에 오르겠다는 당신 결심에 달려

있다.

4 바쁜 사람에게는 나쁜 버릇을 가질 시간이 없는 것처럼 늙을 시간이 없다.

5 이 세상에서 가장 행복한 사람은 일하는 사람, 사랑하는 사람, 희망이 있는 사람이다.

6 외부에서 구하지 마라. 성공은 당신 안에 있으니까.

7 성공은 마음가짐 문제다. 성공을 원한다면 먼저 스스로 성공한 사람으로 생각하라.

8 성공을 향한 가장 중요한 첫걸음은 성공할 수 있다고 느끼는 것이다.

9 사소한 반대를 두려워하지 마라. 성공이라는 '연'은 역풍을 타고 오른다는 것을 기억하라.

10 내 안의 세계가 내 바깥세계를 창조한다. 나는 백만장자의 마음을 가지고 있다.

11 그 무엇도 결코 내 허락 없이는 나를 불행하게 할 수 없다.

12 멋지게 살고, 자주 웃고, 사랑을 많이 한 사람이 진정 성공한 사람이다.

13 성공은 하루하루 반복해 쏟는 작은 노력의 총합이다.

14 사람은 실패가 아니라 성공하기 위해 태어났다.

15 멈추지 말고 한 가지 일에 매진하라. 그것이 성공의 비결이다.

16 당신은 움츠리기보다 활짝 피어나도록 만들어진 존재다.

17 성공은 능력보다 열정에 좌우된다. 성공한 사람은 자기 일에 몸

과 영혼을 다 바친 사람이다.

18 고통 없는 승리는 없고 가시밭길 없는 성공은 존재하지 않는다.

19 내가 보아온 최고로 성공한 사람은 모두 명랑하고 희망에 차 있었다.

20 게으름에 대한 하늘의 보복은 두 가지다. 하나는 자신의 실패요, 다른 하나는 당신이 하지 않은 일을 한 옆 사람의 성공이다.

돈

1 부자처럼 생각하고 부자처럼 행동하라. 나도 모르는 사이에 부자가 되어 있다.

2 돈은 거짓말하지 않는다. 돈 앞에 진실하라.

3 샘물은 퍼낼수록 맑은 물이 솟아난다. 아낌없이 베풀어라.

4 헌 돈은 새 돈으로 바꿔 써라. 새 돈은 충성심을 보여준다.

5 돈 많은 사람을 부러워하지 마라. 그가 사는 법을 배워라.

6 돈을 애인처럼 사랑하라. 사랑은 기적을 보여준다.

7 돈의 노예로 살지 마라. 돈의 주인으로 기쁘게 살아가라.

8 지갑은 돈이 사는 아파트다. 내 돈을 좋은 아파트에 입주시켜라.

9 불경기에도 돈은 살아서 숨 쉰다. 돈의 숨소리에 귀를 기울여라.

10 값진 곳에 돈을 써라. 돈도 신이 나면 떼지어 몰려온다.

11 인색하지 마라. 인색한 사람에게는 돈도 야박하게 대한다.

12 돈을 편하게 하라. 아무 데나 구겨 넣으면 돈도 비명을 지른다.

13 돈에 낙서하지 마라. 당신 얼굴에 문신하면 어떻겠는지 생각하라.

14 찢어진 돈은 때워서 사용하라. 돈도 치료해준 사람에게 감사한다.

15 돈과 대화를 나눠라. 돈의 말에 귀를 기울여라.

16 안달하지 마라. 돈은 안달하는 사람을 증오한다.

17 돈이 가는 길이 따로 있다. 그 길목을 지키며 미소를 지어라.

18 마음이 가난하면 가난을 못 벗는다. 마음에 풍요를 심어라.

19 가난한 자를 보지 말고 부자만 보라. 그러면 어느 순간 당신도 부자 대열에 올라 있을 것이다.

20 돈에 대해서는 경솔하게 처신하지 마라. 돈은 품행이다.

리크루팅 짧은 화법

1 변화

변하지 않는 것은 아무것도 없다.
좋든 싫든
당신 인생에도 변화가 찾아오게 마련이다.
변화를 긍정적으로 받아들이고
그 변화 속에서 축복을 찾아라.

2
전환

언제까지 '지나가버린 기회'를 아쉬워하며
눈물을 흘릴 것인가?
'앞으로의 가능성'을 추구하며
눈물을 땀으로 전환해라.

3
위기

위기(危機)라는 한자어는
'위험'과 '기회'라는 두 글자로 되어 있음을
기억하라.

4
기회

실패자는
어떤 기회가 와도 이를 어렵게 생각한다.
성공자는
어떤 어려움 속에서도 기회를 찾는다.
당신이 지금 이 기회를 잡아야 하는 이유가
바로 여기에 있다.

5
선택

매일 아침
당신 마음으로부터 '행복'을 선택해보라.
'모든 일이 잘되어가고 있다.'
'인생은 역시 멋진 거야' 하고
당신 자신에게 말해보라.
당신이 선택한 행복은

틀림없이 당신 생활 속으로 들어온다.

6
하루

하루도 조그마한 일평생이다.
날마다 잠에서 깨어 일어남이 그날의 탄생이요
오전의 짧은 청년기
오후의 장년기를 거쳐
자리에 누우면 그날은 죽어버린다.

7
오늘

오늘에 충실하라.
어제는 꿈에 지나지 않고
내일은 환영일 뿐이니까.
그러나 오늘에 충실할 때
어제는 행복한 꿈이 되고
내일은 희망찬 환상이 된다.
그러니 오늘에 충실하라.

8
대립

당신 마음속에서는
서로 대립하는 두 가지 존재가
끊임없이 다투고 있다.
'강함과 약함', '할 수 있다와 하지 못한다.'
어느 쪽이 승리하느냐에 따라
당신 인생이 달라진다.

9
인생

인생은 흘러가는 것이 아니고
성실로 쌓아가는 것이어야 한다.
우리는 하루하루를 보내는 것이 아니라
내가 가진 무엇으로 채워가는 것이라야 한다.

10
일

일만 알고 휴식을 모르는 사람은
브레이크가 없는 자동차와 같이 위험하기 짝이 없다.
그러나 쉴 줄만 알고 일할 줄 모르는 사람은
모터가 없는 자동차와 같이
아무 쓸모가 없다.

11
새 출발

어제는 어제
오늘은 오늘이다.
어제의 고생을
오늘까지 연장할 필요는 없다.
하루의 고생은 하루로 충분하다.
오늘은 또 오늘의 운명이 열린다.
매일이 새롭고 매일이 새 출발이다.

12
체험

백문(百聞)은
일견(一見)보다 못하지만
백문백견(百聞百見)은

또 일험(一驗)보다 못하다.
어떻든 체험해보는 것이다.

13 고생

현재 고생이
즐거운 것은 아니다.
그러나 고생이 없는 인생은
가치 없는 인생이다.
쇠와 강철의 차이점은 불에 달려 있다.
불은 시련이요 고생이다.
그래서 쇠보다는 강철이 더 값진 것이다.

14 한계

자신의 한계를 짓지 마라.
많은 사람이 자신이 할 수 있는 것에 한계를 정한다.
당신이 지금 이 모습으로 있는 것은
애초에 그렇게 한계를 정했기 때문이다.
한계란 없다.
당신은 무한대로 성장할 수 있다.

15 자기평가

자기 자신에 대한 생각은
스스로 결정하는 것이다.
자신이 가지고 있는 숨은 능력을
끄집어내 생명력을 불어넣으려면

자신을 실제 모습보다
훨씬 훌륭하다고 여겨야 한다.

16 두려움

당신이 완전하지 않다는 사실을
두려워하지 말고 받아들여라.
이 두려움이 우리를 서로 묶어준다.
새로운 것에 부딪히기를 두려워 마라.
이러한 기회로 우리는 용감해지는 법을 배운다.

17 걱정

걱정이 고개를 쳐들 때
그걸 억누르려고 애쓰지 마라.
그 대신 부질없는 걱정이라고 속으로 말하라.
마음에서 걱정이라는 감정을 내려놓아라.
그러면 자연스럽게 도전할 수 있게 된다.

18 시간

모든 것을 하기에 시간은 충분하지 않다.
하지만 중요한 일을 하기에는
시간은 항상 충분하다.
일할수록 당신은 더 유능해진다.
일을 시작함으로써 당신이 얼마나
유능한 사람인지 알게 될 것이다.

19
감사

감사라는 주사를 매일 거르지 마라.
시련이라는 병마를 만났을 때
다른 사람보다
빨리 이겨낼 수 있을 것이다.

20
절망

절망하지 마라.
비록 당신의 모든 형편이
안 좋은 상황이라 할지라도
이미 끝장난 듯싶어도
또다시 새로운 기회가 찾아오니까.

21
의미

우리가 의미를 부여하지 않는 한
그 무엇도 의미를 지니지 못한다.
스스로 가치 있다고 말하면
가치 있는 일이 된다.
그러나 가치 없다고 말하면
가치 없는 일이 된다.

22
심각

삶은 움직이는 영상과도 같다.
한 장면이 다른 장면으로 계속 바뀌는
영상과도 같다.
그런데 한 장면을 너무 심각하게 받아들이기 때문에

삶이 혼란스럽고 불행해지는 것이다.

23
가치

나의 가치는 다른 사람이 검증할 수 없다.
내가 소중한 이유는
내가 그렇다고 믿기 때문이다.
다른 사람에게서 내 가치를 구하려 든다면
그것은 다른 사람의 가치일 뿐이다.

24
시간표

할 수 있는 일이 있으면 당장 시작하라.
세상 모든 것에는 시간표가 있다.
그때를 놓치면 좋은 것들은
사라져버리기 일쑤이다.
지금 이 순간에도 망설이고 주저하다가
좋은 기회를 놓치고 만다.

25
비결

부자가 되는 비결은 다음과 같다.
매일 스스로 두 가지 말을 반복하라.
하나는
'왠지 오늘은 큰 행운이 생길 것 같다.'
다른 하나는
'나는 무엇이든 할 수 있다.'

26 행동

아이디어는 세상을 바꾸는 소중한 자산이다.
적절한 준비는 매우 중요하다.
지식과 지혜는 성공을 추구할 때
근본이 되는 중요한 요소다.
그러나 아이디어도, 준비도, 지식이나 지혜도
행동 없이는 무용지물이다.

27 시작

아무리 힘든 일일지라도
일단 시작해보라.
일을 시작했다는 것만으로도
이미 반은 이룬 셈이다.
그러나 아직 반이 남아 있다.
한 번 더 착수해보라.
그러면 일은 모두 마무리되는 셈이다.

28 결심

빈둥거리며 오늘을 허비하는 것은
계속될 것이다.
내일 그리고 그다음 날도 계속될 것이다.
망설일 때마다 점점 더 늦어진다.
지나간 날들을 한탄하며 시간은 흘러간다.
결심하라. 그러면 마음이 뜨거워진다.
시작하라. 그러면 성취하게 된다.

29
최선

평범한 사람은 자기 일에
자신이 가지고 있는 에너지와 능력의
25%를 투여한다.
세상은 능력의 50%를 쏟아붓는 사람에게
경의를 표한다.
100%를 투여하는 극히 드문 사람에게
머리를 조아린다.

30
내 인생

내 인생은 내가 산다.
남이 내 인생을 살아주는 것이 아니다.
내 인생이 남에게 보여주기 위해서
있는 것도 아니다.
남이 나를 어떻게 생각할지를 먼저 생각하는 것보다
내가 나를 어떻게 생각하는지를
먼저 생각해야 한다.

촌철살인(寸鐵殺人) 리크루팅 화법

말을 못한다

- 말 잘하는 사람이 영업을 잘한다면 말 잘하는 순서로 뽑아야겠네요.
- 영업은 말로 하는 것이 아니라 신용과 인격을 파는 것입니다.
- 우리에게는 말 잘하는 사람이 아니라 성실한 사람이 필요합니다.
- 말을 잘하는 것이 아니라 잘 들어주는 사람이 더 잘합니다.

아는 사람이 없다

- 연고 중심의 활동은 옛날이야기입니다.
- 고객의 90%가 면식이 없던 사람입니다.
- 철저한 교육을 통해 활동 방법을 지도해드립니다.

남편이 반대한다

- 커리어우먼으로 당당하게 일어서십시오.
- 이제 여성의 사회활동은 당연한 권리입니다.
- 우리 회사에는 사회 지도층 사람들도 많습니다. 그들이 무엇이

부족해서 영업활동을 하겠습니까?

인식이 안 좋다

- 지금은 전문직으로 부상한 직업입니다.
- 자질이 부족하고 평이 나쁘면 금방 탈락하고 맙니다.
- 지금은 사회 각 분야의 전문가들이 활동하고 있습니다.
- 과거 아무나 활동하던 시절에는 물의를 빚는 사람들도 있었습니다.

자신이 없다

- 처음부터 잘하는 사람은 없습니다.
- 세일즈맨은 태어나는 것이 아니라 만들어집니다.
- 사실 저도 처음에는 많이 망설였으나 지금은 이렇게 잘하고 있습니다.
- 저희 회사 프로그램대로만 따라오면 됩니다.

리크루팅 화법
50

따라만 오십시오!

처음부터 잘할 거라
생각하지 마십시오.
처음부터 잘하겠다는 것은
당신만의 욕심입니다.

무슨 일을 하든

처음에는 서툴기 마련입니다.
하나하나 익히면서
점차 프로가 되는 것이지요.

따라만 오십시오.
하나에서 열까지
차근차근 가르쳐드립니다.
가르쳐주는 대로만 따라오면
석 달 후
당신도 성공할 수 있습니다.

샐러리맨은 사양하겠습니다

"야, 너 요즘 잘나간다며?"
친구들이 저를 보면
제일 먼저 하는 인사말입니다.

대기업에서 직장생활을 하다가
세일즈맨이 된 지 이제 6개월 되었습니다.
아직 신출내기인 저를
친구들은 모두 부러워합니다.

아마도 짧은 기간에
많은 급여를 받는 것을 보고

다들 놀란 모양입니다.
저도 놀랐습니다.
저에게 이런 능력이 있다는 것을.

이제는 당당하게 말합니다.
"샐러리맨은 사양하겠습니다."

한 가지만 있으면 됩니다

말 잘하는 사람,
필요 없습니다.
연고가 많은 사람,
필요 없습니다.
돈 많은 사람,
필요 없습니다.

우리가 원하는 사람은
한 가지만 있으면 됩니다.
바로 성실성입니다.

성실한 사람이 성공하는 사회,
우리가 만들어가는 세상입니다.

장사하지 마세요

먹는 장사,
입는 장사,
물건 파는 장사……
모두 불황입니다.

자본금 투자하는 장사는 하지 마세요.
먹는 장사도 자본금이 필요합니다.
지금과 같은 시대에
자본금 들여 장사하는 사람은

자칫 쪽박 차기 십상입니다.

자본금이 필요 없는 일을 하십시오.
지금은
몸으로 할 수 있는 일을 해야 합니다.

우리 일은 자본금이 필요 없습니다.
건강한 마음만 있으면 됩니다.

걱정은 두고 오십시오

"내가 잘할 수 있을까?"
"실패하면 어떻게 하지?"

누구나 처음에는
이런 걱정을 합니다.
걱정하는 것은 당연하지만
쓸데없는 걱정입니다.

처음에는 못한다던 사람들이
지금은 잘만 하고 있습니다.

실패하는 사람들은
실패하는 것부터 생각합니다.
그러나 성공하는 사람들은
성공하는 것부터 생각합니다.

걱정은 두고 오십시오.
당신의 성공을 책임져드리겠습니다.

듣기만 잘하십시오

세일즈하면 누구나
말을 잘해야 한다고 생각합니다.
상품을 팔려면
말을 잘해야 한다는 것이지요.
잘못된 생각입니다.

말을 잘하려고 하지 마십시오.

그 대신 듣기를 잘해야 합니다.
내가 말을 많이 하기보다는
고객이 하는 말을
잘 들어주는 사람이 잘합니다.

성공하는 사람들은
말을 잘하는 사람이 아니라
듣기를 잘하는 사람들입니다.

처음에는 힘들 거라고 생각했습니다

지금 생각해보면
아무것도 아니었는데
처음에는 왜 그렇게 부담스러웠는지 모릅니다.

누구나 세일즈하면 힘든 것부터
먼저 생각하잖아요.
물론 힘들 때도 있었죠.
그러나 그런 과정은
무슨 일을 하든 다 마찬가지 아닌가요?

상황만 조금 다를 뿐이지
어느 일에나 비슷한 경우는
다 있을 거라고 생각해요.

세일즈, 걱정하는 것만큼
그렇게 어려운 일은 아니더라고요.

고개 숙이지 마십시오

다른 사람은 몰라도
당신만은 고개 숙이지 마십시오.

많은 사람의 어깨가 처져 있습니다.
그래도 당신 어깨는
처져서는 안 됩니다.
당신만을 바라보는
사랑하는 가족이 있기 때문입니다.

밝은 당신이 좋았습니다.
패기 왕성한 당신이 좋았습니다.
어떠한 경우라도
그 모습만은 잃지 마십시오.

우리는 당신을 응원합니다.

시작이 반입니다

마라톤에서
가장 힘든 때가 언제인지 아십니까?
35km 지점입니까?
아닙니다.
출발하기 직전입니다.
출발에 대한 중압감 때문이죠.

그 중압감이 몸과 마음을 누르기 때문에
가장 힘들게 느껴집니다.

왜 망설이십니까?
새로운 출발에 대한 두려움 때문입니까?
일단 출발부터 하십시오.

'시작이 반'이라고 했습니다.
지금 시작하면
반은 성공한 것입니다.

애들이 달라졌어요

엄마 피곤하시죠?
다리 주물러 드릴게요.
제 걱정은 하지 마세요.
숙제도 다 해놨어요.
아참, 방청소도 했고
세탁기도 다 돌려놨어요.
엄마, 그냥 쉬기만 하세요.

우리 애들이 달라졌어요.
갑자기 어른이 되었나 봅니다.

"애들아, 고맙구나!"

자녀들은 부모가 살아가는 모습을
그대로 닮습니다.

세상에는 공짜가 없습니다

"뭐, 기막힌 돈벌이 없을까?"
이렇게 말하는 사람들이 많습니다.
편하게 돈 벌 방법이
없느냐는 말입니다.

이런 사람들에게 권할 수 있는
가장 좋은 방법이 하나 있습니다.

로또복권입니다.
그러나 저는
복권을 사라고 권하고 싶지 않습니다.

열심히 일하는 사람이
성공합니다.
열심히 땀 흘리는 사람만이
행복을 누릴 수 있습니다.

세상에는 공짜가 없습니다.

당신 안에 있습니다

성공도 당신 안에 있고,
실패도 당신 안에 있습니다.

도전을 선택하는 것은
당신 안에 있는
성공인자를 끄집어내는 것입니다.
현실안주를 선택하는 것은
실패인자를 끄집어내는 것입니다.

가족을 사랑하는 사람은
나태한 자신을 허락하지 않습니다.

자신을 위해서
사랑하는 가족을 위해서
당신 안에 있는
성공인자를 끄집어내십시오.

운이 좋았다고요?

높은 소득을 받게 된 것이
운이 좋았기 때문이라고요?
천만의 말씀.
운이 아니라 당신 능력입니다.

당신은 성공할 줄 알았습니다.

분명한 사실은

세일즈는 특별한 사람에게만 주어진
특별한 능력이 아니라는 것입니다.
누구에게나 주어진 보편적 능력입니다.

당신 안에 그 능력이 있습니다.
지금
그 능력을 끄집어내십시오.

싸워야 합니다

싸우십시오.
그리고 반드시 이기십시오.
길들여지려는 자신과
타협하려는 자신과 싸워야 합니다.

성공적인 삶을 위해

가장 중요한 것은
자신과의 싸움입니다.

현실에 안주하려는 자신과
싸우십시오.
변화를 두려워하는 자신과
싸우십시오.

자신과 싸워 이기는 사람을
환영합니다.

무엇을 그렇게 생각합니까?

정신없이
남편 출근시키고
아이들 학교 보내고 나니
집 안 청소에 설거지
그리고 당신 혼자만 남았습니다.
지금 무슨 생각을 하십니까?

남편은 남편대로 자기 일이 있고,
아이들은 아이들대로 제 삶을 사는데
왜 나는 매일 이렇게

다람쥐 쳇바퀴 돌듯 살아야 할까?

10년 전 그렇게 당당하고,
자신 있게 활동하던 모습은
어디로 갔습니까?

새롭게 출발하십시오.
제2의 청춘을 시작하는 겁니다.

내가 가장 행복할 때

그동안 나밖에 몰랐습니다.
주변을 돌아볼 여유가 없었습니다.

그러던 제가 변했습니다.
나밖에 모르던 제가,
오늘밖에 모르던 제가
지금은 주변 사람을 먼저 생각하고,
내일의 행복을 먼저 생각합니다.

"자네 덕분에 도움 많이 받았어."

얼마 전 한 고객님이
이렇게 말씀하시더라고요.
이 말을 들었을 때
짜릿한 전율을 느꼈습니다.

생활의 여유와 함께
삶의 모습이 달라집니다.

소득 오르는 재미에 삽니다

어제보다 오늘이,
오늘보다 내일이 달라야 합니다.
조금씩 조금씩
발전해야 한다는 말이지요.

세일즈의 매력은
소득에 있는 것 같아요.
내가 노력한 만큼
얻는 것이 다르니까요.

소득이 올라가는 것보다
더 신나는 일이 있을까요?
벌써 이번 달
급여가 궁금해집니다.
이번에는 얼마나 올랐을까?

왜 하필 영업이냐고요?

"야, 많고 많은 직업 중 왜 영업이냐?"
한 친구가 걱정스럽다는 듯이
이렇게 말했습니다.
다른 편한 일도 많은데
왜 어려운 영업을 택했느냐는
말이었습니다.

그래서 전 이렇게 말했습니다.
"쉽고 어려운 것은
그 사람 마음에 달려 있지 않을까?"

세상에 편한 일에,
쉬운 일에 돈이 모이겠습니까?

억대 연봉을 받는 사람들은
대부분 세일즈맨입니다.

탁월한 선택이었습니다

만약 내가 다른 일을 했다면
어떻게 되었을까?
소득은?
일에 대한 보람은?
시간 활용은?

지금 같은 높은 소득은
얻지 못했을 겁니다.

시간에 대한 자유로움도
지금과 같지 않을 겁니다.
일에 대한 보람도
크지 않았을 겁니다.

곰곰이 생각하면 할수록
세일즈를 선택한 것은
정말 잘한 일이라 생각합니다.

우물 밖으로 나오십시오

우리 속담에
'우물 안 개구리는 바다를 모르고,
여름벌레는 얼음을 모른다'고 했습니다.
우물 밖에 더 넓은 세상이 있고,
여름이 지나면
또 다른 세상이 열린다는 것을
알지 못한다는 말입니다.

자신을 가둬놓은
테두리에서 벗어나십시오.

그래야 더 넓은 세상을 보게 됩니다.

지금 생활에서 뛰쳐나오십시오.
그래야 또 다른 세상이 있음을
보게 됩니다.

당신이 모르는
또 다른 세상이 있습니다.

바로 지금입니다

세상에 우연이란 없습니다.
모두 필연이라고 합니다.
본인의 노력 여부에 따라
나타나는 결과라는 것이지요.

성공할 기회는
어느 날 갑자기 찾아온다고 합니다.
성공이라는 것이

우연히 찾아오는 것은 아니지만
갑자기 불쑥 나타난다는 것입니다.

지금 이 순간이
당신의 기회인지도 모릅니다.
바로 잡으십시오.

물구나무를 서십시오

평평한 길에는 사람이 많습니다.
쉽게 갈 수 있기 때문입니다.
그들이 얻는 것은 평범함뿐입니다.

험한 길에는 가는 사람이 적습니다.
힘이 들고 땀이 나기 때문입니다.
그들이 얻는 성취감은
말로 표현할 수 없습니다.

편한 길을 갈 것이냐,
힘든 길을 갈 것이냐?
그 선택에 따라
평범한 인생이냐,
성공한 인생이냐가 결정됩니다.

생각의 물구나무를 서십시오.

당신을 스카우트하겠습니다

당신에게는
뜨거운 열정이 있습니다.

반짝거리는 두 눈에서는
강한 도전정신이 보입니다.

힘차게 박동치는
당신 심장에서
강한 추진력을 느끼게 됩니다.

꿈이 살아 있고,
도전정신이 살아 있고,
추진력이 강한 당신,
당신 같은 분이 필요합니다.

당신을 스카우트하겠습니다.

장사 아닌 게 없습니다

결혼하셨습니까?
내가 결혼하게 된 것을
가만히 한번 생각해보십시오.
배우자에게 나 자신을 포장해서
팔았기 때문에 결혼하게 된 것입니다.

아직 결혼하지 못했다고요?
상대방에게 자신을 파는 기술,
그것이 부족했기 때문입니다.

세상에 장사 아닌 것이
아무것도 없습니다.
살아가는 일상의 모든 것이
다 세일즈라는 말입니다.

우리는 세일즈라는 생활 속에서
살고 있습니다.

‘행복장수’라고 불러주세요

이제부터는 저를
행복장수라고 불러주십시오.
세상에 상품이 많은데
그중 행복이라는
상품을 파니까요.

제가 팔고 있는 상품은
두 가지입니다.
하나는 건강이라는 상품이고,
다른 하나는 행복이라는 상품입니다.

‘행복주식회사.’

제가 몸담고 있는 회사입니다.
여기에서 저는
고객의 행복과 함께
제 행복도 키워가고 있습니다.

직업을 선택하세요

선택 기준이 무엇입니까?
직장입니까?
직업입니까?

지금은 직업을 보고
선택해야 합니다.
요즘 유행하는 말 중
"직업은 있지만 직장은 없다"는 것이 있습니다.

지금은 정년까지 보장받는
평생직장이 없다는 말입니다.

그러나 평생직업은 있습니다.
내가 활동하는 날까지
평생 할 수 있는 일이 있습니다.

나는 세일즈를 모릅니다

"나는 세일즈를 모릅니다."
한 억대 세일즈맨의 말입니다.
세일즈가 무엇인지도 모르고 시작했는데
지금은 억대 연봉을 받고 있습니다.

세일즈라고 하면 다들
상품을 파는 것이라고 생각하는데
그는 상품을 팔려고 하지 않고
사람 관리하는 데만 신경 썼다고 합니다.

그랬더니 억대 연봉을
받게 되더라는 것입니다.

말을 못해도 괜찮습니다.
상품 설명을 못해도 괜찮습니다.
세일즈를 모르는 사람이 더 잘합니다.

다음 주인공은 당신입니다

"판매왕 수상!"

"최다 건수상 수상!"

처음에는 자신 없어하던 사람들이
이제는 이렇게 당당한 모습으로
성장하였습니다.

모두가 우리의

신인 육성 프로그램 덕분입니다.
몸만 오십시오.
의욕만 가지고 오십시오.
그다음은
우리가 책임져드리겠습니다.

다음 주인공은 당신입니다.

당신이 좋습니다

세 종류 사람이 있습니다.
귀찮은 사람,
도움이 안 되는 사람,
든든한 사람.

당신을 만난 것이
저에게는 복입니다.
몸으로 보여주는 당신의 행동은
저에게 힘과 용기를 줍니다.

당신이
우리 식구가 되면 좋겠습니다.
당신을 만난 것이
저에게 복이었던 것처럼
당신을 만나는 다른 사람들도
복이 될 테니까요.

앞서 왔기에 앞서 갑니다

성공한 사람들에게는
공통점이 있습니다.
먼저 시작했다는 것입니다.

남들이 시작하기 전에
먼저 뛰어들었다는 것입니다.

처음에는
걱정하는 사람도 많았을 테고,
말리는 사람들도 많았겠지요.
그러나 자신의 판단을 믿고
자신의 의지에 따라
먼저 뛰어든 사람이 성공하게 됩니다.

'남들보다 한 발 먼저!'

어떤 해법을 선택하시겠습니까?

남편 소득이 충분하지 못할 때
어떻게 하시겠습니까?
3가지 유형이 있습니다.

첫 번째 사람은
안 입고, 안 먹고, 안 나갑니다.
그렇다고 문제가 해결되나요?

두 번째 사람은
남편을 더 혹사합니다.
남편에게 낮에는 직장생활을 하고,
밤에는 아르바이트하게 합니다.
남편만 등골 빠집니다.

세 번째 사람은
자신이 팔을 걷어붙이고 나섭니다.
남편도 살고, 가정도 살고
자신의 인생도 살아납니다.

복 터졌습니다

상(賞)받아봤냐고요?
"밥상 말고는 받아본 적 없습니다."
예전에는 이렇게 말했습니다.

그러나 지금은 다릅니다.
"매월 받고 있습니다."

고객 만족 최우수상,
신규 고객 최고증대상,
건수 달성 신기록상,
조직 관리 우수상

·

·

·

옛날에는 상상도 못했던 일입니다.
잠재력을 끄집어냈더니
상복(賞福)이 터지더라고요.

뚜껑부터 여십시오

유명한 사진작가에게
이렇게 물었습니다.
“사진 작품을 촬영할 때
가장 중요한 것은 무엇입니까?”
그러자 사진작가가 대답했습니다.
“제일 먼저 사진기 뚜껑을 여는 것입니다.”

무슨 일이든 시작이 중요하다는 말이겠지요.

시작도 해보지 않고
결과부터 생각하는 것은
순서가 잘못되었습니다.

먼저 시작부터 하십시오.
그러고서 결과를 걱정해도 늦지 않습니다.

뛰어넘어야 합니다

대부분 사람들이
세일즈 하면 상품을 파는 것부터
먼저 생각합니다.
그래서 세일즈는 못한다고 하죠.
그러나 분명한 것은
세일즈는 상품을 파는 일이 아닙니다.
자기 자신을 파는 일이죠.

상품을 팔겠다고 덤비는 사람은
반드시 실패합니다.

고정관념에 사로잡힌
실패자 말을 따르시겠습니까?
아니면 고정관념을 뛰어넘은
성공자의 말을 따르시겠습니까?

150% 믿습니다

당신의 능력을 150% 믿습니다.

남들이 시켜서 하는 일에는
재미가 없습니다.
수동적이기 때문입니다.

자기가 스스로 하는 경우는
결과가 달라집니다.
능동적이기 때문입니다.

수동적인 사람이 하는 일이
100%라고 한다면
능동적인 사람이 하는 일은
150%를 달성하게 됩니다.

우리에게는
능동적이고 적극적인 당신이 필요합니다.

직접 와서 보십시오

억대 연봉을 받는
한 세일즈맨이 말합니다.

"에이~ 그걸 내가 어떻게 해요?"
처음에 저는 이렇게 거절했습니다.
그러다 우연히 사무실을 가보게 되었는데
'내가 생각하는 것과 많이 다르구나!'
하는 생각이 들더라고요.

한 번 보고 났더니

그동안 제가 가지고 있던 편견이
얼마나 잘못되었는지 알게 된 것이죠.

지금 전 이렇게 말합니다.
"와, 봐라!"
직접 와서 보고 결정하라고 합니다.

빨리 붙잡으세요

"똑똑똑!
지금 들어가도 좋을까요?"
이렇게 묻는 것은 기회가 아닙니다.
기회는 소리 없이 다가오기 때문입니다.

'이때다' 싶으면 빨리 잡으세요.
기회는 흔히 오는 것이
아니라고 하잖아요.

지금이 찬스입니다.
지금 눈앞에
좋은 기회가 다가왔는데
무얼 망설입니까?

빨리 붙잡으세요.

마음먹기에 달렸습니다

행복이라는 단어에 쓰이는 행(幸)자와
고통을 뜻한 신(辛)자를 가만히 보세요.
그 차이점은
'—'이 있고 없고의 차이입니다.

풍요로운 사람과
가난한 사람의 차이점은
단 하나에 불과합니다.

일할 의욕이 있느냐 없느냐의 차이입니다.

자신감이 있느냐 없느냐의 문제입니다.

자신감만 가지고 오십시오.

좀더 빨리 시작할걸

저 요즘 살맛 납니다.
아침에 눈 뜨는 것이 즐겁습니다.
저에게도 이렇게 신나는 일이
있을 줄 몰랐습니다.

"과연 내가 할 수 있을까?"
솔직히 처음에는 자신할 수 없었어요.

그러나 지금은
'좀더 빨리 시작할걸.'

이런 생각이 듭니다.
해보니까 다르더라고요.

생각만 하는 것과
실제로 뛰는 것은
정말 달랐습니다.

도둑놈입니다

"월급쟁이로 부자가 되려는 사람은
도둑놈입니다."

성공한 사업가가 한 말입니다.
매달 받는 봉급은 뻔한데
도둑질하지 않고서
어떻게 부자가 될 수 있느냐는 말입니다.

매달 받는 봉급으로
1년, 2년 그렇게 세월만 보내다가

마흔이 넘고 쉰이 넘으면
갈 곳이 없게 됩니다.

월급쟁이로 부자가 되겠다는 생각
자체가 도둑놈 심보입니다.

욕심을 내십시오

가난한 사람은 욕심이 없습니다.
일에 대한 욕심,
삶에 대한 욕심이 없습니다.

'난 아무 욕심이 없어.'
그들은 이렇게 말합니다.
현실에 안주하고,
주어진 삶에 순응하며 살아갑니다.

성공하는 사람은 욕심이 많습니다.
먹고 싶은 것도 많고,
하고 싶은 것도 많습니다.

일에 대한 욕심,
삶에 대한 욕심이 많습니다.

남편이 바뀌었습니다

제가 활동하는 것을 보고
남편이 바뀌었습니다.

처음에는 확신을 갖지 못하는 것 같더라고요.
'과연 할 수 있을까?'
하는 마음에 걱정도 많이 한 것 같아요.
그런데 지금은 달라졌습니다.

남편이 오히려 더
적극적으로 변했다니까요.
저의 열렬한 지지자가 되었답니다.

저뿐만 아니라
남편도, 애들도, 우리 가정도
활력이 넘칩니다.

활짝 피었습니다

'무궁화꽃이 피었습니다.'
어릴 때 놀이를 하면서
많이 불렀던 노래입니다.
그때는 근심 걱정이 없었습니다.
하루하루가 즐거웠습니다.

'웃음꽃이 활짝 피었습니다.'
지금 제가
부르는 노래입니다.

생기발랄하게 살아가는
제 모습입니다.

당신 얼굴에
웃음꽃이 피게 하겠습니다.

축하합니다

새로운 도전을
축하합니다.

아무것도 안 한 날은
죽은 날이라고 했습니다.
무엇인가 도전하지 않은 날은
죽은 날이나 다름없다는 말이겠지요.

우리는 도전하면서 살아갑니다.
새로운 일에 대한 도전,

새로운 사람에 대한 도전.
도전이 있기에
살아 있음을 실감하게 됩니다.

새로운 일에 대한 도전을
축하합니다.

제가 많이 달라졌죠?

2년 전
제가 어땠는지 아세요?
날마다 불평뿐이었습니다.

"내가 왜 이런 일을 해야 하지?"
"왜 나보고 하라고 하지?"
"하필이면 왜 이 일을 시작했지?"

지금은 이런 말 안 합니다.

"이 일보다 더 좋은 직업이 없다."
"어디에 가도 이런 일은 못 찾지."
"좀더 빨리 시작할걸."

요즘은 이런 말만 합니다.
제가 달라져도 너무 많이 달라졌죠?

지금은 보여요

처음에는 막막했습니다.
누굴 찾아가야 할지 모르겠더라고요.
길거리를 헤맬 때도 있었습니다.

지금은 달라요.
고객이 눈에 보인답니다.
오라는 사람은 없어도 갈 곳은 많아요.

한 사람 한 사람과
인간관계를 만들어간다는 것
이것이 가장 큰 매력인 것 같아요.

처음 시작할 때와
지금의 가장 큰 차이점은
고객이 눈에 보인다는 것입니다.

큰물에서 놀아야 합니다

물고기 두 마리를
하나는 어항에 넣어 기르고
다른 하나는 연못에 넣어 길렀대요.

어항에 넣은 물고기는
조그만 금붕어밖에 되지 못했고요,
연못에 넣은 물고기는
큰 잉어로 성장했대요.
어떤 물속에 있느냐에 따라
성장이 달라진다는 말이랍니다.

무엇이 되시겠습니까?
어항 속의 금붕어입니까,
연못 속의 잉어입니까?

어디서 시작하느냐가 중요합니다.

무서운 사람이 되십시오

이런 말이 있잖아요.

과거를 생각하는 사람은
어리석은 사람이다.
현재를 생각하는 사람은
영리한 사람이다.
미래를 생각하는 사람은
무서운 사람이다.

무서운 사람이 되십시오.
내일을 생각하는 사람이
무서운 사람입니다.

우리는 내일을 향해 뛰는
무서운 사람들입니다.

막대기 하나만 꽂으세요

마음 심(心)자에
막대기 하나를 꽂으면
반드시 필(必)자가 됩니다.

막대기 하나만 가져오십시오.
신념의 막대기입니다.
성공하겠다는 신념 말입니다.

신념의 막대기가
있느냐 없느냐에 따라

성공과 실패가 달라집니다.

우리 일에서
성공하는 사람은
강한 신념의 소유자입니다.

꿈이 현실이 됩니다

해외여행도 가고 싶고,
넓은 집에서 살고도 싶고,
문화생활도 즐기고 싶고……

날마다 이런 공상만 한다고요?

우리 일은
꿈이 아닙니다.
생활의 여유,
소득의 여유,
삶의 수준이 업그레이드됩니다.

이젠 꿈에서 깨어나십시오.

우리는
꿈을 현실로 만듭니다.

경제경영 & 자기계발 & 재테크

초보자가 꼭 알아야 할
펀드투자 기초 가이드
김동범 지음 | 19,500원
적립식펀드와 변액보험으로
고수익 올리는 비법!
eBook 구매 가능

세상을 바꾼
플랫폼 성공 비법
김성겸 지음 | 15,000원
고객의 비즈니스 가치를
연결하는 플랫포머!
eBook 구매 가능

**매출 100배 올리는
유통 마케팅 비법**
유노연 지음 | 17,000원
실전 온라인·오프라인 마케팅
핵심 노하우!
eBook 구매 가능

442 시간 법칙
하태호 지음 | 15,000원
일론 머스크와 빌 게이츠에게
배우는 시간의 힘!
eBook 구매 가능

eBook 구매 가능

eBook 구매 가능

eBook 구매 가능

현장에서 바로 써먹는 **비즈니스 영어 생존 대화법**
이세훈(마이클 리) 지음 | 15,000원

젊은 부자의 수수께끼 부자는 너처럼 안해
김정수 지음 | 16,000원

완벽한 **기획실무의 정석**
천진하 지음 | 16,000원

eBook 구매 가능

eBook 구매 가능

eBook 구매 가능

대한민국 진로백서
정철상 지음 | 16,500원

월급쟁이 부자되는 재테크 첫걸음 [최신 개정판]
최현진 지음 | 16,000원

단번에 고객을 사로잡는 **보험 실전 화법**
김동범 지음 | 16,000원

eBook 구매 가능

eBook 구매 가능

eBook 구매 가능

4차 산업혁명시대 **누가 돈을 버는가**
김정수 지음 | 16,000원

제대로 알면 성공하는 **보험 재테크 상식사전**
김동범 지음 | 15,000원

알기 쉬운 **보험 세테크 100% 활용법**
김동범 지음 | 19,500원

중앙경제평론사 Joongang Economy Publishing Co.
중앙생활사 | 중앙에듀북스 Joongang Life Publishing Co./Joongang Edubooks Publishing Co.

중앙경제평론사는 오늘보다 나은 내일을 창조한다는 신념 아래 설립된 경제 · 경영서 전문 출판사로서
성공을 꿈꾸는 직장인, 경영인에게 전문지식과 자기계발의 지혜를 주는 책을 발간하고 있습니다.

한 권으로 끝내는 리크루팅 성공 매뉴얼

초판 1쇄 인쇄 | 2021년 5월 15일
초판 1쇄 발행 | 2021년 5월 20일

지은이 | 문충태(ChoongTae Moon)
펴낸이 | 최점옥(JeomOg Choi)
펴낸곳 | 중앙경제평론사(Joongang Economy Publishing Co.)

대 표 | 김용주
책임편집 | 이상희
본문디자인 | 박근영

출력 | 상식문화 종이 | 한솔PNS 인쇄 | 상식문화 제본 | 은정제책사

잘못된 책은 구입한 서점에서 교환해드립니다.
가격은 표지 뒷면에 있습니다.

ISBN 978-89-6054-269-3(03320)

등록 | 1991년 4월 10일 제2-1153호
주소 | ㊇ 04590 서울시 중구 다산로20길 5(신당4동 340-128) 중앙빌딩
전화 | (02)2253-4463(代) 팩스 | (02)2253-7988
홈페이지 | www.japub.co.kr 블로그 | http://blog.naver.com/japub
페이스북 | https://www.facebook.com/japub.co.kr 이메일 | japub@naver.com
♣ 중앙경제평론사는 중앙생활사 · 중앙에듀북스와 자매회사입니다.

Copyright © 2021 by 문충태
이 책은 중앙경제평론사가 저작권자와의 계약에 따라 발행한 것이므로 본사의 서면 허락 없이는
어떠한 형태나 수단으로도 이 책의 내용을 이용하지 못합니다.

도서 주문 www.japub.co.kr
전화주문 : 02) 2253 - 4463

중앙경제평론사에서는 여러분의 소중한 원고를 기다리고 있습니다. 원고 투고는 이메일을 이용해주세요.
최선을 다해 독자들에게 사랑받는 양서로 만들어드리겠습니다. **이메일 | japub@naver.com**